講談社選書メチエ

819

ヨーロッパの地理哲学

マッシモ・カッチャーリ

上村忠男〔訳〕

MÉTIER

ヨーロッパの地理哲学◉目次

章扉図版：《フラ・マウロの世界図》（十五世紀半ば）より

凡例

一、本書は Massimo Cacciari, *Geofilosofia dell'Europa* (Milano: Adelphi, 1994, quinta ed., 2008) の全訳である。なお、'geofilosofia' は、初版では 'geo-filosofia' と表記されていたが、第二版以降ではハイフンが外されている。

一、原文中、« » で括られている箇所は引用文であって、《 》で括って表示した。

一、原文中、強調のためにイタリック体になっている箇所には傍点を付した。

一、原文中、' ' で括られている語句のうち、著者が強調ないし注意喚起のために括っていると判断される語句は〈 〉で括り、それ以外の語句は「 」で括った。

一、原文中、大文字で始まっている語はゴシック体で表示した。

一、［ ］内の部分は著者による補足である。

一、〔 〕内の部分は訳者による補足である。

一、「新版への注記」で言及されている「付加的な注」は、＊1、＊2……のかたちで表示し、各章末の原注のあとに「追補」として訳出した。

これまでわたしはヨーロッパの精神をわたしのうちに受けいれてきた——今度は反撃に出ようとおもう！

ニーチェ「遺された断想（一八八〇年初頭—一八八一年春）」8［七七］

新版への注記

もしヨーロッパが――と本書の初版〔一九九四年〕で十年ほど前に述べたことがある――自分が部分であることを想い起こすことに（心の中で観念の中心に置き戻すことに）成功したなら、おそらく、その永遠に尽きることのない自己変革のエネルギーによって、あらゆる和解の魔法とは無縁の、そしてまた力ずくで手に入れようとするあらゆる尊大な態度とは無縁の〈平和〉を産み出すことに成功するのではないか、と。本書の論述は歳月のリズムにもとづいて、数十年のリズムにもとづいてすら、測定されることはできないのだから、いかにしてヨーロッパがこの短期間にそれとは完全に真逆の〈方法〉に従って歩みを進めてきたかを〈検証〉してみるのは愚挙なのかもしれない。ヨーロッパの地中海的次元はたんなる境界線、何かそこから自分を防衛すべきもの、あるいは防衛線として利用すべきものになってしまったようにみえる。その一方でヨーロッパの東方的次元がヨーロッパの「拡大」のエリアとして扱われるようになっている。まるでヨーロッパはすでにワルシャワやブダペスト、プラーハ、ザグレブ、ベオグラード（そしてモスクワも？）がなくても存在していたとでもいうかのようなのだ。中央ヨーロッパ的もしくはフランク王国‐カロリング帝国の枢軸は大西洋的次元の均衡を保たせるには十分でなく、今後もけっして十分ではないだろう――少なくとも壁の崩壊後は。いまやヨーロッパは、時折起こるデモンストレーション、おずおずとした区別の行使、気まぐれで子どもじみた〈抗議〉以外には、声をもたない。こうして、みずから開展していく「グローバルな時代」にあって、必然的に帝国の時代か複数の帝国の時代になるであろうが、諸国家およびそれらの協約と協定から誕生しえていた法の時代ではないことは確かな時代にあって、ヨーロッパはみずからの形姿が消え去るままにしておくという意味においてしか〈没落〉する能力がなく、超国家的で多頭政治的、多中心的、多文化的な新しい体制のためにみずからを贈与することができないでいるようにみえる。

だが、本書ならびに本書と緊密に結びついた『アルキペラゴス〔多島海〕』〔一九九七年〕でわたしが耳を傾けて聞きとってきた**ヨーロッパのアルキペラゴス**の声は存在していたのである。そしてもしなんらかの〈残滓〉がそれらの声に配慮しつづけるなら、それらの声が立ち戻ってくるのを何ものも禁じることはできない。それらは絶対的リアリズムの声であり、脱魔術化の声であり、そしてあらゆる希望に抗する希望の声である。

最近わたしはヨーロッパ問題にかんして頻繁に発言してきた。しかし、これら数多くの論考を本書に付録として収録すると本書の構造を台無しにしてしまいかねないと考えた。そこでいくつかの付加的な注を書いて、とりわけ重要と考えているいくつかの発展について説明するにとどめた。

ヴェネツィア、二〇〇二年

第五版への後注

この版では若干の形式的な訂正だけをほどこした。『アルキペラゴス』（一九九七年）以降書いてきた、ヨーロッパという観念にかんするわたしの論考を『ヨーロッパあるいは哲学（*Europa o la Filosofía*）』（Boadilla del Monte [Madrid]: Antonio Machado Libros, 2007）に収録した。同書は二〇〇七年度美術サークル国際評論賞（Premio Internacional de Ensayo Círculo de Bellas Artes 2007）を獲得した。

ヴェネツィア、二〇〇八年

第Ⅰ章

ヨーロッパの地理哲学

第一節　決定的な時代

ほら、ここに魂が耐えるべく求められている《アゴーン・エスカトス》、究極の闘技、最後の労苦と苦痛がある。これもまた魂の不可分の部分である二頭の相対立する駿馬を操縦し調教して《骨の折れる上昇》へと向かわせ、かの悪しき霊（「重力の霊」〔ニーチェ〕！）がわたしたちを地面へと引きずり下ろして、わたしたちから喜び――すなわち、《天空を超えたところにある実有》の観照――を奪い去るのを阻止するというのが、それである。したがって、プラトンの対話篇『パイドロス』〔二四四A―二五七B〕の一度聞いたら忘れられない物語《ミュートス》は、パイデイア〔養育〕はアゴーン、魂の合成された構造のうちにあっての二つの相対立する力のあいだの闘技であることを教えている。しかし、それはまた、そのようなアゴーンはその本性からして調和へと向かおうとするものであることをも教えている。馭者はみずからの主導権を確立して敵対する両者のあいだに連結を設定し、無媒介な不調和を媒介することをなしうるのである。闘技はその本質においては調和へのコーナートゥス〔努力〕である。そしてどんな闘技も勝利をめざしてしか始まらないのだが、しかし勝利するとは敵を自分へと〈調和・和合させる〉ことを意味している。闘技が実効性を獲得するのは、もっぱら、それらが調和が産み出され明らかになりうるような様態と形態の探求であるかぎりにおいてのことである。アゴーンの意味は、正確には、調和をアレーテウエインすること、前面へと押し出すこと、光のもとへ連れていくことにある。アゴーンは、調和がみずからの本来の真理であることを表明する。
それでも、まさしく闘技においては、もろもろの区別されたものが区別されたものとして最も仮借ない明確さをもってわたしたちの視界に提供される。〈調和・和合〉にいたる過程の最初の契機は、それらの区別されたものを確定すること、それらの区別されたものを最大限正確に定義すること、それらの区別されたものを互いに対決したままでありつづける（スターレ（stare）する）ようにさせておくことにあることになるだろう（くわえて、このスターレ（stare）という動詞はスタシス（stasis）、同じ血を引く者同士の戦い〔内乱〕のなかでも鳴り響いている。というのも、二つの相対立する原理が、永遠に魂に属しているからである。両者とも、生得のコーナートゥス、衝動、欲求、ノスタルジーである。そして《純血種の馬》の、生得の、ひいてはア・ロゴス（á-logos）な、いまだ言葉をもたない衝動なしに、馭者はどのようにしてあの上のほうへ、パトリア〔祖国〕へ向かっていくことができるのだろうか。至上のテオーリア〔観照〕にとっても、血筋の特性ともいうべき、合理化しえない最初の「一押し・刺激」が必要とされるのである）。そして最後の契機は、そこから到来した、完成された連結を証明することにあることになるだろう。最初の契機と最後の契機のあいだには、冒険、大いなる旅、このうえなき危険に満ちた大洋が待ち構えている。そこで途方に暮れないためには、勇気（アンドレイア）が知性（ヌース）によって案内されなければならないだろう。そこでは、あらゆるテクネー（航海、論争、政治、王たる者のテクネー）に、もろもろの関係を形成し確立し、人々の意見では和解しえないと判断されるものをも連結する能力のあるあらゆる術に訴えることが必要になるだろう。

二――「二」を指すデュオの語幹は、「怖れ」を指す動詞デイドーおよび「恐るべき」とか「途方に暮れさせる」を指す語デイノスと同じ語幹である——と、そのために不安になりぎょっとさせられる驚きが出現する瞬間、二の起源、二の内的な諸関係、二の目的そのものをめぐる探求、すなわち、もろもろの二でもってあるひとつの二をつくり出す力をめぐる問いかけも出現する。

差異化について問うことは同一性について問うことでもある。そして数多的なもの（存在者が数多的であること）に驚嘆することから一なるものの〈想起〉が始まるのである。もろもろの区別されたものを認識し〈分析〉するだけでは十分でないだろう。分裂がどのようにして起きたのか、どのようなロゴスが分裂を産み出したのか、を問うてみる必要がある。人間が分裂のロゴスを有している場合にのみ、分裂を理解すると言うことができる。そして理解することによって分裂を調和へと連れ戻すことが可能となるはずである。もろもろの二が出現し存続することへの驚きからこそ、一と多の関係の問題は哲学的‐政治的に立てられるのである。ヨーロッパ的な哲学的探求の基礎的なアポリアは、ヨーロッパの歴史的現存在をその文化的・政治的根源において、しかしまた地理的な〈形像〉としても、つまりその境界の確定作業としても産み出している経緯についての、体系的になされるヒストリア、見聞したことの報告・証言と、本源的かつ不可分な仕方で関連しているようにおもわれる。[1] オデュッセウスは数多的なものに〈好奇心をもつ〉が、ヒストル〔調査研究者・証人〕ではない。なぜなら、数多的なものをみずから〈身に受ける・こうむる〉体験者だからであり、とりわけ、それを分析的な体系性をもって調査研究することをしないからである。[2] だが、数多的なものを調査研究するということは、それを成立させている単一のロゴスを探求するということをも意味している。こうして歴史家の調査研究はそもそもの初めから哲学的な探求を要請するのである。

現在存在している数多的なものの存在理由を探求するということは、過去を想起すること、〈存在者がかつてそうであったところのもの〉についての十全なアナムネーシス〔想起〕を義務づけることを意味する。それは過去についての真理を確定し、過去について語られている、そしてその真理を隠蔽している《数多くのくだらない話》[3]を根絶すべきだろう。アレーテイアとは隠蔽されているものを根絶することであるという観念は、ヨーロッパの存在‐神学のものであるよりもずっと前に、ヨーロッパのヒストリアのものである。だが、起源においては、その観念はさらにポリスの生の神話的および宗教的背景と結びついている。ミレトスのヘカタイオス〔前五五〇ごろ―前四七六年ごろ〕の啓蒙主義は、彼よりも一世紀前に活躍していたソポス〔賢者〕、クレタのエピメニデスの仕事と一緒にして見なかったなら、理解しがたいものになってしまうだろう。アテナイの人々の魂を浄めた《昨日の人となってしまった友人》（プラトン『法律』第三巻、六七七D）である。ポリスが罹っているもろもろの災厄を治癒するためには、ポリスの過去を知る必要がある。そしてポリスを正義に服従させるためには（そしてポリスでおこなわれている最も冷酷で野蛮な儀式を根絶するためには）、それらの儀式の真の起源を知り、アデロンすなわち暗冥の場所への旅、それについて報告するヒストルが存在しうるとはおよそ考えもされていなかったものへの旅を敢行することが必要となるのである。

古代の賢者と歴史家のあいだには紀元前六世紀の大転換があった。もろもろの権能のそれぞれに与えられるティマイ〔栄誉〕に区別を設けるという恐るべき問題（それらの栄誉はどのような条件と境界の範囲内で価値をもつのか、もろもろの権能の命令はどのようなものにおいて正当化されるのか）が切迫したかたちで浮上してきたのである。そしてそれはもろもろの権能の同一性と現状における差異化の原因ならびにその差異化の〈超克〉の可能性を問うということを含意しているのだった。サント・マッザリーノ〔一九一六—八七年〕の助けを借りて、紀元前八世紀と七世紀のさまざまな「地図」を見てみよう。そこではなおも無区別が支配している。そして制限するものの力はなおも確立されていない。ホメロスが歌っている「老いたエーゲ海」の群島は橋で繋がった冠を形成している。都市はいずれもが港であり、通過点である。多様な形状をした群島のなかにあって、イオニアとそのオクシデント〔西方〕とオリエント〔東方〕とは、互いに知り合いにならねばならないという苦労もすることなく、ほとんど無媒介に出逢っている。実際にも、知り合いになるということは、すでに分裂が起こっていることを意味しているのである。ホメロスのオリュンポスの神々とは無縁の〈アシアの〉女神へカテを熱烈に褒め称えるヘシオドス（『神統記』四一一—四五二）は、エウロペとアシアを、アポロンともろもろの河とともに人間たちの青春期を養育することとなる《神聖な一族》であるオケアノス〔大洋〕とテテュス〔オケアノスの妹にして妻〕の家族に属する二柱のオケアニス〔大洋の娘〕の名前としてのみ知っている。地理的に知覚できる〈最初の〉アジア〔アシア〕は、リュディア人とフリュギア人の強くギリシア化した種族を超えては拡がることのないイオニアのギリシア的諸都市の総体的な変化と合致するだろう〔リュディアもフリュギアも小アジアの古代王国〕。ヨーロッパは、はっきりと限定された境界をもつ（たとえ《周囲を河海でめぐらされているかどうかはだれも知らない》としてもである）世界の一部であり、紀元前六世紀の運命的なできごとの過程で徐々に熟していく、そして紀元前五世紀になってヘロドトス（『歴史』四・四五）とともにのみ完遂されることとなる形姿である。

そのヨーロッパという形姿は、なによりもまずもっては、最大の危険が迫っている瞬間にもけっして〈調和〉を達成することができないでいるもろもろのポリスからなる、これ以上縮減不可能な多島海〔エーゲ海〕と、キンメリア人〔ウクライナ地域の騎馬民族〕の侵入に抵抗し、メディア人〔メディアは古代イランの王国〕の軍勢を（タレスによって「予言された」有名な日蝕の日に）ハリュス河のところで押しとどめることに成功していたリュディア人の強力な王国との対決から出現する。すでに紀元前七世紀、スミュルナの詩人ミムネルモスは、リュディア人の王ギュゲスの〈アシア〉をギリシアのイオニアに対決させてきた理由を問うて、それを〔イオニアの〕コロポンがピュロス〔ペロポンネソス半島の都市〕の入植者たちから被った古い暴虐のうちに求めることができると信じていた。そうだとすれば、分裂の起源にはギリシア語でヒュブリス〔傲慢、思い上がり〕と称されているものの行為があったことになるだろう。太古から途絶えることなく続いてきたさまざまな攻撃と復讐、人々が暴虐と呼んでいるものの有為転変を、オリエントとオクシデントのあいだの唯一の確固とした結びつきととらえる歴史記述の図式が描き出されるのだった。ホメロスの詩篇も、もっと新しい時代に明確になるこの見方のもとで読まれたり読み返されたりすることとなる（ひいては、《ホメロスのうちには、後代の人々がそこに見いだしてきた多くのことがら、すなわち、ギリシア人とバルバロス〔ギリシア語を話さない異邦人〕との対立、ヨーロッパとアジアの永続的な敵対関係といったものは何ひとつ存在しない[4]》というのは、おそらく真実ではないのではないかとおもわれる）。たしかに、このような図式はヘロドトスにおいてはまったく異なった重要性を帯びるようになる。ヘロドトスにおいて初めて、世界の二つの部分のあいだの戦争、それも死命を制する戦いの原因が、神話的なかたちでのあらゆる解釈との全面的な対立のもとで探求されるのである[5]。

だが、この歴史記述の面での変化が考えられるのは、カール・ヤスパース〔一八八三―一九六九年〕が〔一九四九年の『歴史の起源と目標』で〕「アクセンツァイト（Achsenzeit）」＝「軸の時代」と呼んでいる決定的な時代〔前八〇〇―前二〇〇年〕以後のみのことである。その時代に本物のアジアが、ギリシア人がみずからを省察するために用いていたそのギリシア化した〈フィルター〉を覆して、全ギリシアの文句なしの精神的指導者であったイオニアの諸都市をリュディア人のものとは大きく異なる鎖でもって自身のもとに隷属させたのだった。そのとき、すなわち、リュディア人がキュロス〔アケメネス朝ペルシアのキュロス二世〕の手によって敗北を喫した翌日に、運命的な相違が露呈する。ペルシア帝国が確立したことによって、分裂の問題が提起されるのである。海の向こう側、ギリシア人の古き「われらが海（mare nostrum）」の向こう側に、いまでは絶対的に区別されたものが存在している。統一は永久に断ち切られて（de-cisa）しまった。[6] この二、この〈いままで耳にしたことのない〉自分とは区別されたものが、いまや、思考し、認識し、解決すべき問題となる。だが、その区別されたものを思考するためには、まずもって、自己自身を知ることが必要となるだろう。歴史的、政治的、哲学的な運動はなおも互いに結ばれあって**一**をなしている。そしてこれは思考と実践とが共同で基礎づけ作業を遂行していることの正真正銘の〈証拠〉である。**他者**が抹消不可能なかたちで出現することこそが、自己に立ち戻るよう強いるのである。みずからの同一性を知ることなしには、**他者**に立ち向かうことはできなくなってしまうだろう。わたしたちがわたしたちの名前を認識していなかったとしたなら、**他者**の前進（戦において進み出る神アレス！）がわたしたちを押し潰してしまうだろう。ペルシア帝国はその途上においてだれにも遭遇することがないだろう。自己自身を定義する必要がある。自己本来の性格を把捉し、その〈神的な〉基礎を固める必要があるのだ。このことは、すべてのポリスの統一のシンボルであるピュティア〔デルポイのアポロン神殿の巫女〕を求める。すなわち、すべてのポリスが互いに知り合うことを求めるのである。これは、すべての賢者が繰り返し強調しているように、他のあらゆる任務にも増して困難で骨の折れる任務である（しかも、これこそは彼らの知恵の最初の果実なのだった）。

だが、デルポイの神殿の破風《はふ》にはひとつのエニグマ（enigma）〔謎めいた文句〕が刻まれている。自分自身に目を向けかえ、（ペルシアに叛逆したヘカタイオスが要求しているように）〈みずからを想起する〉か、（エピメニデスがおこなったように）〈みずからを浄める〉かして、大王の進軍と対決することによって、通商と海上交通でもって成り立っているもろもろのポリスは、彼らがいまや知るすべを学ばねばならなくなった分裂を自分自身の心のなかに見いだすことになる。いまでは逃れられなくなってしまったポレモス＝外敵との戦争は、スタシス＝内乱へのまなざしを開く。そしてポレモスとスタシス、外敵との戦争と〈内乱〉のあいだのこの〈調和〉、この結びつきこそが、ポリスにほかならない。これはオリエントがけっしてこれまで知ることがなかったし、これからも知ることがないだろう創造物であり、形式である。

ギリシア〈国民〉全体が――そしてそれとともにオクシデントという観念自体が――この決定的な時代の産物であるだろう。その時代には、広大なアジアの帝国との回避しがたい衝突という、ヘロドトスの『歴史』の基軸をなしている痛苦に満ちた意識が確立される。「後に退く」ことはもはやだれにもできない。いまでは、アゴーンを仕掛けるか、それとも被るかしかない。《中間の道はないのだ》

（ヘロドトス『歴史』七・一一）。まさしくメソン〔中間〕が存在しないか実行不可能であることが招来するヒュブリスのあらゆる危険を冒してもである。だが同時に、この恐るべきアゴーンを勝利をもって終結に導いていくことができるためには、自分自身を知るという、戦争＝ポレモスの義務よりもはるかに骨の折れる任務、それどころか、およそ遂行不可能な任務を引き受けることが必要であるという意識も確立される。

地政学的な対立は、対立を構成している部分の分析と正確な区別、それらの境界の測定を含意しているが、それらの内的な構造および最終的にはそれらのダイモーン〔守護神〕もしくは性格の探求も含意している。測定するためには、測定する者を知る必要がある。そして歴史的、地理的、政治的、哲学的な〈アナムネーシス〉＝〈想起〉は一体をなしている。オクシデントにとっては今後もつねにそうであるようにである。

第二節　二頭の馬

ヘロドトスの『歴史』が書かれる四十年前、このドラマ――アジアとヨーロッパの運命が対置され、そして対置されながら絡まりあい、絶対的に区別され、そして区別されながら両者の繫がりの問題が提起されるという筋書き《プロット》――はすでにアイスキュロスの悲劇『ペルシア人たち』のなかで表現されていた。ポリスおよびギリシア全体のエイドス〔形姿〕の骨の折れる鍊成の半世紀がこの画期的な作品を産み出したのであって、それを上演するための経費を二十五歳のペリクレスが引き受けたのだった。ただ、この場では、それを政治的に位置づけることも（ペルシアの敗北とギリシアを救ったアテナイが不釣り合いなほど強調されているのは、アテナイの政治を元同盟者のスパルタと敵対する方向に導いていこうとする意志の疑いのない印である）、ヘロドトスにおいて見いだされることになるようなギリシア的性格にかんする鍵概念を悲劇から摘出することも、わたしたちには関心がない。ここで関心があるのは、ドラマのうちのただ一点、ペルシアの太后アトッサの夢のくだり（一七六―二一四）である。

アトッサは、息子のクセルクセスがイオニアの土地を破壊するために軍勢を引き連れて出発したときから、夜ごと、夢魔に囚われていた。不幸の予兆である。けれども、昨夜彼女におとずれた夢ほど鮮明で恐ろしい夢はなかった。二人の女が出てくる夢を見たのだ。二人とも《背丈は目立って高く、非の打ちどころがなく美しかった》。しかし、二人のあいだにはスタシス〔内輪もめ〕が起きていたようで、それをクセルクセスは鎮めることができないでいた。そこでクセルクセスは二人の女を馬に仕立てあげ、くびきをかけて馬車につなぐ。ところが、一方の女は首をおとなしく延べて手綱に従い、それのみか、《このようにして馬車に繋がれるのを誇りに感じる》のにたいして、もう一方の女は暴れて棒立ちになり、馬具一式を粉砕し、くびきを打ち壊して、クセルクセスを馬車から振り落としてしまう。ペルシア風の衣装をまとって主人におとなしく従う女はアシアであって、そこには《多くの人々が住み…神から与えられた兵たちの群れがいる》。一方、ドーリス風の衣装をまとった女は**エレウテリア**、ギリシア的な自由であって、だれにも服従しない。だが、その悲劇が悲劇であるのは、まさしく、それが二人の女を直接には全然対決させていないからなのだった。二人の女のあいだの諍いはスタシスであって、ポレモスではない。ギリシア人の場合、ポレモス、すなわちバルバロスにたいする戦いがモデルに採用されることによって終結してきた戦争が、ここではただちにスタシス=〈内乱〉と呼ばれるようになる。アジアとヨーロッパは、双方とも美しく神聖であるように見えるだけでなく、実際に《同じ種族の血を分けあった姉妹》である。住んでいる土地こそ異なるが、その起源は一つなのである。

このエニグマ=謎が悲劇『ペルシア人たち』の核心をなしているのだった。

ヨーロッパの舞台にこれと似たような緊張のイメージが登場することはもはやないだろう。アイスキュロスは《まるでホメロスのようにアルカイックな詩人であるとでもいうかのように、ここでは、弁論や歴史記述のナショナリズム的なプロパガンダで口にされる「バルバロス」なる存在は知らないふりをしている》[7]だけではない。それだけではなく、絶対的に区別されたもの（ヘロドトスにおいては、戦争を始めないわけにはいかない二）も、根源においては分離できないものであることを示してみせている。

これはまるで必要に迫られて敵対する者たち、死すべく運命づけられている敵だけが、ゲノス〔種族〕が一つであることを主張できると言おうとしているかのようである。死にいたるまで面と向かい合って対決するよう神から命じられている者も、起源は一つでしかありえない。対立の最も完全なかたちでの個別化が最も深いところでの調和を構成する。[*1]

たしかに、アジア的帝国は自分以外の民族とのあらゆる結びつきを断固として拒否している。そしてここにそれの本質的なヒュブリスが存在している。それは唯一の一の帝国であって、あらゆる対立する声を凌駕しながらどこまでも際限なく拡がっていく。だが、はたしてなんらの束縛をも受けつけようとしない馬は、対立するものたちの調和を承認することができるのだろうか。ペルシアの弓にアテナイの槍が勝利したとして、そのことによって謎を解く方法が提供されたことになるのだろうか。みずからが確固不動の形式であると主張するのは、そのこと自体がいたるところで正気を失って錯乱状態におちいっている帝国に勝るとも劣らないヒュブリスであることを露呈していることになるのではないだろうか。ギリシア人によるアジアの描写は、つねに無際限なものという意味をもったものになっている。無際限な土地、無際限な軍勢、王の無際限な権力、等々。あるいはまた、混乱したもの、形をもたないもの、要するに、いまだ制限するものに〈遭遇した〉ことのないものという意味をもっている。だが、みずからを限定することに成功した者も——この勝利に勝利を重ねるヘラクレスも——、自身を包みこんでいる無際限なものの問題を想い起こさざるをえなくなるだろう。この形式、この確固とした形をもつコスモス〔宇宙、世界〕も、かつては無際限なものではなかったのだろうか。すべてのコスモス——すなわち、まさしく存在者の確固とした形をもった結合の複数性——は、それ自体もまた制限を受けつけない**始原**からやってくるのでないとしたなら、どこからやってくるのだろうか。そうでないとしたなら、それは数多くあるコスモスのうちの一つでしかなくなってしまうだろう。そして**始原**は必然的にア・ペイロン、ペラスすなわち限界をもたないものであって、どのような形が生じるさいにもわたしたちがその存在を直観し承認している**いっさいを包みこむ無限のもの**のうちにふたたび永遠に覆われてしまう。これがこの形の〈美しさ〉なのだ。そして同時にこれが**いっさいを包みこむもの**、ペリエコンなのだ。ギリシアのどの彫像、どの神殿もそのことを表現している。すなわち、それらはそれらが頭像であり神殿であるかぎりでは有していない無限の力をわたしたちの直観にもたらすのである。

だから、ピュシスとコスモスの構成原理である無際限なものと制限するものとの調和の問題は〈両者の調和がなければ、ピュシスは存在しなかっただろう。すなわち、いかなる生誕もなかっただろう。ひいてはもろもろの存在者のあいだのいかなる結合の可能性も存在しなかっただろう〉、本物のアジアの啓示をなによりもまずもってはイオニアの科学と生理の目の前に産み出してみせ、それらの批判的精神のための武器として提供した、計り知れないトラウマから切り離すことはできないのである。そのような問題に取り組むためには、知性を覚醒させる必要がある。そのことを知らない者は眠っているとよい——そしておとなしいアジアの臣民たちは疑いもなく眠っている。彼らは《万物が新陳代謝を繰り返すこと》を知らずに人生を過ごしている。そして彼らの知性は不活性なままに放置されている。また彼らは自分が力をもっていることに無頓着であって、《自立した》存在ではない〈ヒッポクラテス『空気、水、場所について』一六〉。しかし、なにかといえば騒ぎ立てるヨーロッパの住民も、真に共通の**ロゴス**、すなわち、制限するものは無際限なものとしか並存しえないということを理解しないまま、およそいっさいの王を権力の座から振り落として、自分が自由であること、自分を縛るいっさいのくびきを打ち壊しうることだけをやみくもに称揚しているだけであったなら、眠っていることになってしまうだろう。列強が対立しあっているなかで、ポレモスのゲームのなかで、もろもろの不協和音しか、あるいは歴然とした調和の声しか聞きとれない者たちは、彼らもまた、〈馬鹿〉同然の状態におちいって、まるで〈私的な〉知恵なるものが存在するとでもいうかのように生きていることになってしまうだろう。

　これが知性が解決しなければならないアポリアである（このディアポレイン〔アポリアを解決すること〕のうちに今後、哲学のアスケーシス〔自己鍛錬、克己〕は存することになるだろう）。ギリシア人がみずからのダイモーンを特徴づけるさいに用いる語であるエレウテリア〔自由〕においては、なるほど、リュエイン〔緩めること〕、リュシス〔緩めるもの〕、わたしたちを無形の〈群れ〉から切り離して自立することを可能にする力の音色に耳を傾ける必要がある。が、これと時をまったく同じくして、ピリア＝友愛の響きにも耳を傾けなければならない。[8] これがエンペドクレスのいう万物の有為転変であって、そこではゲネシス〔生成〕の造物主的原理は**ネイコス**〔争い〕である。すなわち、ポレモスだけが個体化し、顕現し、表現し、形を与えるのであって、一方、アポカタスタシス＝すべてのものの一者への回帰の原理は**ピリア**なのだった（ディールス＝クランツ編『ソクラテス以前哲学者断片集』三一（「エンペドクレス」B・一六））。これをわたしたちは地理哲学の用語でつぎのように「翻訳」することができるだろう。詩人とはヨーロッパをアジアから永遠に切り離す不倶戴天の敵のことである、と。この敵こそは、ギリシア人を誕生させ、それにその形式を授けるのである。この自由の驚異的にして恐るべき光景を目のあたりにして紀元前五世紀の思弁と悲劇とは争いあうこととなるのだった。だが、もしパッレーシア[9]＝自由に語ることが**共通のロゴス**（すなわち必然的・本源的な**調和**）を忘却してしまうなら、そしてもしギリシア人がみずからの**ノモス**（境界が確定した領地を秩序づけるべきギリシア人のポリスの法律）をこの**共通のもの**の上に築くことをしなくなったなら、自由は最も猛々しいヒュブリスに反転し、ポリスを崩壊させてしまうだろう。これがソポクレスのドラマなのであって、そのエピローグの証人にして殉教者がプラトンということになる。

そのときには、ドーリス風の衣装をまとった馬もくびきでつなぐことができるようにならなければならないだろう。その馬がアジアの無定形な支配に反抗するのは〈正しい〉。が、こうして獲得された自由がアノミア*2〔無法状態〕に変形してしまうとしたなら、そんなものは糞食らえだ。まさしくその馬が本性からして馴致しがたいことから、一人のデスポテース〔専制的な君主〕が要請される。が、その馬が〈納得しうる〉唯一のデスポテースは《デスポテース・ノモス》（ヘロドトス『歴史』七・一〇四）[10]＝都市の**法律**という絶対的な君主だろう。したがって、その真の究極的な語根に従えば、エレウテリアは結合を意味している。しかし、結合とは——最も鋭敏なものと最も愚鈍なものの調和がそうであり、男性的なものと女性的なものの調和がそうであるように——現実に対立しているもの同士の調和のことである。アジアとヨーロッパも同様である。それらの対立するものたちを争うようけしかけているのはエリス〔不和と争いの女神〕である。エリス、すなわち、ホメロスが（彼の英雄たちと一緒になって）姿を消してくれればよいのにと願っていた女神なのだ（『イーリアス』一八・一〇七）。しかし、この叙事詩は〈うそをついている〉。『イーリアス』は二の不可逆な出現に〈先行〉しているのである。そのような事件が起きたあとでは、真実を語る唯一の言語は認識する者の言語であるだろう。ロゴスの論証的な言語なのだ。そしてこの言語はポレモスが多様な区別されたものを産み出すこと、そしてまさしくみずからを区別するなかで、みずからを区別する行為を完遂するなかで、もろもろの区別されたものたちは互いに結びつくことを論証するのである。この**共通のロゴス**のうちに都市の**ノモス**は真の堅固な根を見いだすことだろう。[11]

ヨーロッパ思想の特徴的な形式としての裁判の形式は、ヨーロッパをアジアの帝国の抽象的で無媒介的な統一性から切り離す（de-cidere）ことによって存立（ex-sistere）させることになった例の危機を余すところなく反映している。だが、この切り離し自体はヨーロッパを部分として構成することしかなしえない。ヨーロッパの自然本性的なあり方のうちには自分が部分であるにすぎないという自覚が存在している。だから、その形式はけっして全体として妥当する力があると僭称することはできないだろう。それの表明する調和（それを構成するさまざまな要素の一致から派生する連繫、ひいてはたんなる合成されたもの）はけっして**調和**にまで高まりあがって、ディケー〔正義〕と、それにとってはヨーロッパもアジアも同じものからやってきて同じものへ解消されることになるような**普遍的な正義**と同一化することはできないだろう。この**調和**はアパネース〔目に見えない〕なのであって、知性の眼にしか姿を現わさない。そして知性の光、パオスは、本来、賢者＝ソポスの直観の対象である。賢者のロゴスは主張する。調和は多数の形態をとり多数の音調を響かせながら展開されるだけでなく、なによりもまずもってつねに反転する（パリントロポスである）、と。すなわち、多から一へと向かっては、新たに一から多へ向かうというのだ。アポロンとディオニュソス、多から一へのオルペウス教的なアポカタスタシス〔万物の復興〕と〔ヘラの命令で〕ティタン族によってずたずたにされるパイス〔子。セメレが生んだばかりのゼウスの息子ディオニュソスを指す〕のあいだの調和に代表されるようにである。こうして**ロゴス**は対立の暴力を承認はするのだが、同時に、対立の超克にいたる道をも知っているにちがいないのである。そして**ロゴス**の力がそこにまで到達したなら、**ロゴス**は太后の絶望と大王の敗北までをも〈慰撫する〉ことができるかもしれないのだ。

わたしたちが形をもっていること、わたしたちが部分であること、そして部分であるかぎりで判決をくだす存在であることが無区別なもののなかに解消してしまうのを阻止すること、このことのうちに最初のアゴーンの意味は存在する。だが、もっと大きなアゴーンは無際限なものと制限するもの、ア・ペイロン〔限界をもたないもの〕とペラス〔限界〕、像とペリエコン〔いっさいを包みこむもの〕、無限定な**一**と限定をほどこされた数多的なもの、多数のコスモス、同一性と差異のあいだの調和をこころみてはまたこころみるというかたちで表現される。最初の闘争をつうじてアジアのくびきはわたしたちから払い落とされる。だが、ムーサ〔詩歌女神〕がわたしたちに拍車をかける決定的な戦闘は、**法律**という、大王よりも限りなく要求の多い専制君主に結びつけられることのうちに存するのであって、この**法律**の前ではわたしたちはみな——**ロゴス**の前では、そして**ロゴス**にたいしては、わたしたちはみな平等であるのと同じように——平等である。各人が〈自由に語る〉ことを可能にする自由が価値をもつのは、だれもがみな**ノモス**＝**法律**にたいして平等であることと調和させられているかぎりにおいてでしかない。アウトノミア〔自立していること〕とイソノミア〔平等であること〕は一個の調和を形成しているか、それとも、たんに存在しないか、あるいはたんなる名前、聞く者を惑わせやすい幻の音声に引き戻されてしまっているか、のいずれかである。それでも、つねに間違ってばかりいて不決断な者たちは、まさしくその名前によって現実には存在しないものを摑むのだと言い張って引き下がろうとしないのだ。

　したがって、わたしたちの哲学の起源は逆説めいているようにみえる。それは、一方では、差異化の力、そのさまざまなメタボライ〔転義、変容〕の力だけが知性を覚醒させ、無媒介なものや形のないものから解き放つのだと主張する。が、他方では、差異化はそのようなものとしては把握しえないままにとどまっているとも主張する。把握されるやいなや、区別されたものたちは単純かつ絶対的に区別されたものであることをやめてしまう。そして判断が区別の作用それ自体を判断することによって調和が達成されるのに応じて、区別されたものたちはひとつの共通の起源に送り返されないわけにはいかなくなる。もしそれらの区別されたものたちを区別する作用が判断という形態において〈超克されうる〉のであってみれば、それらの区別されたものたちがひとつのゲノス〔種族〕に所属しないでいることが、いったい、どのようにして可能となるというのだろうか。もしこのロゴスがもろもろの区別されたものたちを実際に連結するのだとしたなら、それらの区別されたものたちが存在論的に連結しうるものであること、すなわち、本源的にひとつの調和を形成していることが必要となる。アトッサの夢のなかの神的な女‐馬たちに起きているようにである。また、ポリスを構成する多衆に起きているようにである。彼らがみな〈自由である〉のは、彼らのだれもがこの大地の、その英雄たちの、そのエートス〔性格〕の、ほかでもない共通の息子であるおかげでしかないのである。

だが、数多的な形態をとって存在しているものたちに真実かつ実際に共通するロゴスをいったい何が主張しうるのだろうか。差異化の作用そのもの以外にはない。もろもろの存在者が一であるのはそれらの存在者が相互に差異化しているなかにおいてのことである。互いに〈競い合う〉なかにあって、みずからの形態の単独性を他者の形態の単独性に対置するなかにあって、もろもろの存在者は同一のノモス——イソノミア——に属しているのである。神的にして永遠の本源的な**共通のもの**は、すべての者たちが有している単独性と合致する。もろもろの対立するものたちは、いずれもが完全に単独的であること、すなわち、それぞれが他者ではないことにおいて、調和しているのである。そのときには、二の有する恐るべきものから必然的に単一性が産み出されるのだとしたなら、もろもろの二がロゴスの〈目〉によって把握された瞬間、ロゴスの単一性のほうは差異化の作用が本源的に共通のものであるということ、まさしくもろもろの差異が各自の単独性のなかにあって発揮する力によってこそ数多的なものが一をなすということ以外のことを指示しえなくなってしまうだろう。それゆえ、ヨーロッパをアジアにたいして存立させる切り離し（de-cisione）は、なんらのアブ－ソルートゥムなもの（Ab-solutum）、なんらの絶対的に切り離された部分をも産み出すことはできない。まさしく、わたしは他人とは相違しており、単独の存在であると主張するなかで、わたしはその他人と共にあるというか、むしろ、わたしは存立しているのであり、存立していることによって、必然的にわたしをわたしに対峙しているもの――わたしとスタシス〔抗争〕の関係にあるもの――に対置するのである。そして、この対決、この抗争のなかで、わたしはわたしがその他人と共にあることを承認するのである。他者はわたしと切り離しがたく共にある存在と化す。わたしが彼から〈自由〉になったということは、わたしが彼と〈友愛〉で結ばれるようになったということである。どの調和もけっして差異が実際に超克されたことを意味するものではありえないだろうし、どの差異も調和を実際に否定したものとしては主張しえない。なぜなら、調和が表現している結合は対立するもの同士のたんなる一致以上のものだからである。その結合はすべてのものに共通のものであるかぎりで自己自身に対立するものとなるのである。イオニアのアジアから生まれたヨーロッパ思想、動かせないもの自体（古くからの掟と神話や伝統儀礼）を動かす、潜在的にはつねにヒュブリスであるその思想は、つぎの問題、すなわち、存在者の還元しえない単独性を〈救済する〉（「現象を救済する」）という問題、存在者の単独性を野蛮な「真空の恐怖（horror vacui）」から、ただし、その単独性を結合の力そのものであると考えて救済するという問題から養分を引き出す。ヨーロッパをアジアから切り離しえなくしている力そのものが、ヨーロッパを個体化することによって存立させ、ひいてはアジアに対立させている力なのだ。ギリシア史というテーマ、そしてギリシア人の生活の中心をなしているもの——戦争[12]——は、ギリシア人に自分を知ってみずからの同一性に目覚めるよう強いるだけではない。それだけではなく、みずからの存在理由もまた明らかになるようにするために、敵を知ること（したがって、ミュートスの先入判断を超えて、みずからを敵にたいして〈開く〉こと）、しかしまたピロソペイン〔知を愛すること〕のテーマとの十全なアナロジーのもとで、区別されたものが切り離しえないものであることの理由を考えることを要請するのである。

そしてソピア〔知〕がつねにそれを探し求めながらけっして所有することのないピリア〔友愛〕となって立ち現われるように、切り離しえないものは区別と差異のなかでみずからを啓示しつづける。これがあらゆる調和の謎めいた側面である。このためにそれがまるで対立するもの同士の中間にあるもの、〈媒介者〉的役割を演じるものの問題であるかのようにみなして解くことはできないのである。もし切り離しえないものが切り離しえないものとして、その覆いをけっして剝ぎ取られることはないのだとしたなら、完全な調和はつねにアパネースなもの、すなわち、存在者もしくは姿を現わしているものの次元には還元しえないものにとどまり続けるだろう。調和を要素もしくは限定された機能と受けとめてなされるあらゆる調和の構築作業は、初期のピュタゴラス主義、そしていくつかの点では

『ティマイオス』のものでもある、このアポリアにおちいる。[13] そのときには、調和は制限するものと無際限なもの、鋭敏なものと愚鈍なもののあいだの距離を表現するさいの土台になる数でしかなくなる。要するに〈音楽作品〉の一要素以外のものではなくなってしまう（デミウルゴスによって創造された宇宙はまさしくそのようなものである）。しかし、この数は必然的に対立するものたちの数によって限定されることになるだろう。したがって、対立するものたちの性質を分かちもつことになるだろう。たしかに、それは対立するものたちの〈あいだ〉に拍子をつけ（rhythmós〔拍子〕＝arithmós〔数〕）、その〈あいだ〉を拍子に従って通り抜けうるものにする。すなわち、道をつくる。しかしながら、それはつねに数多的なものと性質を分かち合い、もろもろの数の継起の一部をなすことになるだろう。こうして調和は実体化されることとなる。そしてそれは可感的なかたちでしか姿を現わさず、その隠された潜勢力は失われてしまう。

さらには、中間にあって調和を媒介する可能性のあるものは無数に存在するのだから、あるひとつの中間にあって媒介するものを限定することをつうじて次から次へと〈発明〉されていく数多的なもののの結合は、作為的なもの、約定、契約としてしか、あるいはただちにあるひとつの恣意的な決定の産物としてしか、考えられなくなるだろう。平和は戦争の一時的な停止であり、戦争の休止、休憩以外の何ものでもないという考え——今日でもなおパクトゥム〔協定〕としての平和というわたしたちの考えであるところのもの——は、ピュタゴラス的・プラトン的調和観念のそのような本質内在的アポリアから派生しうるのである。実際にも、平和＝パクトゥムはことがらの本質からして中間にあって媒介するものの定義へと向かう。だが、どのような中間にあって媒介するものも、ほんとうには対立するもの同士を結合することはない。なぜなら、端的にいって、それは対立するものたちの本性そのものに属していて、対立するものたちと同様、限定されているからである。

絶対的に区別されたものたちはけっして調和を達成することはない。どのような「黄金数」もそれらのものたちの距離を埋めることはできない。それらが〈調和〉を達成するのは、それらが区別されたものであり、完全に単独的な存在であることにおいてである。すなわち、完全に他のものではないことにおいて一致していないかぎりにおいてである。もし明示された数が区別されたものたちの差異を〈超克〉することができるのだとしたなら、それらの数において区別されたものたちの区別の必須性が否定されてしまうことになるだろう。したがって、対立するものたち同士のどのような調和も生じなくなってしまうだろう。対立するものたちの距離を超克しようと欲することのうちには、二頭の馬をくびきで繋いでみせる、もしくはヘレスポントス〔ヨーロッパとアジアを結ぶ海峡。現在のダーダネルス海峡〕の両岸、すなわち、陸と海を架橋してみせると豪語するクセルクセスのヒュブリスがある。だが、差異が〈安全なもの〉であるためには、差異化の作用が**共通のもの**であること――まさしく絶対的に区別されたものは、そのようなものとして〈安全〉であるためには、つねに他者と他者からの距離を必要としていること――が理解されなければならないだろう。もしヨーロッパがこの意味においてみずからの区別、みずからが部分であることを「想起」することに成功していたなら、おそらく、みずからの形態を変容させることによって、あらゆる和解もしくは綜合の魔法ともあらゆる強圧的な同化の行為やあらゆる恣意的な機会原因論とも無縁の平和の観念を表出することにも成功していたことだろう。**共にある**ことの〈場所〉は、アトポスである。プラトンの『パルメニデス』における思考の中心をなしているエクサイプネース＝瞬間がそうであるように、把捉しえない不条理な非－場所なのだ。だが、このエクサイプネース＝瞬間によってのみもろもろの数の結合が概念しうるように、そのアトポスなものの力によって、もろもろの対立するものたちの空間は、それらが〈再認識しながら〉対立しあう数多的な時間と形態のもとで照らし出され定義されうるものとなるのである。

原注

1　本章を構成する歴史的－地理的要素はサント・マッザリーノの尋常ならざる研究、とくにSanto Mazzarino, *Fra Oriente e Occidente: ricerche di storia greca arcaica* [1947] (Milano: Rizzoli, 1989) と *Il pensiero storico classico (1965-1966)*, III (Bari: Laterza, 1983) に依拠している。もし哲学的研究が偉大な歴史叙述と真剣に取り組んできていたならば、それは時間と空間についての古代のとらえ方、それとキリスト教のとらえ方との相違、ヨーロッパのエートスと運命にかんする、なんとあまたの内容空疎なおしゃべりを回避していたことか！

2　Bruno Snell, *Il cammino del pensiero e della verità. Studio sul linguaggio greco delle origini*, a cura di Gualtiero Calboli, traduzione di Jürgen Winkelmann (Ferrara: Gallio, 1991), pp. 45-47.

3　ミレトスのヘカタイオスは本来の真実の話を指示するのにミュートスという語を使い、群衆の欺きやすくて記憶に値しない話を指すのにロゴスという語を使っているようである。ミュートスは彼にとってはなおも事物そのものの音声、事物がみずからの存在を認めさせようとして発する音声であった。ロゴスとしての言葉が事物の発する音声そのものの真偽を決定できるということ――この哲学の（そして神話学の）恐るべきヒュブリス〔思い上がり〕はここではいまだ姿を見せていない。

4　Arnaldo Momigliano, *Storia e storiografia antica* (Bologna: Il Mulino, 1987), p. 48.『イーリアス』においては《トロイア軍は大音響を立てて戦場に降りていくのにたいして、ギリシア軍は秩序だって静かに降りていく。そしてトロイア軍はギリシア軍よりも激しく嘆き悲しむ。…そしてトロイア軍だけが神々の仕業に気が動転してしまう》ことも想い起こす必要がある。だが、《全体としては、両陣営のあいだの相違はかろうじて知覚しうるにすぎない》のである。Cf. Bruno Snell, *La cultura greca e le origini del pensiero europeo* (Torino: Einaudi, 1963), p. 219〔ブルーノ・スネル『精神の発見――ギリシア人におけるヨーロッパ的思考の発生に関する研究』新井靖一訳（創文社、一九七四年）、二八九―二九〇頁〕。

5　Momigliano, op. cit., p. 49.

6　「アクセンツァイト」の前夜には、ギリシア人は**一**を無区別なものとしてしか考えていない。ヘシオドスの神学においては**一**は**カオス**でしかない、とジョルジョ・コッリ〔一九一七―七九年〕は述べている。形をもたない**開いたもの**だというのだ。そこに哲学的ロゴスが登場して区別を要請することとなる。アジアの帝国の**一**にギリシアの生産的で覆いを剝ぎ取るロゴスが対置させられる。そして「大戦」のあとではそのロゴスは**一**のロゴスとしても通用するものにならなければならなくなる。**一**に勝利するためには、**一**を〈同化〉するすべを学ばなければならなくなるのである。

7　Monica Centanni, "La tragedia dei vinti," commento a Eschilo, *I Persiani* (Milano: Feltrinelli, 1991), p. 106.

8　この自由と友愛の両義性はわたしたちの言語に固有のものである。ラテン語のリーベルタース（libertas）とギリシア語のエレウテリア（eleutheria）は（おそらく同じ語根に帰着させることができるのであって）、ある共同体の正統なメンバー、その息子たち、リーベリー（liberi）の条件を規定している。そのような条件はわたしたちをソキー（soci）〔盟友〕、朋輩、友人にする。ゲルマン諸語においては連繋はさらに豊かであって、そこでは同じ語根から自由と友愛を指示する表現だけでなく、平和を指示する表現も出てくる。

9　パッレーシアは、ギリシア人がみずからをバルバロスから最大限区別するものであると認めている要素である。亡命者はパッレーシアの喪失を最も偉大な富の欠如として被ることになる（エウリピデス『フェニキアの女たち』三九一）。パッレーシアの価値が新約の受胎告知において決定的な役割を展開することになることは想起するまでもないだろう。したがって、ヨーロッパ文化の二つの構成要素が二つともそこに根拠を見いだすこととなるのである。

10　そこには、《ノモスこそは万物の王（basileús）／死すべき者らの、また死することなき神たちの。／万物を統べるその腕《かいな》はいかなる無理にも正義を与える》（ピンダロス、断片四九）が反響している。ピンダロスのフランス語版の編訳者エメ・ピュエシュ〔一八六〇―一九四〇年〕は、ヘロドトス『歴史』三・三八を参照するよう求めている。そこでは、その語は慣習という意味をもっている。しかし、いま引いた『歴史』七・一〇四は、まさしく、ヘロドトスにおいてもなお、ノモスという王は神の同義語であるゼウスと一体となったノモスであって（ピンダロス『イストミア』第五歌、五二―五三）、その神的な起源はアイスキュロスにおいて力強くこだましていることを忘れてはならないことを示している。こうして、ノモスの歴史を支配することになる問題、すなわち、もしノモスが王であるとしたなら、しかしまたその王はノモスであることが必要とされるという問題が、そもそもの起源から姿を現わしつつあったのである。法の二つの「身体」はそのままにまた王の二つの「身体」なのだった。ディケー〔正義〕としての法律は、ポリスを統制するために王によって命じられるかぎりでの法律なのだった。フリードリヒ・ヘルダーリン〔一七七〇―一八四三年〕がまさしくいま引いたピンダロスの断片をドイツ語に翻訳するさいに注意をうながしたように、そのときには、ノモスには「媒介されたもの」からなる法律が課されることとなる。すなわち、ノモスはそれ自体において媒介されたもの、二つになったものなのである。Cf. Roberto Calasso, *La rovina di Kasch* (Milano: Adelphi, 1983), p. 223; Italo Mancini, *L'Ethos dell'Occidente* (Genova: Marietti,1990), pp. 499-537. 古典学における「ノモス・バシレウス」については、Marcello Gigante, *Νόμος βασιλεύς* (Napoli: Glaux, 1956) を参照。

11　これらのモティーフの展開については、第Ⅳ章「歓迎されざる客」全体を参照されたい。

12　Momigliano, op. cit., pp. 51, 56, 58.

13　プロティノスは、彼の最も高度で難解な論考のひとつ（『エンネアデス』六・六）で、純粋に叡知的な数としてのウーシオデース・アリトモスともろもろの単位から合成された量的な数としてのモナディコスを区別するとき、ピュタゴラス主義のこのアポリアを完全に理解しているようである。これらの問題については、そしてまた調和の観念をめぐるプラトンの曖昧さについても、第Ⅴ章で詳しく論じることにする。

追補

＊1　同一性と異他性の連関はカール・シュミット〔一八八八―一九八五年〕の友敵関係においても理論的な基礎をなしている。これについては今日でもしばしば直接に対立的な関係として読もうとする向きがあるが、これはその関係をまったく誤解していると言わざるをえない。カール・シュミットにかんしては、最近イタリアで、ほんとうに例外的な重みをもついくつかの論考が出た。ここに挙げておきたい。Michele Nicoletti, *Trascendenza e potere. La teologia politica di Carl Schmitt* (Brescia: Morcelliana, 1990); Carlo Galli, *Genealogia della politica. Carl Schmitt e la crisi del pensiero politico moderno* (Bologna: Il Mulino, 1996); Giuseppe Antonio Di Marco, *Thomas Hobbes nel decisionismo giuridico di Carl Schmitt* (Napoli: Guida, 1999).

＊2　ラテン文化はリーベルタース〔自由〕とリケンティア〔放縦〕の区別をあらゆる方向に発展させていくだろう。それどころか、ここではリーベルタース〔自由〕は存在論的にピエタース〔信義〕に結びつけられるにいたっている。息子が自由なのは、父親の遺産を喜んで受け継ぎ、かくては彼の行為のあらゆる面において信義に厚いかぎりにおいてである。それはまさしく、エウ・リュエイン〔うまく緩めること〕としてのエウレテリア、わたしたちを従うよう強いていたもろもろの束縛から心地よく解き放たれることとは正反対の語なのだ。したがって、アエネーアースが卓越して自由な存在として出現することになるだろう。

第Ⅱ章

戦争と海

第一節　現実主義者プラトン

魂の主要な部分が天空を超えた場所にまで上昇するにいたったときでさえも現に存在しつづけている魂のアゴーンを解消して安定した統一を達成することのできるポリテイア〔国制〕を構築するといったようなことは、はたしてありうるのだろうか。実際、そのときでもポリテイアは馬たちの暴力を被っており、真実在を観照するのはとてもではないが容易ではない（プラトン『パイドロス』二四八A）。神が示す手本に付き従うことによっても魂には起きていないこと――安定した観照――がポリスの圏内では起こりうるのだろうか。なぜなら、《労苦によって疲れはてた》魂たちはみな、あれもこれもが重たくなって、翼を失い、ふたたび地上に墜落していくからである（同上、二四八B―C）。ポリスにかんする（そしてポリスの内部にあっての）プラトンの哲学を政治哲学として解釈しようとして譲らず、政治的なものを哲学者のテオーリア〔観照〕のなかに解消するのだと主張し、政治的なものに内在する矛盾を抽象的にイデアの統一において根絶しようとする者は、この問いを忘れている。[1]これはアリストテレスにまでさかのぼる誤解である。アリストテレスによると、プラトンのポリテイアは実現不可能である。というのも、それは究極原因としては《最も完全な統一体》であるだろうが、ポリスはその本性上数多的な存在であり、一つになればそれだけポリスではなくなってしまうからである（アリストテレス『政治学』二、一二六一a）。一部の者たちがポリスにとって最も偉大な善であるとして誇っているものが、実際にはポリスを破壊してしまう。というのも、ポリスは平等な成員たちからなる集合ではなくて、種的に異なる成員たちからなる集合体であり、そうした相違は保持できるものでなければならないからである。ポリスはさまざまに異なる〈属性〉と〈徳〉の総体であり、すべてが善良な人間たちの〈家族〉ではないのであって（同上、三、一二七六b以下）、その総体は普遍的にして必然的な原理によってではなく、時と場合によって形態の異なるポリテイアに従って規制されうる。《ポリテイアというのはもろもろの役職の組織であり、それらの役職はすべてポリテイアに参加する者の有している力に従って配分されるのである》（同上、四、一二九〇a）。

だが、アリストテレスの批判はプラトンのポリテイアに内在する実際のドラマ性を隠蔽しており、芸術的には完璧であるが、《生きた人間》と向き合うことのない《彫像》、なにか《生命のない》もの（ポリュビオス『歴史』六・四七）でしかなくなってしまうような常套句でもって言祝ぐ結果となってしまっている。これとは反対に、プラトンのポリテイアは、いかなるかたちでも健康なポリスの、すなわち、その内部の分節化が軍隊の諸部分の分節化と同じように一体化しており、そこではいかなる抗争も生じさせないほど交換関係が完璧に規制されているようなポリスの体制を表象してはいない。このような健康なポリス――そこに生きる市民たちが《平和のうちに健康な》生活を送り、年老いてから死んで、子どもたちにも自分たちと同じ種類の生活を譲り伝えるだろうようなポリス（プラトン『ポリテイア』二、三七二D）――は、ソクラテスが〈追い求めつつある〉イデアを構成するものではまったくない。ソクラテスが思い描こうとしているポリテイアは、みずから拡大し、大きくなっていき、必要なものと消費するものを〈考案〉するポリスにかかわっている。[*1] 健康なポリスではもはや十分ではない（同上、二、三七三B）。そして健康が失われるので、《医者を必要とすることも以前よりもずっと多くなるだろう》（同上、二、三七三D）。「政治術」の最大の産物であるポリテイアの目的は、すでに健康なものの健康を保持することではなく、健康を失ってしまったものを〈治療する〉のを可能にすることなのだ。ポリテイアは抗争の存在をあらかじめ想定している。そしてポリテイアの目的は〈健康状態〉を回復することではない。このようなことは、アリストテレスが語っているように、不可能なことだろう。ポリテイアはむしろ、どのような条件で、どのような規範の原理のもとで、ますます大きくなっていくポリス（同上、二、三七三B二）が形を保ったままでいられるか、解体したり、形を変えて自分とは別のものになってしまったりしないでいられるかを示そうとする。

　これはたしかに背理めいている。なぜなら、ここで問題となっているのは、変成させられていながら、なんとかして変成するのを停止するようなポリス、あるいは、〈健康〉を超えて突き進ませてきた力もしくは衝動をみずからのうちに保存しつつも、安定した形が生じて存在を得させられるにいたるようなポリスを考えることだからである。しかし、これから見るように、プラトンの言明は空想的なものであるどころか、その根底にある現実主義を照らし出すのに役立つというのは、背理以外のなにものでもない。ここではさしあたり、プラトンの議論の全展開は〈健康な状態〉という仮説を放棄したところから生じているということだけを確認しておきたい。このことを『政治家』と『法律』という二つの並行するテクストが証明している。人々が暮らしていた〈状態〉が〈健康〉だったのは、世界が神によって治められていて、《神のごとき羊飼い》に導かれて人々が牧草地に向かっていたときだった（プラトン『政治家』二七一D―二七二B）。そのころわたしたちを愛していた神は、《わたしたちよりもすぐれた種族》、神の血を引くダイモーンたちをつうじて、平和（エイレーネ）と慎み（アイドース）、善き掟（エウノミーア）と出し惜しみすることのない正義（アプトニーア・ディケース）を万人に保証していた。人間は自分だけではけっしてそのような「状態」を手に入れることができないだろうということを神は知っていた。実のところ、牛に牛の統治を委《まか》せたり、山羊に山羊の統治を委せるほど、わたしたちは愚かだというのだろうか。《およそ人間の身で、不正や驕慢に充たされることなしに、人の世のことどもを自分だけで統治できる者はだれもいない》ということを神は知っていたのだった（プラトン『法律』四、七一三Ｃ—Ｅ）。

神が舵をとっていた時代、幸福なアルケー〔支配〕の時代（エウダイモーン〔善き霊〕に守られた時代——実際にもその時代の行政官はダイモーンたちだったのだ！）には、ポレモスであれ、スタシスであれ、いかなるタイプの戦争も生じる余地がない（『政治家』二七一Ｅ）。平和が余すところなく支配している。だが、そこにポリスはいまだ存在していない。そして実際にもそのような《神に導かれた羊の群れ》を定義するために使われるようになる語はなにかというと、それはむしろ、「オイケーシス（oikesis）」という語なのである。すなわち、ポリスの実質をなす増大衝動、権力意志をなおも知らない、〈有機体〉としての共同生活、もしくは〈家族〉なのだ。もしポリスをオイコス〔家〕であるかのように扱おうとしたなら、まさしくアリストテレスが教えているように、ポリスを破壊しようとしてしまうほかなくなるだろう。ポリテイアが回避できない問題として立てられるのは、ほかでもなく、わたしたちが神のハルモニア、その〈健康〉を放棄してしまったからであり、《神に導かれた羊の群れ》ではないからであり、わたしたちの国が住民の食欲を満足させるためにはますます小さくなってしまい（『ポリテイア』二、三七三D五）、それゆえ国がもっと大きくなって、他の領土、他の「牧草地」を獲得するよう、住民の食欲が強いるからである。ひいては、構成する必要のあるポリスはすでに〈自然的に〉戦争状態にあるポリス（同上、二、三七三E）であって、その結果、戦士たちもポリスの《守護者》である、ということでなければならなくなるだろう。テクネー・ポレミケー〔戦争術〕は政治の必須不可欠の部分であるという、プラトンの『プロタゴラス』で主張されていたのと同じ要請が、『ポリテイア』のなかで立ち戻ってくる。だが、このことは、守護者にふさわしい自然的素質は「単純」ではありえないということを意味している。守護者たちは自分たちの市民にたいする寛大さを敵にたいする峻厳さと結合しなければならなくなるのである。さらに、守護者は敵の先手を打って敵が攻撃してくる前に敵を破滅させてしまうすべを習得していなければならないだろう（同上、二、三七五C）。プラトンが第五、六、七巻で集中的に取り組んでいる哲学者にして王たる者の〈構築作業〉全体は、ポリスであるかぎりでのポリスの観念そのものが多様な欲望の存在を含意しており、戦争〈状態〉を含意しており、守護者－舵取りはエウダイモーンではなくて〈二枚舌を使う〉人間であることを含意しているということの厳しい承認から始まっている。なるほど、守護者たちは生まれつきの二枚舌性を〈管理〉しうるよう教育されていなければならないだろう。が、彼らの魂は他のどの人間の魂とも変わらないままである。それはけっして鎮められることのないアゴーンの空間であり場面なのだ。そして、この意味では、第四巻の冒頭で発せられているアデイマントスの問い――《ソクラテス、もしだれかがあなたに異議を申し立てて、あなたはこの者たちを全然幸福にしないと言ったなら、あなたはどう弁解するつもりですか》――が啓発的である。この者たちが追求することのできるエウダイモニア〔幸福、福祉、人間の繁栄〕は、けっして農耕の神クロノスの統治下にあった〈状態〉のエウダイモニアではないだろう。それは尋常ではない戦いの結果得られるものだろう。あらゆる試練を乗り越え、ドクサ〔臆見〕の縛りから解き放たれて、《影から模像と光のほうへ向きを変え、地下の世界から太陽のもとへと上昇していく》（同上、七、五三二B）ことによって、そしてつぎにはふたたび地下に戻って、そこに住む《囚人たち》に憐憫の情をかけようとするのだが、彼らは囚人たちにはいまや異邦人と映るものだから、囚人たちによって殺害される危険を冒すことによって獲得されるものだろう（同上、七、五一六C―五一七A）。

わたしたちの守護者は戦士であるとともに哲学者である（同上、七、五二五B八。八、五四三A五）。が、彼の任務はポリスを防衛することにある（そして見たように、攻撃に打って出てでも防衛することにある）という、より必須不可欠の理由からして、彼はポレミコス〔好戦的〕である。彼が自分自身に打ち勝ってあらゆる徳を所有するまでになることができるためには（同上、六、四八五A以下）、彼の本性そのものがポレミコスであらざるをえないだろう。説得すると同時に教育する（e-ducare）彼の言論はポレミコスのものである。そして彼は外敵および魂の非合理的な部分にたいしてだけでなく、ことがらの必然からして、自分のポリスの内部にあって邪悪な者たちにたいしてもポレミコスであるだろう。そしてポリスに住んでいてポリスを自分の〈産物〉にしようとたえず企んでいる大多数の者たちは、邪悪な者たちである。もし自分自身に打ち勝つことが勝利の根本ともいうべき最善のことである（『法律』一、六二六E）とするなら、邪悪な者たちの《大多数》に打ち勝つことこそは最初の王冠を獲得した者が専心すべき任務にほかならない。自分自身のなかで〈邪悪なもの〉に打ち勝ってこなかった者から、〈邪悪なもの〉にたいしてなんらかの強制を課そうとしても、それは〈正当なこと〉ではないだろう。だが、同時に、打ち勝った者は《ポリスを破壊する動物》を自分の定める法律に従うよう強制するすべを習得しなければならない。プラトンは、打ち勝った者にはそのような責務があることをたえず力説している。[2] 哲学者は、王になることを要請されて彼の任務から逃げてしまったなら、万人の善を――そしてつまりは善を――実際には欲していないことになってしまいかねないが、しかしまた彼はポリスに参与したいとは全然願ってはいないというのである（『ポリテイア』七、五二〇B）。いったい、どのようにすれば、邪悪な者たちが対立や闘争なしに、要するにスタシスなしに、法律に従うよう強制させられるというようなことが起こりうるのだろうか。ほかでもなくポレモス＝外敵との戦争とスタシス＝内乱との根本的な区別をめぐって、『ポリテイア』においても『法律』においても、プラトンのポリテイアの構築作業は回転している。[3] 勇敢であれ、戦争の技術を身につけよ、《戦争のために特別の訓練を受ける競技者》（同上、七、五二一D五）であれ、ポリスの敵にたいしては冷酷無情であれ。守護者たる哲学者はこれらのすべてでもあらねばならないだろうが、しかしながらそれはあくまでバルバロス、脅威を与える外国人、《自然的敵対関係》（同上、五、四七〇C）にある種族にたいしてである。王たるべき哲学者はポレミコスであるが、それはもし彼がポリスに形を与えようと欲するならポレモス＝外敵にたいする戦争の技術を知らなければならないという意味においてである。これとは反対に、スタシス＝内乱は、ポリスを破壊する。それゆえ、政治を否定するものとして立ち現われる。「戦争の技術」は、ポリスの範域内においては、ここでも生じている不和を規制し、そこでも生存していて活動している邪悪な者たちを強制的に服従させるためには、なんの役にも立たない。ここでは、平和は戦争をつうじては産み出すことができず、和解をうながす言葉の力から、善き法律から、判決をくだす者の正義、知恵、節度ある態度から、市民たちが育んでいてしかるべきピリア＝友愛から湧き起こってくる。守護者は内部の抗争を邪悪な者たちを討ち滅ぼすことによって解決しようなどとはけっして考えないだろう（『法律』一、六二七E—六三〇C）。

これは——トゥキュディデスの一頁のなかでわたしたちに開示されているように——イデアの〈天空〉において〈人間の都市〉の展開する壮大なドラマであり、そこにはらまれる問題性の真のヒストリアである。都市は群衆ではない（そして軍隊でもない）。王たるべき哲学者は神ではない（そしてエウダイモーンでもない）。ポレモスのほうは必要不可欠であるが（たとえけっして《最善のもの》（同上、一、六二八C九）ではないにしても。なぜなら、戦争はつねに平和を見越しておこなわれるからである）、ポリスとスタシスのあいだにはいかなる〈中間〉も存在しない。絶対的な〈あれかこれか〉があるのみである。しかしながら、哲学者の魂のなかにもスタシスは存在し<ruby>た</ruby>のだった。そうであってみれば、スタシスから真正なポリテイアは産み出されると主張すべきではないのだろうか。抗争からのみ（そして抗争をアルケー〔支配〕と考えることによって）調和は生じると主張すべきではないのだろうか。くわえて、邪悪な者たちが邪悪と定義されるのは、基本的にはまさしく彼らが《信頼の置ける結合》（同上、一、六三〇C五）に叛逆するからである。叛逆的であること、知への愛としての哲学に従わないこと以外のどの点において彼らは邪悪であるというのだろうか。邪悪な者とは〈内乱〉を欲する者のことである。が、そうであってみれば、邪悪な者たちは、本性からして、善良な者たちの〈団体〉の特徴をなすソダーリタース〔兄弟的な友好関係〕の敵である。実際にも、邪悪な者たちは団体を形成してはおらず、情熱と利害からなる無区別な群衆にすぎない。いったいどの点において彼らはポリスと自然的敵対関係にある外国人＝バルバロスと区別がつくのだろうか。共通しているように見えるのは、たんにそう見えているだけにすぎない。共通しているのは神々だろうか。だが、哲学者の神は大多数の者たちの神ではない。言語だろうか。だが、どのようにして邪悪な者たちは最も高い徳の言語、完璧な正義の言語をほんとうに理解できるというのだろう。力の言語以外のどの言語に彼らは実際に従うことができるというのか。それでも、なんとかして邪悪な者たちを説得しようとして、哲学者がそんな力の言語を使ったとしよう。そのときには、哲学者は哲学者であることをやめてしまうだろう。ひいては、プラトンのポリテイアの可能性について考えることをゆるしてくれる《たしかに小さなことでも容易なことでもない》唯一の変革（『ポリテイア』五、四七三B以下）が欠如してしまうだろう。

この可能性を考えうるのは、純粋に説得することに徹した言語、完璧に説得力のある言語が与えられる場合だけである。さもないと、哲学者は邪悪な者たちに彼ら自身の依拠している分野、すなわちスタシスという分野で立ち向かわなければならなくなってしまうだろう。まさしくポリスを破壊することになってしまいかねないこの成り行きを回避するためにこそ、哲学者は王にならなければならないのである。実際にも、ただひとり哲学者だけが理に適った問答をおこなうことができる。あらゆる言論のなかで無敵の言論に到達するすべをわきまえている。そのような言論の有する神的な力のみが邪悪な者たちの服従を獲得し、だれひとり殺すことなく（『法律』一、六二七E―六二八A）、彼らのあいだに平和を樹立するのを期待しうるだろう。[4] だが、ここで決定的な一歩が踏み出される。哲学者は、問答法の達人であり、まるで戦場にいるかのように（『ポリテイア』七、五三四C一）、みずからの言論によって事物の実相を説明する言論を手に入れるにいたっている（同上、七、五三四B三―四）かぎりで、ディアノイア〔数学的なものを対象とする論理的認識〕に固有の仮説の分野を乗り越えて、エピステーメー、すなわち**原理**そのものの確固とした知識にまで到達しているのだった。したがって、彼はたんなるドクサ〔臆見〕とエピステーメー〔知識〕を媒介する中間に定位しているもろもろのテクネー〔技術〕の次元全体（同上、七、五三三C―D）をも乗り越えてしまっていることになるだろう。しかし、政治そのものはテクネーである。それゆえ、すべてを破壊してしまうスタシスを克服して、政治に固有の空間を保証することのできる者は、政治的なものを超えたところにある知を思いのままに駆使できる者である。そしてそのような知の発揮する説得力によってのみ、スタシスは起きるのを防止できるのである。クラトス〔精神的な力〕を超えてビア〔物理的な力〕に訴えることなしには、いかなるテクネー・ポリティケー〔政治術〕をもってしても邪悪な者たちを説得することはできない。なぜなら、テクネー・ポリティケーは必然的にすべてが仮説的なものの範囲内に収まっているからである。そしてもし《小さなことでも容易なことでもない変革》が考えられないかありえないとみなされていたのであったとしたなら、そのときには「内乱」の原理がポリスの秩序には内在していて、ポリスはポレモスによってだけでなく、スタシスによっても、なんらの仕方でも治療しえないことを納得せざるをえなくなっていたことだろう。

　ご覧のように、これはなんらユートピア〔どこにも実在しない場所〕ではない。せいぜいがアトピア〔置き間違えられた場所〕である。ソクラテスがアトポス〔場違いなことを言う人〕であるようにである。また、これはたしかに〈不条理な〉言論であるが、しかしながらこの言論をつうじて存在者のさまざまな次元にかんする多くの言論は根底から覆されるのである。テクネー・ポリティケーはスタシス＝内乱の舞台でデビューすべく呼び出される。というのも、たんなるシュンオイキア〔もろもろの家族の寄り集まり〕（『プロタゴラス』三二二B―C）のなかで支配している破壊的な勢力の執拗な脅威以外のいったい何がテクネー・ポリティケーを要請するというのだろうか。だが、テクネー・ポリティケーはその脅威を実際に克服するための力を自分自身のうちに有していない。もし哲学者が王になり、市民全員を仮説的ではない**原理**へと説得できたとしたなら、そのときにのみ平和はおとずれるだろう。すなわち、ハルメー〔結合〕、ハルモニア〔調和〕、アレイオン〔より優れた者〕と語根を同じくする**エイレーネ**はおとずれるだろう。アリストン〔最善のもの〕であるので、アリストイ〔最善の者たち〕に固有の目的となる**平和**がおとずれることだろう。しかしながら、この**目的**は**政治的なもの**の限界を超えている。それはまったくメタ政治的な言論がなしうる**説得**の権限に属しているのである。それどころか、それは神ならおこなうことができるかもしれないような言論なのだ！　それはダイモーンにふさわしい仕事（『ポリテイア』七、五三一C五）であり、すでにその最初の数歩からして大変な大仕事（同上、七、五三一D五）であって、まさしく《ダイモーンに献《ささ》げるようにして》（同上、七、五四〇C一―二）異例の儀式を献げることによって償われるべきものなのだ。守護者たる哲学者たちはポリスの英雄である。なぜなら、アイドース〔慎み〕とディケー〔正義〕が〈表象〉されるのは彼らをつうじてだからであって、それら二つの神からの賜物がなくてはポリスについて語ることすらできないのである。そのときには、いまだ真のポリスではない都市、哲学者にして王の資格を具えた英雄が出現する以前の、群衆によって支配された都市である、もろもろの情念、利害、意見の多様な総体の限界内にあって、どのようにすれば、彼ら英雄たちの〈生産〉、すなわち彼ら英雄たちの教育（パイデイア）の方法を指示できるのだろうか。この問いにプラトンは断固として現実主義を貫いて答えようとはしない。この沈黙のドラマティックな空白が気づかれずにきたというのは、あるいはただちに哲学者王になるべく定められた者が（みずから「不幸になる」という代価を払っても）そのもとに服さねばならないアスケーシス〔克己〕の物語によって埋め合わされてしまったというのは、異例のことである。それでも、この物語はまるごと、元々の沈黙に寄りかかったままになっている。これと似たような現象が立ち現われるのは、神的で幸運な偶然でしかない。もろもろの都市が現在置かれている実状のもとでは、みずからを救済することに成功するものはなんであれ、みずからの救済を神の**モイラ**〔運〕に負うことになるだろう（同上、六、四九二A—四九三A）。どれひとつとして哲学者の本性には合致しないもろもろの所与のポリテイアの領域内にあって、それでももしだれかが哲学者になることができるとしたなら、それは神が介入することをつうじてであるという以外には説明がつかない。あらゆる計画、あらゆる合理的な予測を超えた神的な——《エク・テュケース〔テュケー（運）による〕》（同上、六、四九九B五、C一）——霊感だけが真の哲学の真の愛を説明する。真の哲学者はポリスに専念することを欲しているということ、そして最後にポリスは説得されて哲学者の臣民になるということを説明する。哲学者は、オイディプスと同様に、そしてオイディプス以上に、運の女神テュケーの息子なのだ。[6]

　だが、そのような奇蹟的な偶然から生じる最善のポリテイアも、神の統治を模倣したものでしかないだろう（『法律』四、七一三B三）。模倣するということは同等ではないということであって、その違いの度合いを測定することを意味している。あらゆるアナロジーの根底には差異が存在する。人間たちは御しやすい去勢牛ではない。彼らの〈状態〉は単純には再生されず、成長し拡大していかざるをえない。[7] 彼らの論法は、いかなるポレモスも勃発する〈以前〉に、すでにポレミコスである。実際にも、クロノスのダイモーンたちは、なんらのスタシスをも克服しなければならなくなるようなことはなかっただけでなく、なんらのポレモスすらも知らないでいた。これとは反対に哲学者王たちは、いかなるポレモスをも〈処理する〉のに先立って、自国内でのスタシスを経験しなければならないだろう。そして戦争は〈彼らの仕事〉でありつづけることにならざるをえないだろう。だが、戦争の源泉は情念と欲望の源泉でもある。すなわち、公私いずれの面でも最大の害悪をもたらす原因となるものにほかならない（『ポリテイア』二、三七三E）。だから、たとえ哲学者王であっても、ほんとうに人間たちの情念や欲望の衝動を根絶し、たえず邪悪な者たちを産み落としている子宮を破壊してしまうことはできないだろう。哲学者王が存在していなければならないのは、善良なダイモーンのごとく、邪悪な者たちを暴力を加えることなく（あるいは言論の〈暴力〉だけによって）法律に従うよう強制するためだろう。しかし、このことは彼ら邪悪な者たちの根絶をなんら意味するものではない。邪悪な者たちを根絶してしまったなら、そのときには、わたしたちはひとつのユートピアを手にしていることになるだろう。プラトンの『ポリテイア』の〈このうえなく現実主義的な〉アトピアではなくてである。実際にも、邪悪な者たちを根絶してしまうと、あらゆるポリテイアは余計なものになってしまう。これにたいして、極限において考えられた、その究極的なアポリア的あり方におけるポリテイアが、ここでは問題になる。スタシスを根絶するものとしてしかポリテイアは概念することができない。が、スタシスの始原を根絶するということは、アルケー〔支配〕という打ち負かしがたい知識を指揮し制御することを意味する。しかしながら、このことがどのように起こりうるのかは、まったく〈合理的には説明しえない〉。合理的な説明がアルケーを有しているというのは、ひとつの幸運でしかない（ありえないことではないにしてもである）。正真正銘のポリテイアが生じるのは、**政治的なもの**を超越しており、**政治的なもの**からは産み出されえないアルケーが指揮し制御する場合である。そしてもしそのようなことが実際に実現されたとしたなら、それはおよそいっさいのテクネー・ポリティケーを余計なものにしてしまうだろう。

この議論には〈脱魔術化〉すべきものはなにもない。それはすでに完全に脱魔術化されてしまっており、除去ないし忘却してしまえばよいだけのことである。それでもなお、ポリスが複数の成員からなることを無視してしまうことにならないかと言ってその議論を批判するのは、ポリスのドラマにたいして聞く耳ももたなければ見る目も失ってしまうことを意味する。この批判がアリストテレスとともにその後何世紀にもわたる経歴を開始するとき、いまやポリスという語はポリテースたち＝ポリスの構成員たち（および〈党派〉）の相互的利害関心にもとづいて成立した〈仮説的な〉契約をしか指示しないものになってしまう。ポリス→ポリテースの関係〔最初にポリスという制度ないし集合体を指す概念があって、そこからポリテースというその成員を指す語が派生する関係〕のキーウィース→キーウィタースの関係〔人間を相互関係においてとらえたキーウィースを基点としてそこから集合名詞のキーウィタースが派生する関係〕への逆転はすでに始まっていたのだった。[8] そしてこのことと一貫して政治は哲学者にとって「ムーヌス・アリエーヌム〔疎遠な務め〕」となりかわる。だが、このことによって、哲学者と政治家は、スタシスの始原を根絶するものとしてのポリスをどのように考えるべきなのか、というプラトン的問題に対応するにはまったく不適格であると言明せざるをえなくなる。それでも、実践哲学は、たとえそれがアリストテレス的なものであっても、内乱はポリスの解体をもたらすという考えをプラトンと分かちもっているようにみえる。プラトンは障害にその恐るべきありのままの現実を目のあたりにしながら立ち向かっていた。それにたいして、彼に続く政治的〈現実主義〉は、つねに、あらゆる害悪とあらゆる戦争の発生の元をなす〈自然状態〉と対決するには法律を取り決めるだけで十分であるかのように〈見せかける〉ことをこころみるだろう。プラトンによってなされた脱魔術化のよりいっそう真正な相続人はマキァヴェッリからマルクスにいたるまでの「呪われた者たち」である。彼らは内乱そのもの、都市のなかでたえず再発する抗争を、あらゆる決定とあらゆる法制定の源泉ととらえるだろう。彼らはプラトンのパラドクスを反転させるが〔彼らにとってはスタシスはポリテイアを否定するものではなく、逆に産み出すものなのだ〕、そのパラドクスの胚胎する解釈学的な含意をそっくりそのまま承認することによって反転させるのであり、まさにプラトンのポリテイアの哲学的〈極端主義〉がいかに空しいものであるかを証明するのだと言い張ってメソテース〔中庸〕にもとづく政治的〈状態〉を探求しようとする態度そのものを非現実主義であるとして非難しながら反転させるのである。

　プラトンのポリテイアは、すべてが一をなしたポリスのユートピアを抽象的に始原から演繹するものではまったくなく、その数多的なあり方がつねに潜在的に内乱でもあることのないようなポリスがどのような条件のもとで考えられるのかをみずからに問うている。答えは笑いの大波を引き起こすかもしれないし（『ポリテイア』五、四七三C七―八）、コマの代わりに言葉を使って勝負する一種のペッテイア〔古代ギリシアでおこなわれていた、チェスに似た戦略ゲーム〕のようにみえるかもしれないが（同上、六、四八七C二―三）、まさしく、実際の〈状態〉からの距離、その悲喜劇的な距離こそが、実際の〈状態〉の逢着しているアポリアをつかみとることを可能にしてくれるのである。なるほど、神だけがピリア〔友愛〕とここで要請されるピストテース〔誠意〕を贈与することができる。神だけがアイドース〔慎み〕とディケー〔正義〕を贈与する。しかし、このことはそのような価値によって形成されるポリテイアなどおよそありえないということを意味しはしない。そのようなポリテイアは知性の内でのみ思考しうるということ、それどころか、思考されていなければならないということを意味している。そうでないとしたなら、一なるものについてのなんらかの観念がなかったとしたなら、どのようにして数多的な存在としてのポリスの数多性について概念しうるというのだろうか。テクネー・ポリティケーがそのような傾向をもっていることを見ないで、テクネー・ポリティケーをたんなる約定的で偶発的な技術ととらえる者がいたとするなら、その者は魔法にかかっているのだ。これにたいして、ほんとうに魔法から脱しているのは、それがそのような〈自然的〉傾向をもっていると推定して、どのような逆説的な条件のもとでそれが実現されうるのかを示す者のほうである。それ以上にまた、ほんとうに魔法から脱しているのは、それが実現されるのを想像するなかにあっても、それが〈真の状態〉のたんなる模倣にすぎないことを示す者のほうである。完璧なポリス――もはや本来の意味ではポリスではないポリス、**政治的なもの**すなわちヨーロッパの政治哲学の多くの部分がそれに立脚して構築されることとなる観念の空間を超えたポリス――ですら、善の〈具現体〉ではありえない。そうではなくて、それはまさしく善のミーメーマ〔模倣態〕である。すなわち、善とは等しくないもの、相違したもの、非‐善である。このようにして否定されることによってのみ、善は表象されうる。しかも、このような表象‐否定のためにすら、人間の有しているもろもろの徳では十分ではないだろう。幸運、神的な霊感が必要とされるだろう。『ポリテイア』は現実には存在しない〈真の状態〉にかんして論じたものではなくて、それだけが現存するもろもろのポリテイアを測定することのできる観念にかんして論じたものである。それは何にもまして〈無益な〉論述であり、そして何にもまして〈必要な〉論述である。それは覚醒し、魔法から脱して、善の《計り知れぬ美しさ》〔同上、六、五〇九A六〕を照らし出している。なぜなら、それはなんらかの仕方でそこに参与しているものがすべて善でないのはいかにしてであるかを見せてくれているからである。その光は、暗闇のなかでは混濁していて、類似するか、ただちに同一であるように見えていたものを、差異化し区別する。ひいては、神の〈状態〉そのもの、〈安寧〉そのものをも、事物の本質を超越したところにある善から絶対的に区別する。

第二節　ヒュブリスの言説

なかでも耐えがたく残虐なのは、スタシス＝内乱が解き放つヒュブリス、つまりは自己過信ないし思い上がりの光景である。エイレーネ＝平和にほんとうに対立するのはヒュブリスであって、ポレモス＝戦争ではない。ヒュブリスというのはあらゆる尺度を乗り越えていく（hypér = super = superbus）暴力にほかならない。ポレモス＝戦争は自然本来の敵対関係の限度内で展開される（『ポリテイア』五、四七〇C）。これにたいして、スタシス＝内乱は自然本来のものではない。というのも、それはシュンゲネイア〔血縁関係〕の束縛を打ち砕くからであり、ひいてはつねにそれ自体においてヒュブリスの表現だからである。トゥキュディデスにおいては、ペストの光景だけがスタシスの光景に劣らず戦慄すべき光景である。《非合理な》大胆さが勇気と称され、思慮分別は怠惰と呼ばれ、節度ある態度をとると卑怯者と呼ばれる。党派の結びつきが血縁よりも先行して、誓いは神の掟の名においてではなく、人間の制定したもろもろの法律を侵犯するために立てられるようになる。これはまことに禍々しいカーニヴァル、いっさいの価値が転倒した世界であって、そこではどんな手段を使ってでも乗り越えのために闘うことが必要とされるのであり、中立的態度をとることはいっさい許されない。こうしてケルキュラ〔地中海の島〕では、全ヘラス〔ギリシアの古名〕で初めて、あらゆる戦いのうちでも最も残酷な戦いが出現することになる（トゥキュディデス『歴史』三・八二―八四）。ニーチェ（彼はトゥキュディデス『歴史』三・八四もトゥキュディデスの真筆であるとみていた）のコメントは、ギリシア語原文のひとつの啓発的な反転の代表例である。そのなかで最も低俗なピロティミア〔名誉欲〕のぞっとする爆発（同上、三・八二・八）のように受けとれるものが、[9]ニーチェにとっては、《最優秀な人間》が武器をとって攻略するのを言論によっても誓い＝ホルコスによっても抑止することはできないという事実、最優秀な人間が最優秀であると言いうるのはその人物が自分よりも優秀なものをなにひとつとして承認しないかぎりにおいてのことであるという事実の表現に転化する。ところが、トゥキュディデスが考えているアリストス〔最優秀な人間〕というのは、**神の法**を尊敬しており、それゆえスタシスから身を退く人間のことなのだった。[10]

だが、トゥキュディデスの現実主義は、原則的には、なんらスタシスをポレモスから切り離すようなことはしていない。著作全体のなかにおける戦いの二つの形態の取り扱い方を考察してみるなら、両者が分かちがたく絡まり合っているのがわかる。たとえば、いましがた引いたトゥキュディデスの頁でもそうである。そこではポレモスが平和の時代のエウポリア（必要なものがたやすく手に入る状態）を根絶して、多数者の心の暴力的な教師となり、もろもろのポリスをスタシスの餌食にしてしまっている（同上、三・八二・二―三）。ポレモスは――そしてプラトンの考えにおいてすらポレモスなしにはポリスは成立しないのであるが――ここではスタシスの教師である。そのときには、まことポレモスこそは万物の父であると〈皮肉をこめて〉付け加えることができるだろう。

だが、ポレモスがスタシスを産み出しうるのは、ポレモスがスタシスにおいて完成の域に達するようなヒュブリスをすでにみずからのうちに有しているからでしかない。戦争についての最も冷徹で冷静な論議、最も計算され、あらゆる不合理な大胆さからは最も遠い論議が、《人間の自然本性が現在のままでありつづけるかぎり》（同上、三・八二・二）、つねにいっさいを荒廃させてしまう暴力との〈身震いするような対話〉のうちに存在することとなる。アテナイの使節団のメロス人への演説〔ペロポンネソス戦争において中立だったメロス島を包囲し降伏を求めた〕の最も人々を不安にさせる側面は、使節団が発する言葉ではなく、そのリズムにある。仮借ない死の言葉が《ヘシュキオス風に》、つまりは平然と落ち着き払って発せられるのだ。そこにはなんの興奮した様子もなければ激高した様子もない。またなんの苛立ちもうかがえない。自分が真実を所有していると信じて疑わず、自分の行為が揺るぎない根拠にもとづいていると確信している者だけが、このように〈事を進める〉のである。この点でこの演説はソフィストの演説とははっきり区別される。それが正義は最強の者の利益であるという格言に翻案されうるというのは、たんに見かけだけのことにすぎない。いわんや、それは不正義が優越すると主張したり専制政治を称揚したりするものではない。アテナイ人の演説が主張しようとしているのは、自分たちの言っていることが唯一の正義として妥当するということである。それも人間たちにたいしてだけでなく、神々にたいしてもである。それは、力によって支配しえたらと考えている者にみずからのアルケーを用いるよう迫り、ポリスの数多くの約定的な法律には属さず、神々によって定立されたものでもなくて、自然の必要から生じてくる**ノモス**なのだ（同上、五・一〇五・二）。それは人間によって〈測定される〉のではなく、人間を〈測定する〉。鋭敏で賢明な人間たちの〈考案した〉ものではなくて、人間たちが鋭敏で賢明であるのは彼らがそれに従うかぎりにおいてのことである。だから、アテナイ人は、自分たちには神の援助がなくなることはないだろうと考えている、と落ち着き払って断言できるのである（同上、五・一〇五・三）。メロス人はアテナイ人を説き伏せて、苛立たしげにこう言う、あなたがたの振る舞い方は**ディケー**から逸脱していて正しくない、と。アテナイ人の論法は、こう言ってもさしつかえないだろうが所詮〈イデオロギー〉でしかないというわけである。だが、アテナイ人は辛抱強く打ち返して言う、自分たちの側にはたんに強者の論理だけでなく、**神のノモス**そのものがあって、自分たちは現にそれに服従しようとしているのにたいして、メロス人の言い分は愚かにもそれに叛逆していることになるのではないか、と。メロス人が頼ろうとしているラケダイモン人〔スパルタ人〕は、自分の気に入ったものを美しいものと見なし、自分の役に立つものを正しいものと評価しているような輩なのだ（同上、五・一〇五・四）。これにたいして、アテナイ人は人間と神のことがらの必然的な自然本性にもとづいた、すべての覚醒した者たちに共通のロゴスに従っている。そしてこの共通のロゴスは主張する、いつの場合にもつねに、自分たちよりもはるかに強大な者に楯突いても詮ないことだ（同上、五・一〇一）、唯一の祖国を救済するのに先立って、言葉によって誘惑するのは愚かなことだ（すなわち言葉は事物と取り替えられない）、眼前にあるものはあらゆる希望や願望よりも堅固で確実である、賢人はテュケー＝運ではなく、みずからのアレテー＝徳を恃《たの》む、と。このコンテクストのなかでアテナイの使節団の《正義にかんしては、人間たちのおこなう推論のなかでは、自他双方の平等の必然性にもとづいて判断されるのであり、〔もしそのような平等性が存続していなければ〕強者がなしうることをなし、弱者はそれに従わなければならないのである》という主張（同上、五・八九）は理解する必要がある。ここではアナンケー〔運命、不変の必然性〕が（同上、五・一〇五・二においてと同様）鍵語をなしている。アテナイ人は運命と異なった行き方はなしえない。これにたいして、メロス人のほうは運命と異なった行き方をなさねばならなくなるだろうが、それは彼らの実践が自然本性に反しているからである。前者はどう対処すべきかを知っている（同上、五・八九）が、後者は錯乱状態におちいってしまっている。それは危険が迫り、危険とともに明確な決定をくだす必要が迫ったとき、強者が錯乱状態におちいって、みずからの運勢を闇雲な希望に委ねてしまう（同上、五・一〇三）のと同じである。よく見てみると、これらの希望のうちには、メロス人のほうでは、アテナイ人の主張は純粋なソフィストたちとかかわりがあると考えているということも含まれている。実際にも、メロス人は一貫して利益の追求という観点に立とうとしている。もし中立の立場にあるわれわれを諸君が攻略したならば、なおも諸君の陣営にもラケダイモン人の陣営にも加わっていないすべての者たちが諸君の敵になるだろう（同上、五・九八）、もし諸君がわれわれに苛烈このうえない復讐をおこなったならば、諸君はラケダイモン人の介入を招くことになるだろう（同上、五・一〇四）、云々。メロス人は、自分たちがこの観点をとるよう強いられているのはアテナイ人が正義の観点を無視しているからだ、と主張する。だが、事実はそうではない。アテナイ人は永遠の相のもとで主張するのである、正義は理性を付与された人間にとっては対等な者たちのあいだでの交換のことであり、強国のあいだの均衡という以外の正義の現実的意味は存在しえない、と。アテナイ人にとっては、平和は〈当然のことながら〉そのような均衡の同義語である。そしてこの点にかんしてはブーレーズ・パスカル〔一六二三―六二年〕も述べていたのだった、《ひとは正義に従うことが力であるようにできなかったので、力に従うことが正しいとしたのである。こうして、正しいものと強いものとがいっしょになって、至上善である平和がもたらされるようにしたのである》（パスカル『パンセ』ブランシュヴィック版、二九九）と。

こうした理由から、対話は戦慄すべき様相を呈するようになる。そして当の〈考案者〉であるトゥキュディデス自身、ただただ唖然としてそこに居合わせているようにみえる。なぜなら、ここではポレモスがヒュブリスの外観をとって立ち現われるだけでなく、ヒュブリス自体が論証を展開しているからであり、自分の言い分が必然的なものであると言い張っているからである。悪が存在するのは正しいというわけである。アテナイ人の演説のなかでは、正義は〔メロス人が誤ってそう信じているように〕利益の同義語ではなくて、必然的なものの同義語である。そしてすべての海と陸にみずからのカロカガティア〔美と善〕の不滅の記念碑を残してきたのと同じ大胆さが、同時に、悪の忘れがたい印、モヌメンタ・イーラエ〔憤りの墳墓〕（トゥキュディデス『歴史』二・四一・四）をも残すこととならざるをえなかったのだった。こうしてパルテノンの物差しとメロス人の大虐殺とは〈調和〉することとなる。[11]

アテナイ人のロゴスのヒュブリスは（これをクセノポンは『ギリシア史』二・二・一〇で公然と非難するだろう、アテナイは復讐のためでなく、ヒュブリスのために、数多くの小さな都市の住民を殺害してきた、と）、かくも相異なる原理を調和させ、区別されたままにしておく必要のあるものを結合してみせるという、その〈錯乱した〉主張以外のどこにあるというのだろうか。アテナイ人は自分たちがあらゆる限界に優越した存在であると思いこみ、ひいてはヒュブリスによって目を見えなくされて、自分たちは極端な不協和音をもひとつのリズムにまとめ上げることができると主張しているのではないか。みずからのロゴスはありとあらゆる差異を除去して対立物を弁証法的なものにするすべを知っていると主張しているのではないか。ここにペリクレスの壮大な演説の〈許しがたい〉大胆さ、それらの演説の光輝の背後に潜む闇の核心があるのではないか。美への愛と知への愛（トゥキュディデス『歴史』二・四〇・一）とは、そこでは〈当然であるかのように〉ポリスの力と結びついて立ち現われている。そしてその力は、尊大にもその自立性において主張されている。《名声をも凌ぐ唯一の力が、いまや試練に立たされている。…大いなる徴《しるし》をもって紛うかたなき力を展開したわれわれは、今日の人々にも明日の人々にも讃嘆の的となろう。事実が真実を物語るならば、ホメロスの讃歌も、耳に儚き言葉の綾もわれわれには無用となろう》（同上、二・四一・三—四）。おのれのことだけを信じて、突発的な出来事や予想していなかった出来事に遭遇してもひるむことのないこの力の高みから（同上、二・六一・二—三）、敵にたいしては、確固とした勇気、誇らしげな自信だけでなく、軽蔑をもって当たらなければならない（同上、二・六二・三）。みずからの優越性への絶対的な信頼から生じる軽蔑をもってである。[12]自由に使える手段を正確に評価するなら、不確実なものの支配する領域にしかかかわらない希望に頼らざるをえなくなることなしに未来を予見することが可能になる。そしてこの力関係の正確な評価にもとづいてこそ、敵を軽蔑できるのである。アテナイ人はメロス人にこれとは違ったふうに語ってはこなかった。これはまことにヒュブリスの新たな形式の戦慄すべき出現である。というのも、いっさいがロゴスに立脚しているからである。ひいては、ポレモスに、戦争のテクネーに内在するものとなりうるからである。これはロゴスの啓蒙主義に固有のヒュブリスである。みずからの力に信頼しており、その力を計算するすべをわきまえており、目に見えるものだけに希望を託しており、占いや予言の介入する余地をなくしてしまう[13]（同上、五・一〇三）。宗教的なもの（il religioso）の伝統的諸形式をもってしてはもはや強者を〈結びつける（religare）〉ことにはならない。強者が強者であるのは、闇雲な激情によってでもなければたんなる大胆さによってでもなく、何が実際に正義であり、**必然的なもの**に合致するかを知っているからである。ピリア＝友愛ですら、彼らにとっては至上の原理（プラトン的なピロテース〔愛欲〕、スタシスのヒュブリスに対処するための保証）として通用しない。「ピリア＝友愛を尊重する」というのは、時と場合によってはアステネイア＝弱さの徴でしかない。

い。そんな場合には憎悪のほうがまだしもよい。強者にたいする憎悪はまさしく強者が力をもっているることの証拠だからである（同上、五・九五）。ピリア＝友愛はいつの場合にもつねになんらかの仕方で〈中間〉の探求、調和のとれた中庸の探求として現われる。しかし、闘争が決定的なものとなったときには、すなわち真の闘争と化したときには、こうした〈中間〉は生じえない。そのときには、あらゆる中立の形態は不可能であり、好機が訪れるのを待って時間稼ぎしていたのでは損害をこうむるだけである。

やがてとりわけイソクラテスとともにアテナイのパイデイア〔教養文化〕の在りし日の栄光をイデオロギー的に想い起こそうとする動きが擡頭《たいとう》して、トゥキュディデスによって力をこめて想起されたヒュブリスをそこから〈排除〉しようとするこころみがなされるだろう。しかし、いかなる弁論術をもってしても、トゥキュディデスにおいてポレモスを権力の専横と結びつけていた冷徹無情な意識、ポリスが生き残るための戦争の必然性をその戦争が辺り一面に種を播《ま》き散らしていく悪の記念碑と結びつけていた冷徹無情な意識を取り消し去ってしまうことはけっしてできないだろう。あるひとつの必然性がポリスに迫っていて、いまやポリスはその権力を発揮しなければならない。ポリスは支配権を掌握することから逃れるわけにはいかない。そして支配権を掌握すると、否応もなく、あらゆる形態の敵意を引き起こす。なぜなら、支配権を掌握するということはつねに専制政治をおこなうかのように振る舞うことでもあるからである（同上、二・六三）。だが、それだけでは十分でない。支配権を行使する者は、その者自身がまるで専制政治の下にあるかのようにして権力をこうむることとなる。支配権を行使することを余儀なくされる者はアルケーの必然性によってそのすべての結果において専制政治に蹂躙されることとなるのである。そこから解き放たれたいと望む者はポリスを壊滅させてしまうだろう。その者が指揮するポリスにおいては、指揮権が誘発する専制政治を、たとえ不正義にみえるという代価を払ってでも受けいれるすべを習得する必要があるのだ。

第三節　タラッソクラティア

あらゆる〈健康な状態〉から後戻りできない仕方で脱出してしまったあとの真正な政治的「大いなる形式」の可能性を思考することへと専心していったプラトンのポリテイアは、このようにしてトゥキュディデスのヒストリアに引き取られ反駁される。プラトンの場合と同様、トゥキュディデスの場合にも、ポリスが前進し強化されるためには戦争をおこない、支配権の拡大へと向かっていって、その本源的な枠組みをたえず〈乗り越えていく〉ことが必要となる。しかし、このことはヒュブリスを誘発する。そして最終的には他者にとってだけでなく自分自身にとっても害悪をもたらす。哲学者王のだれ一人として、ニーチェがギリシアの国家にかんする論考[14]〔一八七一年〕のなかで見てとっているように、政治的本能そのものに内在するこの自己破壊的な成り行きを阻止することはできない。ポリスはコーナートゥスであって、ひたすらみずからのアルケーに回帰するか敗北するかを決断しなければならない日に向かって生長していく有機体としてしか存在しない。[15]そして、その決定的な日には、正しいか正しくないか、などといったことに配慮すべきではない。《ひたすらに祖国の存否を賭して事を決する場合、それが正しいものであろうと正しくないものであろうと、思いやりにあふれていようと冷酷無情であろうと、称賛に値しようと破廉恥なものであろうと、いっさいそんなことを考慮に入れる必要はない。そんなことより、他のあらゆる考慮は捨て去って、祖国の生命を救い、その自由を維持する手立てをもっぱら追求しなければならない》。こうマキァヴェッリは『ディスコルシ〔ローマ史論〕』〔一五一七年〕三・四一で述べている。また、魂がまるで夢のなかにいるかのようにして決定的な戦いへと突き進んでいく『戦争の技術』〔一五一九—二〇年〕の唖然とさせるような第三巻を読み返してみられたい。《お話をうかがっていて、わたしはほんとうにこの軍隊をいま現に見ているように想像しておりました。そしてこの軍隊が敢然とわたしどもに立ち向かってくるのを見てみたい思いに駆られております。あなたにはなにがなんでもファビウス・マクシムスにはなっていただきたくありません。マクシムスは敵を見張っているばかりで、決戦の日をできるだけ引き延ばそうと考えていたような人なんです。そんなことになれば、わたしはローマ人民が彼のことを悪く言ったようにもっとあなたのことを悪しざまに言うことになるでしょうから》。この激しい願望（《あなたはこの決戦の日を一瀉《いっしゃ》千里の勢いで圧倒しさってしまわれました》）がもろもろの力の計算と〈論理的な〉配置にヴェールをかけてしまうようなことにならないように注意しながらである。だが、フィレンツェ人マキァヴェッリによる脱魔術化行為のなかでは、ギリシア人トゥキュディデスによる脱魔術化行為のもうひとつの側面、彼が例示してみせている演説を本来の意味で悲劇的なものにしている側面、すなわち、この激情的にして合理的なコーナートゥスが最後には自己破壊的なものにならざるをえないということ、もろもろのポリスを昂揚させる活力そのものがそれらのポリスを打倒する結果となってしまわざるをえないということが消えてなくなってしまっている。それも、抽象的な循環の図式によってではなく、政治に内在するもろもろの理由によって、アルケー〔支配〕の論理そのものによってそうならざるをえないのであって、アルケーはなによりもまず、それを行使するもろもろの主体を超えたところに存在しているのである。ギリシア人たるトゥキュディデスは、戦争の必然性を知っているだけではない。戦争が必然的で避けえないといったようなことはごくありふれたことであってあえて取りあげるまでもない。戦争は同時に自分自身にたいしてしかけることなしには他者にたいして発動することはできないということ、ひいては、最終的には、ポレモスをスタシスから切り離すことは不可能であるということを彼は知っているのである。

実際にも、こういった事態がアテナイでは起きている。支配のために戦争を開始することによって、それは憎しみと妬みを引き起こす（トゥキュディデス『歴史』二・六四・五）だけでなく、必然的にみずからの政治的形式そのものを腐蝕させてしまう。より正確に言うなら、支配の探求は〈善良な者たちの統治〉を不可能にしてしまうのである。実際にも、善良な者たちとはまさしく支配を望んでいない者たちのことであるとするなら、どうしてそれ以外でありえたであろうか。これはプラトンの言説の解消不能なアンティノミー〔二律背反〕であり、すでに偽クセノポンによって断ち切られていた結節点である。[16] もし目的がアルケーであり、ポリスが追求する〈善〉が命令して制御することであるとするなら、ゲンナイオイ＝良家に生まれた者たち、クレーストイ＝善良な者たちとの〈妥協〉すら生じえない。ポリテイアの全体は、《思いやりにあふれていようと冷酷無情であろうと、称賛に値しようと破廉恥なものであろうと》、いっさいそんなことを考慮に入れることなく、至上の利益のために構造化されなければならなくなるだろう。
年老いた寡頭政治家はラウダートル・テンポーリス・アクティ〔往時を称賛する者。ホラーティウス『詩作法』一七三参照〕のようには涙しない。支配はみずからのさまざまな法律を強制することを目的としているだけでなく、本来の専制君主的な法律自体をみずからのうちに内在させている。**年老いた寡頭政治家**にピリア〔友愛〕やピスティス〔信実〕を要請するというのは、自殺せよと言っているようなものである。彼は自分の権力しか愛することができず、自分の力しか信頼することができない。この力こそが彼の信奉する「レリギオー〔宗教〕」であって、変更不可能な**ノモス**でもなければ、伝統や占いや神託の価値でもない。彼を理解するためには、彼の論法を把捉し、それを科学的に観察する必要がある。この「秩序」の真の敵は彼に道徳主義的に異議を申し立てる者ではなくて、彼の使っている言語に参与することによってそれを内部から掘り崩し、その不分明で戦慄すべき側面を暴き出してみせる者だろう。なぜなら、この「秩序」が持続しうるのは、まさしくそれの恐怖が隠蔽されたままになっているかぎりにおいてのことだからである。目的が命令して制御することであるなら、必要とされるのは、最も邪悪な者たちに指揮させることである。この「権力の奥義」を丸裸にすることによってのみ、秘密にしたままにしておくべきこの次元を照らし出すことによってのみ、下品なポリテイアへの実効力のある戦争はなされる。唯一この批判だけが、そうした下品なポリテイアを危機に直面させることができるのである。利得と報酬を与えてくれるもろもろの職務を奪い取って独り占めし〔偽クセノポン『アテナイ人の国制』一・三―四〕、ありとあらゆる「美しい」活動を変質させて稼ぎの源泉にしてしまい〔同上、一・一三〕、同盟国人たちを貪欲に搾取して奴隷にしてしまう〔同上、一・一四―一八）《アピストス・デーモス〔信用が置けない民衆〕》（トゥキュディデス『歴史』八・七〇・二）は、自分がおこなっていることとその理由をよく知っている。《デーモスはよく知っている》という文言は猛烈に攻撃的な文書の特徴をみごとに言いあてている。そこにうかがえる無知と悪意は暗愚であるとか激しい憤りで理性を失ってしまったということではない。反対に、それらは自分の利得と自分の〈自由〉のためにのみ統治したいとおもっている者にとって必要不可欠な〈徳〉であるようにみえる。群衆、多数の者たちは、自分の利益になるもの以外の価値を認めることができない。そして彼らが自分の利益になるものを追い求めるやり方はまったく理に適っている。もしポリスにおいて支配権を善良な者たちと高貴な者たちに委せていたなら、彼らの支配する体制はごくわずかの期間しか続かないだろう（偽クセノポン『アテナイ人の国制』一・一四）。わたしたちはロゴス〔理性〕をもたない（ひいては案内人、船頭を必要としている）群衆という使い古された寡頭政治的トポスから何千マイルも遠く離れたところにいる。デーモスは《信用が置けない》が、ロゴスを欠いているわけではまったくない。反対に、信用が置けないということはデーモスにとっては支配の合理的な保証なのだ。わたしたちは支配権を獲得してきた悪辣な者たちを指して不正をはたらいていると言うことはできるが、彼らはみずからの追求する目的にたいして首尾一貫性を欠いているとか〈無責任である〉というわけではまったくない。彼らは悪政を善く〔みごとに〕操作しているのである。

こうしてトゥキュディデスの歴史叙述の戦慄すべき部分――権力意志の主張に含意されているヒュブリス、そのヒュブリスが携えている内乱の萌芽、と同時にその合理的で計算ずくの性格――は、すでに偽クセノポンのうちにも核心部分は姿を見せているのだった。もし――アテナイの使節団が主張するように──最も強い者が支配するのが正当であるなら、邪悪な者たちの統治する政体も正当なのである。もし権力を掌握している者が権力を維持することだけでなく、どんな手段を使ってでも権力を増大させることを追求するというのが必然的なことであるなら、デーモスがその自然本性からしてデーモスの敵対者である善良な者たちにたいして自分たちを強化するために闘うのは正当なことなのである(同上、一・二)。そのことに驚くとしたなら、それは不合理なことと言うほかない。デーモスはけっしてそんなに驚くほど理性を欠いているわけではなく、自分の目的に対応するのに適したあらゆる手段を使うことにかけてはじつに狡猾である。トゥキュディデスが暴き出してみせているのは、そのような実践の自己破壊的な運命である。そして利益を追求することが自然なことであり必然的なことであるとの前提にもとづいたあらゆる政治的行動が呈することとなる目的の異種発生(Heterogenie der Zwecke)〔ドイツの心理学者ヴィルヘルム・ヴント〔一八三二─一九二〇年〕が唱えた「追求する目的とは異なる結果が生じる」という人間行動の原理を指す〕の光景にもとづいて、プラトンはみずからのアトピアを構築しようとこころみることとなるだろう。

だが、**年老いた寡頭政治家**は──もっとあとにはトゥキュディデスもそうであったように──多数者、ポッロイ-カコイ〔数多くの下賤な者たち〕の統治する政体へと導いていくことになる、歴史的に限定されたもろもろの理由も知っている。タラッソクラティア(thalassokratia)〔制海権を掌握した国家〕こそが民主制的な統治形態を求めるのである。海の支配が、《船を動かす民衆》が指揮を執ることを要請するのである(同上、一・二)。もし原理からして利益が目的である場合には〈下賤な者〉による支配が求められるのだとしたなら、ポリスの現状のもとでは海を支配するという要請から民主制的な統治形態が求められることとなるのだ。テクネー・ポレミケー〔戦争術〕自体、統治形態が民主制的形態であるときには、テクネー・ナウティケー〔航海術〕を中核に据えている。しかし、ポリスの権力が（ひいてはポリスの救済そのものが）海に依存している場合には、統治形態がこのように民主制的形態をとるようになるというのは、必然的なことでしかない。このことをペリクレスはアテナイ人に納得させようとしているのであり、トゥキュディデスはそのような論理的連関が存在することを確信しているのである。『歴史』の第一巻では《ペルシア戦争にいたるまでのギリシアの発展全体が海軍力を軸に描写されている》[17]。そしてこの発展こそはアテナイが帯びつつあったダイモーン〔守護神〕としての性格をこのうえなく明白に説明してくれるのである。《アテナイ人は進取の気性の持ち主たち（neoteropoioi）で、創意工夫に富んでおり、考えついたことをすぐさま実行に移そうとする。…さらにアテナイ人は大胆にも自分の力を超えたことまでをも遂行しようとする。…諸君が優柔不断であるのにたいしてアテナイ人は果断であり、諸君が国から出ようとはけっしてしないのにたいしてアテナイ人は喜び勇んで国を後にして海外に進出していこうとする。実際にも、アテナイ人は祖国から遠く離れたところで何かを得ることができると考えているが、諸君は外に出かけていくといま所有しているものまで失ってしまうのではないかと怖れているのだ》（トゥキュディデス『歴史』一・七〇・二―四）。こうコリントス人はラケダイモン人に語りかけ、彼らをけしかけて戦争に突き進ませようとしている。これこそはテクネー・ナウティケーのダイモーン、船乗りにして植民者、自分の土地の境界をたえず移動させる者（刷新者）、したがって本当の土地を所有せず、真に大地に根ざすことのない者のダイモーンなのだ。だから、その者は高貴な者、良い家に生まれた者ではなく、むしろ、根ざす場所を奪われ、ひいては根ざす場所を奪ってしまう。このようなわけで、アテナイ人は自他ともに平穏を許さないように生まれついているという評は正鵠を射ていると言ってよいだろう（同上、一・七〇・九）。

熱に浮かされたようなアテナイ人の野心が静穏で平和な状態に災厄をもたらすというこの特色づけは、実質上、トゥキュディデスによって作文されたペリクレスの壮大な「弁明」演説のなかでも繰り返されている。土地の保持に執着すべきではない。家屋敷の損失を嘆くのは愚の骨頂だ。帝国の力はこれらにはない。家や土地といったものは所詮、寝るための巣床かちっぽけな庭園、犬小屋か贅沢品でしかなく、いつでもきれいさっぱり捨て去るすべをわきまえている必要がある。帝国の力はいっさいが海にある。そしてアテナイの力が余すところなく顕わになるときには、そこにはその力を鎮静化しうる王も人民もだれひとり存在しない（同上、二・六二・二―三）。

この大胆さとヒュブリスとのあいだにしっかりとした境界線を引くにはどうすればよいのだろうか。権力意志とタラッソクラティア、タラッソクラティアとデーモスの統治する政体、この政体が指揮する対外戦争と内乱とを堅固な原理にもとづいて区別するにはどうすればよいのだろうか。いっさいは権力の傲慢な専横から生じるのではないのか。だが、さらにはまた、ペリクレスがアテナイのアルケー〔支配〕とアテナイのピロソピア〔知への愛、哲学〕を同時に称揚するとき、彼には深い道理があるのではないだろうか。[*2] コリントス人もラケダイモン人への演説のもうひとつの驚くべきくだりでこのことを十分に自覚している。アテナイ人は身体をなにか自分とはまったく疎遠なものであって、都市のためにはなんら利するところがないものとみなす一方で、グノメー＝知性は自分にとって最も親愛なものと考えているというのだ（同上、一・七〇・六）。知性、思考、知への意志こそは、アテナイにとっては、オイケイオタトン（oikeiótaton）もしくは最も本来的な住まいなのだ。身体のうちにではなく、知性のうちに、真のアテナイ人はみずからの家をもっている。しかし、そこに到達するためには、最も苛酷な試練、極限のアゴーンに耐え、最も困難な旅に立ち向かう必要がある。天の外にある場所に向かっての魂の空の旅は、自分の土地、自分の住む家を捨て去って、船という驚くべき人工物を真の住まいと考える用意のできていなかった民に、はたして想像できただろうか。知を愛する者は愛する。が、愛は《つねに貧しく》、つねに欠乏と同居しているだけでなく、宿無しでもあって、《大空のもとで寝ている》（プラトン『饗宴』二〇三C─D）。要するに、タラッソクラティアのヒュブリスは、アテナイがその相続人であるイオニアにおいて知を愛する者＝哲学者が誕生して以来、彼の大胆な言説を構成するもろもろのメタファーを提供しているのである。[18]《しかり、だれもが知っているように、瞑想と水とは永遠に結ばれているのである（Yes, as everyone knows, meditation and water are wedded forever）》。[19]

ここにおいて、哲学と海とのあいだに、ひとつの難しい関係が始まる。一方では、まさに哲学こそが、トゥキュディデスの『歴史』の核心に存在している、しかしまたすでにヘロドトスにおいても衝撃を与えていた、海の〈戦慄すべきもの〉、〈このうえない危険〉を明るみに出す。他方では、イソクラテスにおいて出遭うことになる、しかしまた、さきに見たように、すでに偽クセノポンにおいて表面化していた、海の力の〈魔術化〉を哲学は分かちもつことができない。哲学はタラッソクラティアのヒュブリスを分かちもつことはできないが、それの所有するいっさいを根絶やしにしてしまう力は分かちもたないでいるわけにはいかない。哲学はあらゆるドクサ、伝統の力によってのみ獲得されるあらゆるノモスから〈出帆〉しなければならないが、同時に、正義と利益、正義とたんなる力の均衡、正義と実際的なものの等置には全精力を傾けて反対しなければならない。そのとき、哲学の旅は、自分が棄てた土地よりもずっと堅固な土地、最終的には申し分のない根拠をもつ**ノモス**を手に入れることへと向かうだろう。[20] 海は道、方法として出現するだろう。そして方法を所有すること、ディア・ノイア（*diá-noia*）〔媒介された認識〕を所有することが、真理に到達するためのテクネー・ナウティケー〔航海術〕となるだろう。ノエーシスにとって、すなわち、真理の完全な、そして平静な状態のうちにあっての直観にとって、必要な道具となるだろう。こうしてタラッソクラティアは哲学によって、弁証法的に、みずからの目的ではなくて部分として把捉されることになるだろう。海の上ではどんなポリスも、どんなポリテイアも、どんな平和も考えることができないかもしれない。しかしながら、オイコス〔家〕の本源的な放棄こそは（哲学にとってもオイコスは一羽の海鳥以外の何ものでもないのだ！）、そのダイモーンのそれ以後のあらゆる冒険を印しづけることだろう。すでにこのことは見たとおりである。もはや〈健康な〉ポリテイアが出現することはけっしてありえないだろう。神はけっしてポリスの〈小舟〉の舵をとりはしないだろう。[21] つねにポリスにはポレモスが付きまとうだろう。そしてそこでは、まさしく最も苛酷な嵐に見舞われた舟のように、ポレモスとスタシスとの切り離しは効力を失ってしまう。そしてスタシスとはヒュブリスにほかならないのだ。またしても円は閉じられる。哲学の新しくて真の土地が**オケアノス**〔大洋〕に囲繞された一個の島として出現する。だが、島が生きるのは、すなわち、豊かになり強くなるのは、それを取り囲んでいる水を支配するならばのことでしかない。これはあらゆるユートピアの運命である。〈平和な〉農耕がユートピアにおける最初の活動を構成するのであるが、[22] 住民が増大するやいなや、生まれ育った家をあとにして新しい入植地を建設し、法律を受けいれない者たちを彼らの土地から追い出すことが必要になるだろう。実際にも、ユートピアの住民たちは、土地を所有していながら保持することをせず、それどころか、土地なんてものはなんの役にも立たないと見なしている者にたいして戦争をしかけるのは、いたって正当なことだと考えているのである。[23] そして、アテナイ人の場合がそうであったように、彼らの進取の気象に富んだ生産的な力こそが彼らのアルケー〔支配〕を正当化するのだった。だが、はたしてこの力は、シュンペロン（symphéron）＝利益〔「コリントの信徒への手紙二」八・一〇〕ではなくて、哲学的に善へと差し向けられたものでありうるのだろうか。そのようなことをなしうるのは唯一、神だけであろう。

港湾とか船渠《せんきょ》といったもので一杯になっているポリスは病んでいる。テミストクレスやペリクレスは自分がポリスを偉大にしたのだと言うだろうが、実際には、まずはシチリア遠征の大失敗、ついではスパルタにたいする敗北が明らかになった、一大災厄へと彼らはポリスを運命づけてきたのだった。これはタラッソクラティアのヒュブリスがたどることとなる自己破壊的な運命である（プラトン『ゴルギアス』五一八Ｅ—五一九Ｂ）。だが、哲学は、年老いた寡頭政治家のように、その海上のポロス（póros）＝卓越した意味での道の経験、海に立ち向かうなかで遂行される、そして最も高いテクネー を要する、最高度に危険な道の経験を放棄することはできない。あるいは放棄したいと望むことはできない。ポロスはたしかに港湾（porto）を最終目的としている。が、港湾のほうはあくまでも交換の場所であって、人と物はそこからふたたび立ち去って旅に出かける。それは出入り口（porta）であり、通路なのだ。哲学は、この共通の根のなかにあって、これらすべての意味を調和させるために呼び出されるのである。たしかに、海の制覇に向けられた〈憧憬〉はポリスを腐敗させる。たしかに、それはポリスにとっての病の原因である。それでも、それはポリスの成長の要請だけでなく、彼らが経験と称しているもの、彼らが研鑽と知への愛と称しているもの自体と必然的に結びついている。したがって、海の危険には、ただし節度と慎重さを失わずに立ち向かうべきなのだ。ポリスが海に隣接しているということは日々の生活には快適であるようにみえるが、実際には塩辛くて苦いものになりかねない。というのも、貿易や小物の商いをつうじて、市民たちのうちに《不安定で信頼の置けない習俗》（プラトン『法律』四、七〇五Ａ）を生じさせるからである。海辺に位置し、良港に恵まれているということは、《さまざまな無秩序な悪しき習俗》（同上、四、七〇四Ｄ八）を受けいれ、信頼できない民衆を増強させる、あるいはただちにつくり出すことを意味している。そしてそうした民衆が指揮権を掌握すると、つづいては古来の戦闘の名誉と価値を台無しにしてしまうような戦争の形態が出現することになるだろう。敵軍が駆けつけてきたときに、かつての重装歩兵たちのようにしっかりと大地を踏みしめ、持ち場にとどまって抵抗する者は、だれもいなくなってしまうだろう。海の兵士たちはいつも決まって恥ずべきことにも逃走をくわだて、彼らの三段櫂船に避難しようとするだろう。[24]《戦艦によって力を獲得したポリスは、それによって自分が救済されたときでも、兵士たちのうちで最もすぐれた者にたいして褒賞を与えないことがままある》（同上、四、七〇七Ａ）。ところが、海軍を支えとするポリスは戦艦を動かす《取るに足らない》（同上、四、七〇七Ｂ一）大勢の者たちの力によって成り立っている。サラミスの海戦は〈脱神話化〉されなければならない。ギリシアが救済されたのは、海戦によってではなく、最初はマラトンでの陸戦、そして最後はプラタイアの陸戦によってだったのである（同上、四、七〇七C）。[25]

これらは年老いた寡頭政治家の言葉のようにみえる。が、哲学者は海から全面的に〈撤退する〉ことは不可能だと知っている。運命はそもそもの初めからこの水からなる信用の置けない世界に彼の〈好奇心〉を結びつけてきたのだった。海は〈忘れ去られて〉しまうことはできないのであって、それをしかしながら離れたところから眺める必要があるのだ。それをひとつの場所、安全な土地に立ったところから測定し、遠近法的に観察できる必要があるのである。こうして有名なメタファーが生まれる。賢者は海と深く関わりをもつが、それは賢者が事物と人間の自然本性全体を認識する生理学者となるよう呼び出されているからであって、人々はだれもが〈舟に乗って〉人生という川を流れているのだ、というメタファーがそれである。[26]しかし、賢者は多くの者たちとは異なって、この光景を遠くから観照するのであり、ひいてはそれをその総体において把握し、もろもろの意見の変転する幻想的な海に打ち勝つことができる。だから、彼のポリスは海から《八十スタディオンも》（同上、四、七〇四B五）遠く離れたところに建設されるだろうが、可能なかぎり美しいものをもたらすだろうし、戦艦を造るための材料に事欠くこともないだろう。肝要なのは、ポリスが金や銀で一杯になって、生産品の剰余価値のおかげで交易量が増えることのないようにすることであり（領土の肥沃さには制限がかけられるべきだろう）、信用の置けないデーモスが勢力を増大させるのを抑制して、あらゆる〈帝国主義的な〉傾向を打倒することである。[27]

アリストテレスの〈妥協策〉[28]はプラトンの論議をいっそうの現実主義的な方向へと発展させるが、そこから逸脱することはない。ポリスにとっては海に通じていて〈手の届くところに〉港をもっているほうがよいが、二つの〈機能〉が厳密に区別されたままであることも同様によいことなのである。というのも、海を物資の輸出入のために利用する商人たちと近づきすぎることは《善き統治に反する》からである（アリストテレス『政治学』七、一三二七a）。同様のメソテース〔中庸〕は海軍力の問題についても求められる。疑いもなく一定量の海軍力をもつ必要があるが、それはポリスの生活と経済に見合ったものでなければならない（すなわち、侵略的な政治をおこなうためであってはならない）。つぎには、船の漕ぎ手たち、船を動かす多衆は、市民権を享受すべきではない（ひいては偽クセノポンが語っていたポッロイ－カコイ〔悪しき多数者〕の政体、民主政体が樹立されるのを回避する必要がある）。大きな港が蓄積するのを可能にする多くの富は人々を大胆さへと突き進ませ、ポリスを海にたいする覇権の獲得へと引きずり込み、地方の〈しっかりと根づいた〉土地を放棄させてしまう。そのときには、デマゴーグたちの暴力が優位を占める。同盟者たちは専制主義的に奴隷として扱われる。テクネー・ポレミケーはヒュブリスに変容する。アリストテレスは『アテナイ人の国制』第二四章から第二七章において、ペリクレスのうちにその模範的な見本を見いだしていたアテナイのアルケー〔支配〕にたいするこれらの伝統的な批判を繰り返している（ペリクレスは《とりわけポリスを海の支配へと向かわせたのであり、その結果、人民は大胆にも政治生活全体をますます自分の手中に収めるにいたったのである》第二七章一）。しかし、ペリクレスは正真正銘まちがいなくピロカロス〔美を愛する者〕にしてピロソポス〔知を愛する者〕でもあった。このため、海はたしかに〈戦慄すべきもの〉ではあるが、海が引き起こす恐怖はわたしたちに逃走するよう強いるものではなく、反対に、凝視するよう義務づけ、そこから目を逸らすのを阻止する。美と知を愛する者にとっては、海は排除することのできない**他者**となるのだった。

ヨーロッパの地理哲学。[29] すでにイオニアの不安はたんに陸地的なあらゆるノモスを不可能にしていたとともに、それはそのパイデイアが四方八方に広がるための条件でもあった。[30] アテナイは、まさしくその哲学が危険が迫っていることをつかみ取る瞬間に、みずからが神からそのような任務を授かっていることを声高に称揚する。ヨーロッパはもはやその危険に面と立ち向かう確固とした意志なしには把握されえない。そして哲学は、そのような危険を整序し、人々が錯乱状態におちいるのを阻止する遠方からのまなざしを代表しているのだ、と主張する。これはとてつもなく大胆不敵な任務である。なぜなら、《海の精を小舟でおびやかす》ことは《古き時代に犯した罪の痕跡》として想像されつづけるだろうからである。そして海を戦争に結びつけている連関がほとんどごく自然のことのようにして定立されつづけるだろうからである（ウェルギリウス『牧歌』四、三一―三六）。『アエネーイス』では、戦いの最も激しいシーンが、風で激しく波立つ海、鎮めがたい嵐のイメージを呼び戻している。敵意と悪意に満ちた海がドラマの主役である。その面貌はいかにも御しがたいし、その力は凶暴でとてもじゃないが許容しがたい。が、それでも行程を進めて旅の苦難に耐え抜く必要があるのだ（ウェルギリウス『アエネーイス』五、七六七―七六九）。海は敵対的なエレメント〔圏域〕であって、そこに住まいを見いだすことは不可能である。そして海はあらゆる**ノモス**に叛逆する。それでも、海はあらゆる都市に向かっての必要な通路なのだ。ヨーロッパの哲学にとっては、海を乗り越えたところにしか真の陸地は与えられていない。そして海を〈乗り越える〉ことのうちにテクネー・ポレミケーの基本的な部分は存しているのである。

それでもなお、《あらゆる土地があらゆるものをもたらす》（ウェルギリウス『牧歌』四、三九）**黄金時代**は夢見られつづける。そして**母なる大地**、肥沃で誠実で平和的な大地が（ホラーティウスの『世紀祭の歌』におけるように）信仰の中心に戻ってくることがありうる。しかし、生きているポリス、すなわち、成長するポリス（到達した限界のうちにとどまることにけっして〈満足〉しないために正気を失ったポリス）は、つねに海上で危険を冒すこととならざるをえないだろう。ますます一つになっていくポリスはもはやポリスではないだろう。同じことは、海でもあるのではないようなポリス、陸でしかないようなポリスについても言う必要がある。そしてそのことについての意識が、どれほどの代価を払ってオイコス〔家〕という根っこからの引き抜きがなされるのか、どのような条件のもとでエートスとノモスが陸地的な意味をもつのをやめるのかをいまでは忘れ去ってしまっているようにみえる時代がやってくるだろう。わたしたちが追跡しようとこころみてきたトゥキュディデスとプラトンのドラマは、いつの日か沈黙させられるだろう。海の無限の拡がり、広大無辺の水こそが、いまや権力の宿る場所となる。そして海を鎮め、海を〈乗り越える〉者以外に権力者はいなくなる。海と格闘していた古代の偉大な英雄たちは海にたいする敵意から陸へと歩んでいった。これにたいして、近代の英雄たちはアテナイの帝国主義の、テミストクレスとキモンの、ペリクレスとアルキビアデスの、海への激しい欲望を取りあげ直して称揚している。陸地は大戦艦の停泊地でしかない。古典哲学によって考案された〈妥協策〉はいまやその場しのぎの空しい待機策でしかなくなる。そして**黄金時代**自体、〈健康な状態〉と原初の単純素朴さへの〈後戻り〉ではなく、最も広大な帝国の獲得として、ひいては海が代表する怪物的な存在（それはニーチェ＝ツァラトゥストラの《暗黒の怪獣》であって、そこから最も高い山々が出現するのだという）にたいする完全なアルケー〔支配〕として想像されなければならなくなる。

正義の女神アストライアが《王座に復す／というよりは死からふたたび蘇る》とき、天から降りてくる新しい子孫が《新たなアルゴナウテス、新たなティピュスら》〔アルゴナウテスはギリシア神話に登場する巨大な船、アルゴー船の乗組員。ティピュスはその一人〕によって形成され、《肌黒き者らの土地を旋回し、／…／その岸すべてと、インドやアラビア、／ペルシアの近くの島々を通り行く》だろう。「最近の時代」の新たなイメージが発見と征服によってあざやかに描き出される。《十人で千人を追い払い、インドの彼方の国々が／アラゴンに服従させられる光景をわたしは見る。／…／エルナン・コルテスが、インドに住む／われらには知られていない／東方のはるか遠方の国々や／新しい町々を／皇帝の御稜威《みいつ》のもとに置くのをわたしは見る》。これらの船乗りたちによって（ホラーティウスが『カルミナ』一・一・一四で歌っているパウィドゥス・ナウタ〔脅える船乗り〕とは対蹠的に）、クセルクセスのダーダネルス海峡のように、海には道が開かれる。彼らは太陽のように大地を回る。そして、知られているように、カール五世〔一五〇〇―五八年。神聖ローマ皇帝〕の帝国に献げられたルドヴィーコ・アリオスト〔一四七四―一五三三年〕の〈予言的な〉詩篇（『狂えるオルランド』一五・一九―三五）は、エリザベス朝の神話[31]に、すなわち、自分が島国であることを梃子にして、ミノスが統治するクレタ島のように、みずからの運命を全面的に海の支配に委ねる最初の強国の神話[32]に声と力を与えるのに貢献することになるだろう。これはまさに正真正銘の決断である。イギリスはエリザベス女王とともに錨を上げ、陸にたいして海のほうを選択する決断をするのである。こうして陸地的な「重力の霊」〔ニーチェ『ツァラトゥストラはこう語った』第一部、「読むことと書くことについて」ほか〕から解放されるが、これはスペインでもけっしてなしえなかっただろうことだった。ヴェネツィアが予示していたことを受け継いで、それを惑星的な規模で、近代の「凍てつくような怪物たち」〔ニーチェ、同上、第一部、「新しい偶像について」〕、つまりは強大な国民国家のあいだの闘争の次元で実現するのである。

だが、権力のこのような陸から海への〈移転〉が実現されうるのは、それがほとんどア・プリオーリにヨーロッパの地誌そのもののうちに書きこまれているようにみえるかぎりにおいてのことである。《ヨーロッパの中央部と北部がなおも未開の状態にあったとき》、ヨーロッパはイタリアからギリシアまでの南部諸地域一帯において名前と形態を受けとる。それらの地域は《みずからのうちに中心点を有していなかった》が、いずれもがわれらが海、地中海へと向かっていた。ヨーロッパの特徴は自分とは異なる他者との海をつうじての自由な関係によって規定される。いかなる根、いかなる自然的な規定原理も、その関係を抑制することはできない。《アジアでは海はなんの重要性ももたない。それどころか、人々は海にたいして門戸を閉ざしてきた。……ところが、ヨーロッパでは、肝要なことはまさしく海との関係なのだ。これこそはひとつの恒常的な相違点である。ヨーロッパの国家はそれが海上に存在している場合にのみ、真にヨーロッパの国家でありうる。海上での生活には、アジア的生活に欠如している、外部に向かってのきわめて特殊な傾向が含まれている。生が自分自身を乗り越えて進んでいくというのがそれである》[33]。フォーゲルフライ王子〔ニーチェ『悦ばしき知識』第二版（一八八六年）に付録として収められている詩集『フォーゲルフライ王子の歌』参照〕とてこれと違った言い回しを見つけ出せなかっただろう。

オイコス〔家〕の特徴を産業の原理、その《自然的なエレメント〔圏域〕》、すなわち海と対置して陸地的なものとしてとらえようとする姿勢は、シュミットが正当にもその重要性に注意を喚起しているように、同じくヘーゲルの『法の哲学』第二四七節でも中核をなしている。しかし、これは古典古代のギリシアにおいてもすでにヒストリアの基本的な解釈原理として提示されていたのと同じ対置関係である。この外部に向かうよう活気づけられた生には危険が避けがたく随伴していることをもヘーゲルは強調している。《産業は営利を追求しつつも、そのことによってかえって営利を危険にさらすので、同時に営利を超越し、土塊とか市民生活の制限された圏域、市民生活の享楽や欲望への固着に流動、危険、覆没の要素を置き換える》。この古典的な頁でヘーゲルはなんらのユートピア的なレトリックを用いることもなく、近代の大国の運命をヨーロッパのダイモーンの〈必然的な〉光に照らしてとらえている。この惑星全体を《最大の文明開化手段》である《通商関係のなかに》引き入れるための条件である流動性との宿命的な関係は、そのままにまた最大の危険でもあるのだ。そしてこの旅には後戻りの道がない。それはみずからが消え失せることによってのみ終わることができる。《ついに海がわたしたちの上で海面を閉ざした》[*3]〔ダンテ『神曲』、「地獄篇」第二六歌、一四二行〕。

実のところ、どの海も《生が自分自身を乗り越えて進んでいく》のを〈抑止〉することはできない。そしてつねに新しい拡がりをその願望はみずからの前に要請する。内海、ミドル・シー（Middle

Sea)〔地中海〕は、その名前そのものからして、自分が固定した限界をもっていること、陸地的な境界をもっていることを明らかにしている。カール五世の偉業は巻紙で包まれたヘラクレスの二本の柱〔カール五世の紋章に描かれた柱〕に象徴されていた。《その先へ（Plus Oultre)》〔カール五世のモットー〕。息子へのいかなる《優しさ》も、年老いた父へのいかなる《思いやり》も、妻ペネロペを幸せにしてやるというオデュッセウスのいかなる《しかるべき愛》も、《世界を知り尽くしたいという激情》には打ち勝てない。海がみずからの原理を余すところなく手に入れるのは、海が人々の経験することへの熱意の前に完全に〈開かれている〉ようにみえるときでしかない。そしてこの激情は、首尾よく成果を上げるためには、あらゆる営利熱よりも強いものでなければならない。それどころか、そうした営利熱を危険におとしいれるような性質のものでなければならない。ダンテのオデュッセウスはただ一人で《狂気の飛翔》をこころみて、まるで難破船に乗るかのようにして《船》に乗りこみ、本当の冒険が始まるべきであった場所、すなわち《ヘラクレスが〔人間はこの先に行ってはならぬという〕彼の注意書を二本の柱に印した》場所〔ジブラルタル海峡〕に年老いて遅れて到達する[34]〔ダンテ『神曲』、「地獄篇」第二六歌、九四―一二六行〕。アリオストとエリザベス朝時代の〈予言〉では場面はまったく変化している。あらゆる海を《無敵の船長たち》が駆けめぐる。彼らは若くて力に満ちあふれており、あらゆる境界をひと跳びで乗り越え、差し迫った没落のことはまったく気にかけない[35]。だが、彼らももっと強いノスタルジーには負けざるをえないだろう。そしていっさいが〈乗り越えられる〉ことによって生きている**島**自身、さらに拡がった海とさらに若々しいエネルギーをみずからの前に所有しているもうひとつの**島**には負けざるをえないだろう。永遠に革新的存在でありつづけるべく運命づけられていると固く信じて疑わないネオテロポイオイ〔革新者たち〕がそれであって、彼らにとっては島国イギリスとその島出身の船長や海賊自体もいまだに陸地的原理の虜になっているようにみえる。そして彼らはあらゆる既得物を危険にさらしてでも未来のくわだてに賭けようとする。それどころか、《あるくわだてで獲得したものも未来から期待していたものと比べるとわずかのものでしかないと考えている》（トゥキュディデス『歴史』一・七〇・七）。彼らは海の制覇というヨーロッパの運命を大西洋の向こうに移動させる。これはまことに壮大なトランスラーティオー・インペリイ〔支配権の移転〕であって、いっさいが権力と海、海と戦争の関係にかかっている。ヘーゲルはこの事態をそれがなおも生成途上の状態にあるなかで捕まえているが、すでに彼にはアメリカが《未来の国》であって《近いうちに世界史の関心が向けられるようになるだろう》というのは明らかなことなのだった。古いヨーロッパは《もうたくさんだ》。未来の「航海者たち」のノスタルジーはアメリカという新しい偉大な**島**に向けられる。そこではわたしたちはヘーゲルの『法の哲学』が語っている《営利欲（Sucht des Erwerbs）》を最も純粋な状態で見いだすだろう。それはたしかにあくまでも個人の野心だが、しかしながらみずからの野心自体を普遍的なものと考えているのである。だが、そこではわたしたちはなによりもまず海の原理をその最大限開かれた状態のもとで見いだすだろう。《北アメリカの自由な諸国家は隣接した国家をひとつももっていない。…カナダとメキシコは彼らになんらの恐怖も引き起こさない[36]》。彼らの海はヨーロッパの海のような境界や制約をこうむっておらず、もろもろの「小さな国家」に細分されてもいない。彼らの海は文字どおりいたるところに拡がっている。視線と願望が外部に向けられてもいれば、こう言ってよければ自分自身のうちに向けなおされてもいる。

それはいつの場合にもつねに海である。境界のない無限の水の平原が島を包みこんでいる。そして無限の陸の大洋が島の内部を構成している。だから、彼らの海には境界がない。そしてその海を制覇し支配することが唯一考えうる支配となる。ヘーゲルをとりわけ魅了しているのは、この〈内部の〉大洋である。ヨーロッパの農夫たちは、アテナイのタラッソクラティア以来、根差し、自閉、《流動性》と《危険》への抵抗の原理を代表してきた。[37] これにたいして、アメリカの農夫たちは彼ら自身が水夫である。《アレゲーニー山脈〔北アメリカ北東部の山脈〕のほうから毎年、農民たちの新しい波がやってきて、新しい領土を占拠している》。この表現はあらゆる先住民族とオイコスに襲いかかって彼らを壊滅させてしまう野蛮な力の横暴ぶりを照らし出している。しかしまた、その野蛮な力はみずからの海外進出事業の上に《その先へ》という標語を刻みこんできたヨーロッパの文明の〈正統な〉相続人なのだ。アメリカはヘーゲルの目には旧世界の一種の野蛮な若返りのように映っている。が、この異例の出来事を把握しうるのは、北アメリカの自由な諸国家がみずからの運命をそっくりそのまま海に賭ける以外にないからでしかない。そして陸地もまた彼らにとっては開かれた自由な海のようなものであって、それの上では規範も法律も権利も慣習も通用しない。そこにあるのは、ペルシア人の古いヒュブリスを補完し、それに対立する、もうひとつのヒュブリスにほかならない。*4

アレクシ・ド・トクヴィル〔一八〇五―五九年〕には、全面的にヘーゲルとの対話のなかで構想されたようにみえる頁がある。アメリカに渡来したヨーロッパ人の侵略の圧力のもとで、古い土地は滅び去らざるをえない。《土着の人種はヨーロッパ文明が到来したことによって、雪が太陽の光線に当たったかのように溶けていく。ほぼ十年ごとに、西部の無人地帯へと追いやられてきた先住民の部族は、これ以上退却してもなんら得られるところはないだろうということ、自分たちが退却する速度よりも早い速度で白人種は前進してくることに気づく》。そこで先住民の部族は叛乱を起こし、《その地域一帯を長く広く駆けめぐって、家々を焼き、羊の群れのようにおとなしいキリスト教徒たちを殺戮し、いくらかの頭髪を勝利のしるしに強奪する。そのとき文明は後退する。が、あたかも海が満潮を迎えつつあるかのようにして後退するのである》[38]。農耕にたずさわる開拓者は〈ヨーロッパの家族〉の前衛を構成する。すべての海路が開かれているのと同じように、新しい無人地帯に向かっての道が開かれるのだ（《アポロス・エプウーデン〔方策がないわけではない〕》とソポクレスは人間について言ったことがあった〔『アンティゴネー』三六〇―三六一〕。《彼にはつねに道が開かれている》というのである）。それどころか、さらにはアメリカの西部に向かっていった開拓者の海との関係たるや、開拓者自身が海の潮流、測りがたく、押しとどめがたい波となってしまうほど、深く本質的なものであった。そしてヘーゲルとトクヴィルがなおも懸念し身震いしながら目撃していた〈戦慄すべき〉光景は、まもなく、ウォルト・ホイットマン〔一八一九―九二年〕においてはブフェーラ（Bufera）の、《草原を口笛吹いて渡りつつ》自由に走りぬける烈風の《誇り高き音楽》となるだろう〔『草の葉』、「誇り高き嵐の音楽」〕。そのときには、疑いや問いかけも、《新しい信仰》の歌い手、《きみら船長、航海者、探検家たち／きみら技術者、建築家、機械工たち》にとっては、障害、テルラ・フェルマ（terra ferma）〔陸地〕とみえることだろう。そしてこれらの若々しくて非凡な波たちも、メロス島の海上で戦っているアテナイ軍と同様、自分たちには神から与えられた使命があると固く信じている。それはたんなる営利欲ではない。交易、通商、利得はみずからを超えて進んでいきたいという願望——神聖なる願望

——を代弁したものでしかない。《新しい信仰をわたしは歌う／…／通商とか交易のためだけでなく、／神の名において、そしてあなたのために、／おお、魂よ》〔『草の葉』、「インドへ渡ろう」〕。しかしまた、この根こそぎにしようとする衝動は、海が本源的にはなおも陸と同じエレメント〔圏域〕であるかぎり、海の上にもとどまったままでいることはできないだろう。その衝動にとってはタラッソクラティア〔海の支配〕では十分ではありえない。海は**大地**と同じ水準にあるのだ。古い住まいは、それを完全に自分の思いどおりになるようにするためには高所から支配される必要がある。海への比喩的な〈飛翔〉は現実にならなければならない。そのときには、**大地**はほんとうにそこからわたしたちが解放されるべき〈牢獄〉、閉ざされた円、コリントス人の言うところによるとすでにアテナイ人が無であるとみなしていたという包皮のようなものになる。最初はヨーロッパの、次いではアメリカの征服者たちの〈波〉は、すでに**大地**を標的として指示していた。しかし、この**大地**の変身が完了するのは、**大地**が空によって支配されるようになるときでしかない[39]。タラッソクラティアのヒュブリスは空気からなるほんとうに無限の水を征服するなかで完遂される。あるひとつの論理的な連鎖が、反駁のしようもなく、これらさまざまなモメントを結びつけている。そしてそのことを理解し自分のものとする力こそは〈正当にも〉最後の世紀〔二十世紀〕のヘゲモニーを掌握する力なのである。

〈空の大洋〉の支配が揮《ふる》うパノプティコン〔一望監視施設〕的な権力のなかで、ロゴスの暴力もまた、人々をこのうえなく不安にさせる容貌を呈しながら、わたしたちのもとに戻ってくる。哲学者は海が途方もない力をもっていることをじかに見て知っていたが、海に〈乗り出す〉ことはしなかった。彼は海を観察する高い場所を所有していたのだった。そして海と陸との〈決闘〉は彼の視線によって支配されていた。逆説的なことにも、哲学が海と陸との決闘の嵐に内在しようとこころみればこころみるほど、そして〈空〉を放棄すればするほど、それだけいっそう戦争の形態はその古代的な任務を帯びてきた。戦争の形態はもはや場所の限定とはなんの関係ももっておらず、もろもろの本源的なエレメントとすらなんの関係ももっていない。最後のエレメントが征服されてしまうと、すべてが無区別になる。戦争は、いっさいが計算術の〈意のままになる〉純粋形態としての空間のなかで、〈ア・プリオーリに〉開始される。どんな場所も抵抗しないし、どんな生きられた時間も抵抗しない。もろもろの場所と時間は根元から引っこ抜かれ、上からすべてのものをひとまとめにして支配する視線の統一のもとで上のほうへ引き上げられる。「上のほうへ」が指示しようとしているのは、別の新しい場所ではない。反対に、あらゆる陸地的な限定、時間的－陸地的な限定の超克を指示しようとしている。これはまさしく完璧なアウフ・ヘーブング（Auf-hebung）〔止揚、上に持ちあげること〕である。場所はほんとうに〈高いところに〉置きなおされて止揚される、すなわち上に置かれるのであり、そのイデアのより高い統一のなかで把握される、すなわち、余すところなく完全に見てとられるのである。自分の土地を放棄することによって〈獲得〉しうると固く信じて疑わない者たち、トゥキュディデスがアテナイ人のことをそう呼んでいるように《平和をもたないために生まれた》者たちの旅は、この非－場所へと到達する必要があったのだ。

第四節　笑い

ニーチェの「悦ばしき知識」は、わたしたちがここまでたどってきたのと同じ陸地的なものの〈清算〉の仕方、エートスとノモスの根絶の仕方を教えている。普遍的精神が西へ向かって、すなわちアメリカへ向かって前進していく様子は、エルンスト・ユンガー〔一八九五―一九九八年〕が《総動員／総流動化〔totale Mobilmachung〕》と定義することになるもの、そしてニーチェが《現代の不安(moderne Unruhe)》と呼んでいるものが進展する様子にほかならない（ニーチェ『人間的、あまりに人間的』I、二八五）[40]。民族的な差異、土地の守護霊、限定された社会的生活圏が、無区別な水の前進によって覆される。その水の上で遊牧民的な生活が営まれる。そしてそれは、多くのことに好奇心をいだいてはそそくさと暇を告げ、《短い習慣》（『悦ばしき知識』四・二九五）を愛する、不誠実な新しい混血種（『人間的、あまりに人間的』I、四七五）、つまりはアピストス・デーモス〔信用が置けない民衆〕を産み出すこととなる。

この「進歩」を前にしてのニーチェの態度は一義的ではない。わたしたちがいましがた引いたばかりの『人間的、あまりに人間的』I、二八五では、《激動(Bewegtheit)》（ヘーゲルのいう《流動性(Flüssigkeit)》！）は、高級文化がみずからの果実を成熟させるのをさまたげているようにみえる。《まるで四季があまりに性急に重なりあって続いてくるようだ》。《落ち着きのなさ》は《ひとつの新しい野蛮となって(in eine neue Barbarei)》終わる（ここでも新世界にかんするヘーゲルの言明との類似性が目を惹く）。ところが、他方では、まさしく旅人、遊牧民、持続する習慣を嫌悪する者の未完成さこそが、自由精神（Freigeist）が呼吸しうる唯一の環境なのである。そのときには《混血種》の誕生は有り難く感謝して受けいれなければならない。これが《自分の威信を保つために策略、虚言、暴力を必要としている》《緊急にして戒厳の状態》である《人為的ナショナリズム》（『人間的、あまりに人間的』I、四七五）の執拗な攻撃にさらされているヨーロッパ人の運命である。《ユダヤ人の実効性ある行動と優秀な知性が》とニーチェは同じ断章のなかで続けている、《中世の最も暗い時代》以来、ヨーロッパを《アジアにたいして》防御してきた、と（海をもたないアジア、限定をほどこされておらず個別化もされていない普遍的なもの、単純な実体からなる**大地**――ここでもまたヘーゲルの地理哲学への想起が要請される）。《今日わたしたちを古代ギリシア・ローマの文化と結びつけている文明の環が断ちきられなかった》とするなら、それをわたしたちはユダヤ人の活発な活動、彼らの脱魔術化された思想に負っているのである。もしヨーロッパの精神が今日なおもギリシアの精神を継続した状態に置かれているとするなら、それはなによりもまずもってはユダヤ教のおかげなのであって、これにたいして、キリスト教は《西洋を東洋化するのにすべてを尽くしてきた》のだった、云々。しかしまたニーチェは、ほんの少しあとの、一八八〇年春のある断章のなかでは、ヨーロッパは《東洋的な道徳の過剰》をユダヤ人に負っていて、それは彼らの神への献身となっても《自己自身にたいする軽蔑》となってもあらわれていると書いている。この道徳は《ギリシア的なもの（das Griechische）》をヨーロッパにおいて不可能にしかねなかったというのである（ニーチェ「遺された断想（一八八〇年初頭―一八八一年春）」三［一二八］[41]）。

ここにはニーチェという天才の、だれの目にも明らかな、そして特徴的な〈動揺〉がうかがえる。[42]

そしてそれらの動揺はますます明白に彼の省察の中心を占めるようになる。上に立つものにたいする恐怖、《凶暴な英雄主義》と自己自身にたいする軽蔑とに由来する不安定な状態に、アテナイ人の置かれていた不安定な状態、自分よりも上位にあるものをなにひとつ承認せず、ひいてはつねに自己超克、〈自己刷新〉の途上にあるようにみえる者たちの不安定な状態が対置されるのだ。実際にも、これら二つの形態の不安定さが合流して、かつて耳にしたことのないヨーロッパの《テーティヒカイト(Thätigkeit)〔活動性〕》を産み出す。みずからの〈外〉にある海との、そして同時にみずからの〈内〉にある海との、恒常的な戦いのなかにある、ポレモスと同時にスタシスのうちにある、破壊的であると同時に自己破壊的な、ひいてはあらゆる平穏の敵である《テーティヒカイト》を産み出すのである。このヨーロッパのイン－フィルミタース[43](in-firmitas)〔確固不動性の欠如／不安定さ〕に抗して、その景観と魂、風土と習慣のたえざる変化を怖れる国家崇拝者たちは闘っているのだが、このイン－フィルミタースはたしかに不健康な状態でもある。《ヨーロッパは病人なのだ》。ヨーロッパは病気に、それも癒やしがたい病気に罹っている。しかし、その苦悩が永遠に浮沈を繰り返しながら続いていることにわたしたちは感謝しなければならない。ヨーロッパが恒常的に危険な状態にある(海に向かいつつある)ことは、ついには、ほとんど天才といってよい、《そしていずれにせよあらゆる天才の母である》《ひとつの知的敏感性(eine intellektuale Reizbarkeit)》(ジンメルのいうネルヴェンレーベン(Nervenleben)〔神経生活〕)を産み出すにいたったのだった(『悦ばしき知識』一・二四)。

ほとんど天才といってよい、とあることに注意されたい。単純なネルヴェンレーベンでは、ノスタルジックな平和願望、世界からの逃走と同様の取るに足らない「大いなる形式」を生じさせかねない。ニーチェの「良きヨーロッパ人」は、孤独な観照の力をすでに達成されたすべてのものにたいする不満足と結合し、古代のスコレー〔時間的なゆとり、閑暇〕に固有のなさないながらになすことの静謐で確固不動の態度を、エクスペリエンティア〔経験〕に固有の開かれた態度と結合することができなければならないだろう。これは、根底においては、わたしたちがタラッソクラティア的な精神と哲学的省察とのあいだに確立されるのを見てきたのと同じ関係である。世のことがらの有為転変をそっくりそのままみずからのうちに引き受けることだけがわたしたちを《つねにもっと上へと》登っていくよう運命づけるのである（『ツァラトゥストラはこう語った』三、「旅人」——《山頂と海の深淵とはいまや一に帰したのだ》）。もしそのような関係がなくなれば、そのときには海にたいする支配は多数者の支配、ニーチェお気に入りの詩人の一人であるメガラのテオグニスが忌み嫌った群集の支配に変容する。[44] **年老いた寡頭政治家**よろしく、憤慨することもなければ復讐心を抱くこともなく、ニーチェは、ギリシア的なもの（das Griechische）を不可能にしてしまう、この特殊な現代の不安（Unruhe）を、民主化が進行しつつあることの最も強力な症候と解釈する。この《民主化の蔓延》は伝統的な慣習、国民と国民のあいだの境界を根底から覆し、空間および時間の区別を無化することを要請する。《革新熱と実験熱に燃える民主主義の原理の支配のもとで》およそいっさいの社交性（sodalitas）なるものに反対して個人の自由が主張される（『人間的、あまりに人間的』Ⅱ、二・二九二）。しかしながら、トゥキュディデスの分析とプラトンのアトピアの場合と同様、ここでも、そのような民主主義化の進行は目的の異種発生のなかで培われる。共通のエートスの解体は、最後には、あらゆる政治的意志そのものを不可能にしてしまう。自律的な権力主張の根底にある、計算する理性の脱魔術化は、それなしにはいかなる大事業も考えられない神秘的な次元を破壊する。優秀な人間たちはいかなる誓いにも服させておくことはできないのだが、この「民主主義の原理」そのものが彼らの支配を確固不動のものでなくしてしまうのだ。これが、不安定が一般化している時代にアガトス〔善〕が置かれている逆説的な状態である。そのような状態は、アテナイ人がメロス島で《抹消すべきである》と宣言している正義の観念と異なるいかなるノモス、いかなる至高のディケー〔正義〕の印としても〈表象〉されえない。が、同じ論法の力によって、そのアガトス自体がつねに不健康な状態に置かれることになるだろう。**年老いた寡頭政治家**たるニーチェは、誠実な無神論（ニーチェによると、これは古典的パイデイアの完結形態である）を教えることによって、自己自身の徹底した神聖剝奪行為の諸形態を教える（『悦ばしき知識』五・三五七）。古代のさまざまな〈迷信〉を覆すことによって（あるいは古代のもろもろの価値が迷信であることを示すことによって）、みずからの支配へのいかなる服従も迷信にすぎなくなってしまうだろうと暗々裡に主張する。古い信仰が偶像崇拝的性格を有していることを暴露することによって、みずからの権力主張そのものが偶像であることを暴露する。それどころか、その権力主張には必然的に国家の恐るべき必要性がともなっているために、**権力**なるものが本質においては偶像であることを暴露する。

あらゆる陸地的境界に我慢がならない権力意志が民主化の過程を発動させる。そしてこの民主化の過程はみずからのうちにあらゆる政治的本能を溶解する芽を胚胎させている。それはもろもろの期待と要求のたえまない増大と遊牧民的生活を要請すると同時に、所有したものの〈平穏な〉享受と利己的な独立を要請する。歴史における行動を偶像に高め上げ、実践を人間の本来的な場所に仕立てあげる（そしてこの偶像崇拝が無神論を招き寄せる）のだが、[45] 同時に、その目的は確保されたと言い張るだろう。そのときには、デーモス〔民衆〕の不安定さはそのままにまた**現代的なもの**の不安定さでもある。**現代的なもの**の不安定さはアテナイ人の不安定さの猿まねであり、叛乱する奴隷たちの不安定さであって、ピロプシュキア〔生への卑屈な愛〕の、執拗な自己執着の、安全の探求の、完璧な典型例である。ヨーロッパはもろもろの価値が衰退し、根元から引っこ抜かれてしまった世界であるが、それだけではない。それはオクシデント〔日の没する場所〕そのものである。すなわち、それらの価値をみずからの意志の定立したものとして顕示してきたエネルギー自体の衰退なのである。ヨーロッパは、陸から海への、海から空への道程の最後においては、もろもろの価値を乗り越えていくものとしてではなく、それらの価値の〈たんなる〉脱神聖化の、ひいてはそれらの価値を乗り越えていくという主張そのものの脱神聖化＝脱神秘化として姿を現わす。もろもろの価値のオクシデント＝落日は、乗り越えようとする意志の衰退と一致する。そして古い都市を棄ててその都市の塔がどれほど高いかを見ようとする旅人は、まさしく、つぎのこと、すなわち、地平線上に没していくもの、そして自分がそこから永久にいとまを告げたものの高さしか見ることはないのである。

　こうして権力意志の英雄的な不健康さは、必然的に、ほかでもないその不健康さを証し立てている目的の異種発生によって、悲喜劇的な姿に変容するという〈危険〉を冒すこととなる。権力意志は自分の船に翼をつけるよう要求する。が、デーモスだけが船を動かすことができるのである。また権力意志はいっさいが乗り越えられること、ひいてはみずからもまた乗り越えられることを要求する。権力意志はあらゆる不安定さが静謐で確固不動の観照に転じるよう要求するが（ヘーゲルもまた、新世界は最後には自己自身のうちに閉じこもって、みずからの「内なる海」を征服したあとは自己自身のうちに部屋を見いだすだろうと考えていた）、みずからが発展するなかであらゆるスコレー〔閑暇〕の前提を破壊してしまう。内乱はあらゆる形式を破壊してしまうと考えつつ、実際にはあらゆる戦争を内乱に変容させてしまう。統治術の（そして戦争術の）純粋に利害を離れた行使であるはずの権力意志の真の〈姿〉は、とどのつまり、ピロプシュキア〔生への卑屈な愛〕の専横と一致する。そしてピロプシュキアが渇望してやまない〈平和〉、〈安全を保障された〉平和が表現しているのが、〈完成された〉オクシデント〔西洋〕の地でいまだに考えられている唯一の平和の観念なのである。

このヨーロッパ的人間の混血種族は、そのカーニヴァル的な容貌においても、根底においては、すでに《アリストパネス的な世界嘲笑劇》のうちに姿を見せていたのではなかったか（ニーチェ『善悪の彼岸』二二三）。そこでは、飽くなき営利欲に突き動かされたタラッソクラティア〔海の支配〕のヒュブリスを弾劾し、戦争を脱神秘化しようとする動きに、アゴーンの拒絶へと向かうもろもろの理由についての表象が剝き出しのかたちで対旋律をなしている。[46]「戦争の旦那がた」に振り回されて疲れ果てた農夫のトリュガイオスが驢馬の糞でできた黄金虫に乗って探し求めに出かける平和、農民たちだけがゼウスがそこに埋葬されるよう命じていた穴から自由に掘り出すことのできる平和は、ラコニア人が町に攻め込んできて、《酒のいっぱい入った壺がぶっこわされて粉々になるのを見た》とき、悲嘆のあまり死んでしまったクラティノス（彼のことをアリストパネスはソポス〔賢者〕と呼んでいる！）が渇望していた平和である（アリストパネス『平和』七〇二―七〇三）。そしてトリュガイオスが、まもなく市場がふたたびスイカとナシ、家鴨《あひる》と鵞鳥《がちょう》でいっぱいになるよう願っていた平和である。《ものどもは、はや戦さに飽きて、食事をしていた。こいつを歌ってくれ、戦さに飽きて食事をしたというのを！》（同上、一二八四―一二八五）。幸福であることが可能となるときには戦争をする必要はなんらありません、と軍隊を解散させる女性リュシストラテは『女の平和』〔アリストパネス〕のなかで主張する。だとしたなら、戦争は自然に反する行為なのだろうか。平和は最後の時代のもの、狼が羊を妻にめとるようになり、神々だけがわたしたちに贈与できるような**黄金時代**のものであるという考え方は、詐欺をはたらく占い師ども、金で買収された託宣者どものイデオロギーなのだろうか。そうではなくて、平和をつくり出し、内乱の恐怖を根絶し、わたしたちの利害が万人に共通の利害であることを承認するかどうかは、ひとえにわたしたちにかかっているのだろうか。だが、これらの利害は、アリストパネスがたえず想い起こさせているように、オイコスの利害である。そしてポリスはこれらの利害から〈直線的には〉生じえない。いかなる「見えざる手」も、さまざまな個別的利害を調和させるためには、それらの利害をみずからに服従するよう強制しなければならず、それらの利害が自然状態で抗争しあっている領域の内部にあって決断しなければならない。アテナはポリスの女神である。そしてその《いとも剛毅な女神》アテナの名において『女の平和』は幕を下ろしている。だが、そうだとすると、それはポリスのなかでしか、魂の複数性そのものを〈表象／代表している〉ポリスの複数性のなかにおいてしか、つまりは平和が欠如しているなかにおいてしか、平和は生じえないと言っているようなものであることになる。

　ひいては、その偉大な喜劇の〈陸地性〉は、〈哲学的には〉、後ろ向きのもの、ノスタルジックなものをなにひとつもってはいない。それは、どのような利害、どのような社会階級が〈平和的〉であって、鳥が飛行するように海の上を自由に動き回る美しい三段櫂船の戦いに反対するか、を明確につかみ取っている。しかしまたそれは、平和の探求へと突き進まされた〈普遍的なもの〉の本領がいかに個別的な利益の防衛のうちにしかないかということも、同じく冷静沈着な態度でもって承認させる。ひいては、ポリスをポレモスに向かうよう強制している当の根源そのものを告発する。《柔らかい毛布の上に横になって休めるようなポリスがどこかにあったら教えてもらえないだろうか》とピステタイロス〔正しくはエウエルピデス〕は鳥族の王ヤツガシラに求める(アリストパネス『鳥』一二一—一二二)。だが、ヤツガシラが実際に鳥族をけしかけるものはといえば、神々にたいする《神聖な戦争》(同上、五五六)なのだ。アリストパネスが「なんと間抜けな」と嘲笑している自分自身の〈幸福〉の探求は、必然的に盾と矛の関係にあって、スタシスの潜勢力をみずからのうちに内在させているのである。《人間とは生まれながらにして/つねに万事につけ欺きやすいものなり》(同上、四五一—四五二)。

喜劇は《哲学者たちがもろもろのポリスにおいて王となるのでないかぎり、あるいは現在王と呼ばれている人たちが純粋かつ効果的に哲学するのでないかぎり》(プラトン『ポリテイア』五、四七三C—D)と付言することもできなかっただろう。理性の尺度が人間のことがらにたいする支配権をもつことを欲するというのは、非常識もはなはだしい。喜劇に登場する平和の理想郷は、哲学の想い描く理想郷をひっくり返してしまうが、それは喜劇に出てくる登場人物たちのダイモーン的性格が〈真の〉平和などといったものは考えられないことを白日のもとにさらけ出すからである。笑いの距離[47](distanza del riso)のみが、そのことについて語ることを可能にするのであり、そのことをめぐってのわたしたちの論議――内容空疎なユートピア論議でもソフィストたちのおしゃべりでもない論議――を〈正当化〉するのである。だが、まさにその距離をとったところから、プラトンの構築作業は始まっているのだった。たとえ笑いの大波がぼくを押し流してしまうことになろうとも、どのようにすればポリスを変革することが可能になるのかをぼくは言おうとおもう、云々（同上、五、四七三C）。この言い回しは恐るべきことにも真面目に受けとる必要があるだろう。実のところ、平和を考えることは、同時にそれを代表していたはずの〈登場人物たち〉――平時には想像もできない〈登場人物たち〉――のことを考えることなしには可能ではないのだ。なぜなら、この「平和」という言葉によって彼らが言おうとしているものは、ピロプシュキア、すなわち、魂の一部分が他の部分にたいする闘争に勝利したということ以外の何ものでもないからである。そのような魂の内なる二律背反《アンティノミー》関係を笑い飛ばすことができる高みにまで上昇する喜劇は、わたしたちがその二律背反《アンティノミー》関係にただただ呆気にとられたままになっているのではなく、それを生きることを可能にする。認識するとともに解放するこの笑い、苦難をその認識を超えて変容させるこの笑いのおかげで、《わたしたちはギリシア文化全体の存在を赦すことができる》のである。《奇蹟的にもわたしたちのもとに伝えられてきたこのアリストパネスの小品以上に、プラトンの秘密とそのスフィンクス的性質についてわたしに夢見させてきたものをわたしは知らない。そして死の床の枕元に置きたい本として心に思い浮かんだのは、聖書でもなければエジプトの書でもなく、ピュタゴラスのものでもなければプラトンのものでもなかった。そうではなくて、アリストパネスの作品だった。たとえプラトンのような人物であっても生活を――彼が否定していたギリシアの生活を――どうやって耐え凌ぐことができたというのだろうか。もしアリストパネスのような人物がいなかったとしたならばだ！》（『善悪の彼岸』二一八[48]）。

わたしたちはこう付け加えるべきだろう。もしアリストパネスのような人物、それも死の床の枕元に秘匿されているアリストパネスではなくて、彼の頭の中でしっかりと目覚めているアリストパネスのような人物がいなかったとしたならば、ニーチェのような人物はどうやってツァラトゥストラが戦士たちに語った言葉（『ツァラトゥストラはこう語った』第一部、「戦争と戦士たちについて」）を耐え凌ぐことができたというのだろうか、と。《人間とは超克されるべき何ものかである》……はたして、こんなことを真面目に主張できるだろうか。同時に、アリストパネスの笑いの大波がまさにわたしたちを打ち倒そうとしていることに気づいていないとしたならばである。もしアリストパネスのような人物が事に当たるさいに使った恐るべきエイローネイア〔そらとぼけた語り口〕をみずから進んで受けいれる用意ができていなかったとしたなら、この恐ろしいまでに真面目で困難な言葉について省察することははたして可能なのだろうか。だが、ニーチェは彼の『ツァラトゥストラはこう語った』で、彼が愛憎相半ばするかたちで遇したプラトンが『ポリテイア』で省察するすべを心得ていたように、省察するすべを心得ているのだった。《笑いをわたしは神聖なものと宣言してきた。高等な人間たちよ、わたしに学べ――笑うことを！》（『ツァラトゥストラはこう語った』第四部、「高等な人間たちについて」[49]）。そして自分自身について笑うすべを心得ている者しか、ほんとうには笑っていないのである（同上、第四部、「覚醒」）。

原注

1　そのような主張はすべての革命的レトリックの根底に存在しているのであるが、この主張にたいする批判がRoberto Esposito, *Nove pensieri sulla politica* (Bologna: Il Mulino, 1993) の核心をなしている。これと同じモティーフにもとづいて、わたしも何年か前、エリアス・カネッティ〔一九〇五―九四年〕の『群衆と権力』〔一九六〇年〕についての読解をおこなったことがある。Cf. Massimo Cacciari, "Il linguaggio del potere in Canetti. Uno spoglio," *Laboratorio politico*, a. II, n. 4 (luglio-agosto 1982), pp. 185-197.

2　これはプラトンを解釈するための鍵をなす問題である。プラトンの観念論の間主観的性格は哲学者がみずからの観念を伝達しなければならないということを必然的に含意している。Cf. Christoph Jermann, *Philosophie und Politik. Untersuchungen zur Struktur und Problematik des platonischen Idealismus* (Stuttgart-Bad Cannstatt: Frommann-Holzboog, 1986), pp. 270 seqq. しかしながら、それが不人気であり、現実味に欠けること、要するに背理めいていることを〈差し引きする〉ことなしにである。哲学者は〈政治をおこなう〉ことを不可能にするような形態で〈政治をおこなう〉べきなのだ！

3　このことをUmberto Curi, *Pensare la guerra. Per una cultura della pace* (Bari: Dedalo, 1985), pp. 25-51 はみごとに示してくれている。

4　クセノポンの『ヒエロンまたは僭主的な人』一一・一二―一五にも同様の記述がある。善き僭主は善をおこなうことによって万人を打ち負かすよう努力しなければならない。そうすれば彼の臣下たちは強制されることなく彼に服従するようになるだろうというのだ。しかし、シモニデスが口にするこのユートピアを前にしてヒエロンは黙ってしまう。現実のポリスで起きているさまざまな抗争のなかでそのようなユートピアはすでにずっと前から崩壊してしまっていたのだった。

5　ハンス゠ゲオルク・ガダマー〔一九〇〇―二〇〇二年〕は「プラトンとアリストテレスの善の理念」〔一九七八年〕で政治が**善**とポリスの守護者たる哲学者に要求される知識の問答法的性格から〈演繹〉されることをみごとにつかみ取っているが、プラトンの言論全体が行き着く背理的な結論を明らかにはしていない。Cf. Hans-Georg

Gadamer, *Studi platonici*, a cura di Giovanni Moretto (Casale Monferrato: Marietti, 1984), vol. II, pp. 191-216.

6 Cf. Carlo Diano, "Edipo figlio della Tyche," in: Id., *Saggezza e poetiche degli antichi* (Vicenza: Neri Pozza, 1968).

7 古典作家のうちでアウグスティヌスとともに《帝国は大きくなるためには、なにゆえ平静を失わなければならないのだろうか》（『神の国』三・一〇）と問うことのできた者は一人もいなかったのではないだろうか。

8 Émile Benveniste, "Due modelli linguistici della città," in: *Problemi di linguistica generale*, vol. II (1974), a cura di Francesco Aspesi (Milano: Il Saggiatore, 1985), pp. 307-316〔エミール・バンヴェニスト「都市国家の二つの言語的モデル」、『言葉と主体——一般言語学の諸問題』阿部宏監訳、前島和也・川島浩一郎訳（岩波書店、二〇一三年）、二七九—二八七頁〕。「部分（pars）」の概念が肯定的な価値を帯びるようになるのはローマにおいてである。Cf. Pierangelo Catalano, *Populus Romanus Quirites* (Torino: Giappichelli, 1974), pp. 158-159. カタラーノについては、セミナー《ローマから第三のローマへ》の一九八二年度と一九八三年度の記録、"La nozione di 'romano' tra cittadinanza e universalità" と "Popoli e spazio romano tra diritto e profezia" も見られたい。これらは第Ⅳ章で**ノモス**が根こそぎにされるにいたった動機について展開することになる言述にとってもきわめて重要なテクストである。しかし、キーウィースのキーウィタースにたいする十全で議論の余地のない優越性の主張、つまりは古典ギリシア的な思考形式の完全な逆転が生じるには、ここでもまた、キリスト教ヨーロッパが出現するのを待たなければならない。《ローマ人がいなくてローマとはなんであろうか》とアウグスティヌスはアラリックの率いるゴート族によるローマ占領の悲劇的な年にまでさかのぼる演説のなかで問うだろう。そしてこう答えるだろう。《石でも木でもなければ、高くそびえ立つきわめて広大な壁でもない。これらは作られては何度か壊されてきた》と。Cf.

9 Santo Mazzarino, *La fine del mondo antico* (Milano: Rizzoli, 1988), p. 71.

ホルコスが神聖さを剝奪されるというのは、ヨーロッパの地理哲学の基本的な一章を構成している。ここでこのことについて語らないとするなら、それは本質的なことはすべてすでにPaolo Prodi, *Il sacramento del potere. Il giuramento politico nella storia costituzionale dell'Occidente* (Bologna: Il Mulino, 1992) によって言われているからである。

10　したがって、トゥキュディデスも、すでにヘロドトスがそうであったように、なおもノモス・バシレウス〈本書第I章注10を見られたい〉の存在を承認しているのだった。Cf. Victor Ehrenberg, *Sofocle e Pericle* (Brescia: Morcelliana, 1959)——著者はこの問題に『アンティゴネー』を支配している〈書かれざる法〉の観点から取り組んでいる。

11　ニーチェのように、またルチャーノ・カンフォラ〔一九四二年生〕もTucidide, *Il dialogo dei Melii e degli Ateniesi*, a cura di Luciano Canfora (Venezia: Marsilio, 1991)への「序論」で訳そうとしているとみえるように、わたしはこう訳す。カンフォラの著作では、本章の中心にある多くのテーマにかんして、Luciano Canfora, *Tucidide e l'impero* (Bari: Laterza, 1992)も参照のこと。

12　底知れず、〈罪深くて〉、叙事詩的・悲劇的なエートスから隔たった優越感。そこでは、敵にたいする軽蔑はヒュブリスの直接的な証拠である。第I章で取りあげたペルシア人にかんする演説を参照されたい。

13　アテナイ人の《決め台詞》はシモーヌ・ヴェイユにとっては《戦慄すべき》ものである。Cf. Simone Weil, *Quaderni*, a cura di Giancarlo Gaeta, vol. I (Milano: Adelphi, 1982), p. 316. しかし、彼女はそこに政治への神の介入にかんするあらゆる迷信的な観念の正しい拒否も見てとっている。

14　*Opere di Friedrich Nietzsche*, vol. III, tomo 2: *La filosofia nell'epoca tragica dei Greci e Scritti dal 1870 al 1873*, traduzione di Giorgio Colli (Milano: Adelphi, 1973)〔フリードリッヒ・ニーチェ『悲劇の誕生』塩屋竹男訳（『ニーチェ全集』第二巻、ちくま学芸文庫、一九九三年）〕所収。

15　マキアヴェッリとともに、"Stato"という語はあるひとつの決定的な〈意味論上の転換〉をこうむる。それはもはや所与の状況やもろもろの器官や主体の〈根を張った〉総体ではなく、まさしく、権力の形成途上の訓練、暴力の〈ヴィルトゥオーソな〉使用である。Cf. Josef Macek, *Machiavelli e il machiavellismo*, a cura di Luciano Antonetti (Firenze: La Nuova Italia, 1980), pp. 117 seqq. また、秩序と抗争とが相互的な内在関係にある状態である。Cf.

Roberto Esposito, *La politica e la storia. Machiavelli e Vico* (Napoli: Liguori, 1980), pp. 89 seqq.〔ロベルト・エスポジト『政治の理論と歴史の理論――マキァヴェリとヴィーコ』堺慎介訳（芸立出版、一九八六年）、一〇〇頁以下〕; Id., *Ordine e conflitto. Machiavelli e la letteratura politica del Rinascimento italiano* (Napoli: Liguori, 1984).

16 クセノポンの著作集成のなかでわたしたちに伝達されてきた『アテナイ人の国制』への最良の案内は Giuseppe Serra, *La forza e il valore. Capitoli sulla costituzione degli ateniesi dello Pseudo-Senofonte* (Roma: L'Erma di Bretschneider, 1979) である。

17 Arnaldo Momigliano, "La potenza navale nel pensiero greco," in: *Storia e storiografia antica* (Bologna: Il Mulino, 1987), p. 131.

18 ヤーコプ・ブルクハルト〔一八一八―九七年〕によると、ギリシアのポリスを〈アジア的〉国家から区別する最も明白な印は、まさしく後者における《航海術の欠如》であるという。パイデイアとテクネー・ナウティケーは相互に絡まり合っているというわけである。Cf. Jacob Burckhardt, *Über das Studium der Geschichte: Der Text der "Weltgeschichtlichen Betrachtungen"* (München: C. H. Beck, 1982), pp. 294-295.

19 Herman Melville, *Moby Dick o la Balena,* traduzione di Cesare Pavese [Torino: Frassinelli, 1932] (Milano: Adelphi, 1987), p. 38〔メルヴィル『白鯨』八木敏雄訳（岩波文庫、二〇〇四年）、上、五八頁〕。

20 だから、哲学はテクネー、方法に従って思索を進めていくのである。みずからの歩み方を知り正当化したいとおもうのだ。これにたいして、アブラハムが彼の家を棄てるのは神からそうするよう命じられたからであり、それで十分なのだ。《信者は右も左も見ることなく、どこに向かうのか自問することもなく、計算することもないまま、進んでいく》。信者はなんらのテクネー・ナウティケー〔航海術〕も自分のものにしていない。哲学者はみずからの歩みの主体であって、みずからの歩みについて思考するが、信者はみずからの歩みによって思考される。"cogitor ergo sum〔わたしは思考されている、ゆえにわたしは存在する〕" なのだ。Cf. Lev Chestov, *Athènes et Jérusalem. Un essai de philosophie religieuse,* traduction de Boris de Schloezer [1938] (Paris: Aubier, 1992), pp. 307-308. だが、レフ・シェストフ〔一八六六―一九三八年〕自身、少なくとも部分的には、この彼の想定に反駁して、まさに彼の大著の結びの部分で、プラトンおよびプロティノスの哲学における本旨は〈計算する〉ことにあるのではまったくなく、〈何ごとにもあえて立ち向かう〉というアゴーン・メギストス〔壮大な争闘〕にあることを想い起こしている（ibid., p. 346）〔シェストフの同書には邦訳がある。植野修司訳『アテネとエルサレム』（雄渾社、一九七二年）である。ただし、これは序文と全体で四部からなる本論のうちの第一部「繋がれしパルメニデス」のみの部分訳で、カッチャーリが参照するよう指示している箇所は訳出されていない〕。

21　人間の置かれている状態を指す「小舟」というメタファーは人文主義の最も悲劇的な代表者レオン・バッティスタ・アルベルティ〔一四〇四―七二年〕において支配的な役割を演じている。晩餐中の談話『ファートゥムとフォルトゥーナ』を見られたい。「小舟」と「阿呆船」〔中世後期ドイツの諷刺詩人ゼバスティアン・ブラント〔一四五七―一五二一年〕の作品名〕の距離はなんと短いことか！

22　トマス・モア〔一四七八―一五三五年〕はプラトンの『クリティアス』一一一でなされている《美を愛する》農夫についての称賛の言を『ユートピア』のなかで取りあげている。しかし、〈現実主義者〉のプラトンは〈完璧な〉アトランティス島にも不正な傲慢と専横の芽、死すべき運命にある者たちが支配するにいたる避けがたい必然性が存在することをつかみ取っている。ところが、〈近代人〉モアのラティオは自分の構築物が堕落する様子を物語ることができなかったのだろう。古典古代の人間は神からの贈りものであるとみていたものであってもそれが不死であることを理解するのには多大の労力を要したが、〈近代人〉は人為的な産物であるとたしかに考えているものでもそれに不死性の仮面をまとわせてしまうのである。

23　Gerhard Ritter, *Il volto demoniaco del potere*, traduzione di Enzo Melandri (Bologna: Il Mulino, 1958), pp. 86-87〔ゲルハルト・リッター『権力思想史――近世の政治的思惟における権力問題の歴史および本質に関する考察』西村貞二訳（みすず書房、一九五三年）、七七―七八頁〕。**ユートピア**では権力の《悪魔的な顔》が現われるだけではない。そこの住民たちは、敵の〈理不尽な振る舞い〉によって〈強いられた〉場合には、全面的な戦争さえをも辞さない。Cf. Tommaso Moro, *L'Utopia o la migliore forma di repubblica*, a cura di Tommaso Fiore (Bari: Laterza, 1963), pp. 122-123〔トマス・モア『ユートピア』平井正穂訳（岩波書店、一九五七年）、一四七頁〕――《彼らは戦争手段に訴えるようけしかけた者たちに残酷な報復をおこなって、恐怖のあまり二度と同じことを繰り返そうという気にはならないようにさせようとする》。彼らは敵をたらしこんで買収する術においては完全なマキァヴェッリアンであることも忘れないでおこう。

24 古代の重装歩兵の忘れがたいイメージはスパルタのテュルタイオス〔前七世紀半ばに活動したエレゲイア詩人〕によって刻みこまれているイメージである。《群れなす敵兵を恐れるな、敗走するなかれ。勇士たる者、まっすぐ最前列に向けて楯を持て。生命を敵と見なせ。黒き死の宿命を太陽の光と同様に愛せ。…さあだれもかれも、大地に縛りつけられたかのようにして、両の脚の上に凛然と立ちつづけていたまえ》〔「テュルタイオス」断片一一。テオグニス他著、『エレゲイア詩集』西村賀子訳（京都大学学術出版会、二〇一五年）、三〇―三二頁〕。これは**大地のノモス**になおも鎖で繋がれたアレテー〔徳〕そのものだ！

25 ところが、アイスキュロスの『ペルシア人たち』には《マラトンの戦いでの勝利》の痕跡は存在していなかった。Cf. Guido Paduano, *Sui Persiani di Eschilo. Problemi di focalizzazione drammatica* (Roma: Edizioni dell'Ateneo & Bizzarri, 1978), pp. 17-18.

26 このメタファーについては、Hans Blumenberg, *Naufragio con spettatore. Paradigma di una metafora della esistenza*, traduzione di Francesca Rigotti (Bologna: Il Mulino, 1985)〔ハンス・ブルーメンベルク『難破船』池田信雄・岡部仁・土合文夫訳（哲学書房、一九八九年）〕をみられたい。しかしながら、〈傍観者〉の役割はブルーメンベルク〔一九二〇―九六年〕が考えているようにみえるよりもずっと前に終わっている。それはすでにフランチェスコ・ペトラルカ〔一三〇四―七四年〕とアルベルティのあいだで使い尽くされてしまっていたのである（そして両者のほうはストア派の〈思い上がり〉との論戦のなかで練りあげられたアウグスティヌス〔三五四―四三〇年〕のメタファーを取りあげ直していたのだった）。

27　ある国家がアルケーに到達して長期間繁栄しつづけるとき、必然的に奢侈がその国家の習俗を腐敗させる結果となる。そしてそのときには官職への欲望と質素な生活への軽蔑とが増大する。あらゆるポリテイアの堅固さを掘り崩してしまうホステス・ドメスティキー＝「国内の敵たち」のあいだでは——歴史的有機体が大きくなればなるほど、それだけいっそう、外敵ではなくてこれらの敵が権力を掌握して破局を引き起こす機会が増大し、オルテガ・イ・ガセット〔一八八三—一九五五年〕が『傍観者』〔一九一六年〕のマックス・ヴェーバー〔「古代文化没落の社会的諸根拠」〔一八九六年〕〕を評した権威ある頁——José Ortega y Gasset, *Lo spettatore*, a cura di Carlo Bo (Milano: Guanda, 1984), pp. 132-141〔オルテガ・イ・ガセー『傍観者——エル・エスペクタドール』西澤龍生訳（筑摩書房、一九七三年）、二三七—二四九頁〕——で認めていたように、真正な〈世界〉はたんに自然死してしまうにすぎないのだが、このことこそが最初の敵なのである。そして、そのときには、大衆は権力を掌握できるかもしれないという希望によって刺激され、変化を欲するようになるだろう。民主主義と自由の名のもとで大衆の支配（オクロクラティア）が始まるだろう。諸国家の衰退を説明するためにポリュビオスが設けた図式（『歴史』六・五七）は、紀元前五世紀と四世紀におけるギリシアでの議論をこのようなかたちで要約するだろう。そしてこのようなかたちでラテン文化に託するだろう。

28　Arnaldo Momigliano, "La potenza navale nel pensiero greco," in: *Storia e storiografia antica* cit., p. 136.

29　ヨーロッパは、まさしく、大王アゲノルの美しい娘エウロペが雄牛に変身したユピテル〔ゼウス〕に魅了され掠奪されたように、海に魅了され、海によって掠奪される。《ついに王女は勇気を出して、牛の正体を知らぬままに、牛の背に乗ってみる》。すると、ユピテルは陸地の岸から離れ、《海原のまっただ中へと／娘を運んでいく》。娘は怖くなり、《遠のいていく岸を振り返る》（オウィディウス『変身物語』二、八六八—八七四）。

30　Cf. Helmut Berve, Introduzione: "Terra e mare dei Greci" a: *Storia greca*, traduzione di Fausto Codino (Bari: Laterza, 1966), vol. 1, pp. 17 seqq.

31　この点については Frances A. Yates, *Astrea. L'idea di impero nel Cinquecento*, traduzione di Enrico Basaglia (Torino:

Einaudi, 1978) を参照されたい。

32 Carl Schmitt, *Land und Meer. Eine weltgeschichtliche Betrachtung* (Leipzig: Reclam Verlag, 1942; Stuttgart: Reclam Verlag, 1954); trad. it., *Terra e mare. Una considerazione sulla storia del mondo,* a cura di Angelo Bolaffi (Milano: Giuffrè, 1986)〔カール・シュミット『陸と海と——世界史的一考察』生松敬三・前野光弘訳（福村出版、一九七一年)〕; “Il mare contro la terra,” in: *Scritti politico-giuridici 1933-1942. Antologia da « Lo Stato »*, a cura di Alessandro Campi (Perugia: Bacco & Arianna, 1983).

33 G. W. F. Hegel, *Lezioni sulla filosofia della storia,* a cura di Guido Calogero e Corrado Fatta (Firenze: La Nuova Italia, 1963), vol. I, pp. 269-271〔ヘーゲル『歴史哲学講義』長谷川宏訳（岩波文庫、一九九四年)、上、一七二—一七四頁。なお、イタリア語訳の底本はラッソン版であって、グロックナー版を底本にした長谷川訳とは異同がある。「ところが」以下の部分はグロックナー版には出てこない〕。さらに一般的に、海と文化、海と自由の関係について、ヘーゲルは異例の力をこめて語っている。《船、機敏でなめらかな動きによって海面を切り裂いたり円を描いたりして進む海の白鳥は、人間の勇気と知性に最高の栄誉をもたらす発明品である》(pp. 218-220〔長谷川訳、上、一五六頁〕)。

34 アエネーアースと運命的な対置をされているダンテのオデュッセウスには本書でも一章を割いておくべきだったかもしれない。さしあたって、Bruno Nardi, “La tragedia d’Ulisse,” in: *Dante e la cultura medievale* (Bari: Laterza, 1983); Giorgio Padoan, *Il pio Enea, l’empio Ulisse. Tradizione classica e intendimento medievale in Dante* (Ravenna: Longo, 1977); Maria Corti, “La « favola » di Ulisse: invenzione dantesca?” in: *Percorsi dell’invenzione. Il linguaggio poetico e Dante* (Torino: Einaudi, 1993) を見られたい。

35 この「狂気」をジョルダーノ・ブルーノ〔一五四八—一六〇〇年〕の「英雄的狂気」と混同しないほうがよいだろう。ブルーノのほうはダンテのオデュッセウスの「狂気」のことを十分に自覚しているのである。『無限者について（*De immenso et inumerabilis*)』〔一五九一年〕第八巻第一章のことを考えてみれば十分である——ものごとを知りたいという単純な願望から出発しながら、《博士や師匠の肩書を僭称しようとして》、みずからの資源を浪費し、人生の最良の時を使い果たし、《眠れぬ夜を過ごす》者たちは、骨折り損のくたびれ儲けをしているにすぎない。知性の力が照らし出されるのは、山河を越え、無人の平原を進んでいくことによってではない。要するに、物から物へ、所有物から所有物へと渡り歩いていくこと（なにがなんでも世俗的な栄光、賛同と特典を得たいという渇望に見合ったものとしてのポリュマティア〔博学〕）によってではない、云々。ブルーノのただ知性だけの（sola mente）疾走は、アストライアの物語に登場する将軍たちの疾走とは形而上学的に異なっている。

36　Hegel, *Lezioni sulla filosofia della storia* cit., pp. 231, 233〔長谷川訳、上、一四九頁〕。ヘーゲルとアメリカにかんしては、一九九二年十月にナポリで開催されたアメリカ発見五百周年記念会議でのビアジオ・イオリオの報告を見られたい。そこでは、とくにJosé Ortega y Gasset, *Spettatore* cit, pp. 142-153に収録されているオルテガの基本的論考「ヘーゲルとアメリカ」〔この論考は西澤訳には収録されていない〕について議論されている。

37　アメリカには地代という政治的障害が存在しないが、これは、資本主義の発展のための、みずからの労働条件の所有者である生産者によって代表される障害ではない。この一方で、アメリカには、マルクスにとっても、ヘーゲルと完全に一致して、資本という、物によってのみ媒介される社会的関係、そして最後には資本主義的関係自体の限界をも打倒してしまうことにならざるをえないような、人間本性の明確には定義しえない発展としての、生産のための生産という観念が成立するためのあらゆる条件が存在している。すでにヘーゲルにおいて、アメリカはほんとうに生きた労働の地、あらゆる〈陸地的な〉限定をはみ出していく労働力の地、マルクスが『資本論』の未刊の第四巻で述べることになるような《価値を創造し富を増大させる実体》の地であるようにみえている。

38　Alexis de Tocqueville, *Viaggio in America 1831-1832*, a cura di Umberto Coldagelli (Milano: Feltrinelli, 1990), p. 31〔トクヴィル『合衆国滞在記』大津真作訳（京都大学学術出版会、二〇一八年）、四一―四二頁〕。

39　Alberto Boatto, *Della guerra e dell'aria* (Genova: Costa & Nolan, 1992).

40　異説のあるいくつかの箇所を除いては、ニーチェからの引用はFriedrich Nietzsche, *Sämtliche Werke*, Kritische

Studienausgabe, hrsg. von Giorgio Colli und Mazzino Montinari (München-Berlin-New York: de Gruyter, 1980) からおこなう。

41 *Aurora e Frammenti postumi (1879-1881)* in *Opere di Friedrich Nietzsche*, vol. V, tomo I, Traduzione di Mazzino Montinari, Ferruccio Masini, A cura di Giorgio Colli, Mazzino Montinari (Milano: Mondadori, 1964)〔「遺された断想（一八八〇年初頭―一八八一年春）」恒川隆男訳、（『ニーチェ全集』第I期第一一巻、白水社、一九八一年）〕所収。

42 この動揺と矛盾は、ニーチェについての異教化的で単純に反キリスト教的なあらゆる読解からは一貫して見過ごされている。そのようなニーチェ主義の特徴がよくあらわれている最も典型的な例はヴァルター・フリードリヒ・オットー〔一八七四―一九五八年〕の『古代の精神とキリスト教世界』（一九二三年）かもしれない。

43 そして、なしとげる能力のなさ、《始めることのかくも多くの量（tanta coeptorum moles）》〔『親近書簡集』一九・一六・五〕、二重のまなざし（《後方へと同時に前方へ（simul ante retroque prospiciens）》〔『記憶されるべき事柄について』一・一九〕＝古きものへと同時に新しきものへ向けられたまなざし）を特徴とする、高貴でありながら《あちらこちらへと揺れ動く（nusquam integer）》〔『わが秘密』〕人間ペトラルカから始まって、ヨーロッパの「知識人」の。ここでは、〈不安な心〉と〈自己自身への回帰〉というアウグスティヌス的テーマがこのようなかたちで、ひいては抜本的に変形されもしながら取り入れられている。

44 ニーチェは「メガラのテオグニスについての論究〔Dissertatio de Theognide Megarensi〕」と題するラテン語の論文を提出して一八六四年にプフォルタ学院を卒業し、ボン大学に進んでいる。この論文のイタリア語訳がアンティモ・ネグリ〔一九二三―二〇〇五年〕の長文のコメントを付してイタリアで出版されている。Cf. Friedrich Nietzsche, *Teognide di Megara*, a cura di Antimo Negri (Bari: Laterza, 1985).

45 Cf. María Zambrano, *El hombre y lo divino* (Madrid: Siruela, 1992), p. 24. Mario Tronti, *Con le spalle al futuro. Per un altro dizionario politico* (Roma: Editori Riuniti, 1992) は、世界はまさしくマルクスにおいて完成された姿を見い

だしていたはずの「神即歴史〔Deus sive historia〕」のもとから立ち去ってきたと主張している。だが、社会主義的な「犠牲のピラミッド」（これについてはRoberto Calasso, *La rovina di Kasch* (Milano: Adelphi, 1983), pp. 289-306を参照）にたいする勝利は、むしろ、それのホモ・エコノミクスの尺度への〈勝ち誇れる〉還元を構成することになるのではないだろうか。

46　Cf. Victor Ehrenberg, *L'Atene di Aristofane. Studio sociologico della commedia attica antica*, traduzione di Guido Libertini e Anny Calma (Firenze: La Nuova Italia, 1957).

47　喜劇の笑いは、悲劇の苦しみと同じく、わたしたちに認識をさせる。双方とも酒神ディオニュソスによってであって、笑いも苦しみもわたしたちを自由にする、つまりは直接的なパトス、たんに受苦している状態から引き離すのである。そしてアリストパネスの喜劇の《だが、どうして神々は宿がえしたのだ》（『平和』二〇三）という問いかけ自体、本質的に悲劇的なものである。

48　ブルクハルトも、自由なポリスにたいして同様の熱狂的な讃辞を送っていた。Cf. Burckhardt, *Über das Studium der Geschichte* cit., p. 296 ——そこには《国家の理論をたずさえた聖書もなければ、一度固定されたなら永遠に変わらない文化もなかった》。そして《クロトンとメタポンティオンにおけるピュタゴラスの支配もごく短期間の成功を収めたにすぎなかった》。

49　ここには、古典的精神とキリスト教世界のあいだの基本的な違いが存在しているのではないだろうか。キリストは笑わず、キリスト教徒にとっては笑いながら学ぶといったことはおよそ考えられないというのが事実であってみればである。拙著 *Dell'Inizio* (Milano: Adelphi, 1990), pp. 660-674 を参照されたい。

追補

＊1　ここにおいて、ローマの哲学と法と象徴論において支配するようになるキーウィータース・アウゲスケンスの観念が最初の数歩を踏み出すこととなる。だが、そこにはその解決しえない問題性についての十分な意識がともなっ

ていた。こうしてローマはその光輝の中心をしかと押さえ、世界を都市自体がいたるところで現前しているものとしてとらえようと〈絶望的な〉努力をすることとなる。本書の最も興味深い展開のひとつを構成することになりうるかもしれないこのテーマにかんしては、"Il mito della civitas augescens," *Il Veltro*, 2-4, 1997 で書いたことがある。

*2 〈言論の配慮〉——〈ロゴン・テクネー〉——はギリシア人においてはけっしてたんに〈その筋の専門家に限定された〉意味合いのものに凝固してしまうことはない。〈哲学すること〉はアテナイの政治生活全体の特徴をなしている。たとえば、この点はイソクラテスにおいては〈綱領〉的性格をもつが、私見では、プラトンとアリストテレスにおいてもそうである。まさしくこのことが《統治形態を変えようとする》アテナイの異例の傾向を説明するのだろうか。ひいては、その素質を称賛する必要があるのだろうか。《わたしに言わせてもらえるなら、ほんとうにそうであるかどうかはわからない》(アイリアノス『ギリシア奇譚集』五・一三)。確からしいのは、わたしたちの《逃走の夢》、未来の宇宙飛行士の《渡し船》としての陸地というわたしたちのイメージ(Hans Blumenberg, *Die Genesis der kopernikanischen Welt*, Frankfurt am Main: Suhrkamp, 1975〔ハンス・ブルーメンベルク『コペルニクス的宇宙の生成』全三巻、後藤嘉也・小熊正久・座小田豊訳、法政大学出版局、二〇〇二—一一年、抄訳〕)はアテナイの船乗りから始まったということである。

*3 流動性、根源的な不安定さが、ヘーゲルにおいては**政治的なもの**を特徴づけている。政治は人々を必然的にこのうえない危険、必然的ではない危険にさらす。政治は人々の個人的な目的や利害の秩序を転覆させ、個人の観点に立った地上的な〈方向性〉を解体し、たんに経済的なあらゆる理由を超克する。そのような〈変容〉をおこなわない国家は、私権に固有の合理性に支配された私的な結社に〈変容〉してしまうだろう。アレクサンドル・コジェーヴ〔一九〇二—六八年〕は、彼の偉大な『精神現象学』への注解〔『ヘーゲル読解入門』一九四七年〕で、このヘーゲル的な**政治的なもの**の悲劇を乗り越えがたい仕方で理解していた。

*4 アメリカ合州国とは何か。合州国の〈行き先〉はどのようなものであるのか。この決定的な謎にはたして当時か

ら答えがなされていたのだろうか。それはみずからの前に「閉ざされた港」を許容しない帝国、空間全体をみずからの光が発散する場所と考える帝国、みずからの支配を終末が実現されたものと考える帝国なのだろうか。だが、このユートピア的精神には「神の民」のエートスとリベルタン的・アナーキスト的個人性の最も強い主張とが共存している。そして、この二者のあいだの争闘がそのつど帯びる形態にヨーロッパの意味もますます依存するようになるのである。アメリカ合州国との関連における帝国の問題については、わたしはここのところ、“Digressioni su Impero e Tre Roma,” *Micromega*, 5, 2001 と“Ancora sull'idea di Impero e i suoi dintorni,” *Micromega*, 4, 2002 を書いた。そこではとくに、戦後まもなく執筆され、*La règle du jeu*, 1, 1990 に発表されたアレクサンドル・コジェーヴの論考“L'Empire latin”と、Antonello Gerbi, *La disputa del Nuovo Mondo. Storia di una polemica (1750-1900)* [1955], a cura di Sandro Gerbi (Milano: Adelphi, 2000) に収録されている資料、それに William Carlos Williams, *Nelle vene dell'America* [1925], traduzione di Aldo Rosselli e Rodolfo Wilcock (Milano: Adelphi, 1969) について議論した。

第Ⅲ章

英雄たち

TARTARIA
RAXAN
RVENIA
ROSSIA
ROSSA
EVROPA
LITVA
NA
ROSSIANE
GRA
ROSSIA
AMAÇONIA
CIMARCHIA
INFE RIOR
ROSSI

第一節　裁判官と英雄

アガトス＝善き者たちは、ポリスでは霊的で神的な存在、善き霊とみなされなければならない。そして彼らの墳墓は霊たちの墳墓と同様に崇拝されなければならなくなるだろうが、なかでも最も苛酷な闘争をつうじて善の認識に到達しただけでなく、他の者たちをも自分と似たような状態に教育していく善き者たちこそが尊敬されることになるだろう。ポリスを守護する哲学者たちは、死後は幸福な者たちの島に住まうだろう。そしてデルポイの神殿のピュティア〔巫女〕が許可してくれるなら、彼らに犠牲を捧げ、記念碑を建てて、ダイモーン〔守護神〕として祀り、そうでなければ祝福された者たちとして讃えなければならない（プラトン『ポリテイア』七、五四〇B―C）。《深く渦巻くオケアノスのほとりにあって》、沃土が一年に三度も蜜のごとき甘き果実をもたらしてくれる**幸福な者たちの島**には、《神々のように暮らしていて》、労苦や悲嘆も知らずに一生を送ったあとは《さながら夢に捕らわれたように死んでいった》人間の種族も、《先のものよりもはるかに劣り、姿も心も黄金の種族とは似ても似つかぬ、銀の種族》もやって来ない。第一の種族は《尊敬すべきダイモーン》となる。彼らは《靄《もや》に身を包んで》地上をくまなく徘徊し、人間に富を与えて回る、善き精霊たちである。これにたいして、第二の種族は、ヒュブリス＝傲慢さのゆえに、ゼウスによって地上から消し去られ、地下へと追いやられてしまう。彼らは第二のダイモーンであって、先の種族に劣るとはいえ、幸福な人間と呼ばれ、それなりの栄誉と特定の職務は授けられる（ヘシオドス『仕事と日々』一〇六―一四二）。英雄たち、ヘミテオイ＝半神たちの一部のみが《世界の涯に》（ホメロス『オデュッセイア』四、五六三、ヘシオドス『仕事と日々』一六八）、**幸福な者たちの島**に住むよう、ゼウスは計らうのである。この**幸福な者たちの島**に逗留するよう指定されている者には《ゼウスが守護する》メネラオス（ホメロス『オデュッセイア』四、五六二）がおり、七つの門のテーバイの城下で戦って斃れた者たちや、トロイアで《髪麗しきヘレネーのために》戦って果てた者たちがいる（ヘシオドス『仕事と日々』一六二―一六五）。

だから、幸福になるのは、悪意に満ちた戦争と《凶暴な雄叫び》の最も苛酷な経験をした英雄たちなのだ。寒くもなければ雨も降らず、風神ゼピュロスが心地よい音を響かせながらつねに吹いている土地は、彼らに新しい生命を与え、体力と意識を取り戻させる。アナプシュケイン〔爽やかにする、元気を取り戻させる〕とホメロスの詩にはある。戦争の戦慄すべき悪に全精力を集中して立ち向かった者たちは、魂が彼らのもとにふたたびやってきて、おそらくは平和の咲き匂うエーリュシオン〔幸福な者たちの島〕の野で再生するという栄誉に浴する価値がある。それは、最終的には、休息である。が、すでに生存中に彼らが知っていた休息、すなわち、戦争が途絶えることなく続いているなかにあっての幕間、休止、束の間の協定ではない。それは純粋のエイレーネ＝平和であって、もはや属格の付いたエイレーネ、すなわち、エイレーネ・テース・スタセオース、戦争の休止という限定をほどこされた平和ではない。

だが、英雄たちと並んで、この最後の住まいには（そこからはもはや暇乞いをして出帆することがけっしてない土地には）、武勇＝アンドレイアを特徴としないもうひとつの神的な人間の種族、もしくは真実にして本来の半神たちが住んでいる、とプラトンは想像している。ディケー〔正義〕、**永遠にして神的な法律**、人間の制定するあらゆる〈憲法〉の天上における根源を代表する行政官である裁判官たちがそれである。**平和**の野には、エウノミア、すなわちよく根拠づけられた**ノモス**の女神と、オリュンポスの神々の父ゼウスが全知の女神メティスからもうけた娘エウノミアに次いで、ゼウスの二番目の妻テミスとのあいだでもうけた娘たちの一人、ディケーも、姿を見せていなかったということはありえなかったにちがいないのではないだろうか。英雄の労苦に最終的に平和をもたらす地上では、**正義**の女神が君臨している。そしてプラトンが《アガトス》とか《ディカステース・アガトス》＝廉直な裁判官とか《法律の守護人》と呼ぶ金髪のラダマントゥス〔ゼウスとエウロペの子でミノスの兄弟〕が君臨している（プラトン『ミノス』三二〇B―C）。しかし、ラダマントゥスはクレタ島の王ミノスによって養育されたものの、《テクネー・バシリケー》＝王たる者が身につけているべき術の全体を知っているわけではない。彼は法律の制定者ではなく、あくまでも監視者であり、防護者である。ゼウスの息を吹きこまれた息子はミノスである。そしてすべての人間たちとすべての英雄たちを裁く資格がある、まさにそう呼ばれるに値する英雄は、ディケーの表現であるかぎりでの法律の英雄であり、ゼウスの笏杖《しゃくじょう》を手に持って支配し、ゼウスの教えにもとづいて人々を教育する英雄である〔同上、三二〇D〕。ただ一人、ミノスだけが、《ソピステース》〔同上、三一九C〕＝知恵の師匠であるゼウスと〈差し向かいで〉会話している。そして人間に正しいポリテイアを教えるのに先立って、九年間、ゼウスの住むクレタ島の洞窟に足繁く通っていている。だから、彼についてアテナイで広まっている噂を信じてはならない。人々の魂を最も惹きつける詩にほかならない悲劇（同上、三二一A）は、抗争しあっている凶暴でいっさいをひっくり返してしまう神々を表象するのと同じやり口で、ミノスについても虚偽のことを語って、彼を《カレポスな》男（同上、三二〇E一）＝粗暴で冷酷無情な男として描いている。アテナイを相手に戦い、有名な貢ぎ物〔海神ポセイドンが送った美しい牡牛とミノスの妃がまじわって産んだ怪物ミノタウロスの餌食として、ミノスが九年ごとに送るようアテナイに命じた七人の若者と七人の娘のこと〕を献上するよう強いたからだというのである。

したがって、**幸福な者たちの島**のうちにわたしたちは二つの基本的な〈職務〉のあいだの関係が永遠の相のもとでとらえられて、その最も純粋な形態において存在しているのを見いだす。[1] もろもろの法律の制定とそれらの実効性の維持をつかさどる神々の職務と、戦う神々の職務のあいだの関係、アイドース〔慎み〕とディケー〔正義〕の純粋の代表者たちの職務と、反対に、戦争による必然的な破壊と暴力を経験しなければならない者たちの職務のあいだの関係がそれである。たしかに、戦う英雄も最終的にはゼウスの完全な統治のもとで平和な状態に戻るが、それでも戦う英雄の特徴をなすものは残りつづける。彼はつねに無数の労苦を経験しながら、テーバイから、トロイアから、あらゆる陸とあらゆる海を経由してやってくる男なのだ。至善至大の神の息子のものである黄金の笏杖を手に握ったままでいることは彼にはできない。**幸福な者たちの島**においても、二つの〈職務〉は働きを停止することもなければそれぞれの特徴が混同されることもない。それどころか、生存中には達成されなかったような明晰さをもって区別される。まさにこのことをプラトンの『ポリテイア』のドラマはわたしたちに教えている。ポリスを守護する哲学者は、最大の労苦、最も苛酷な闘争を経験するという代価を払ってでも、英雄ミノスを戦う英雄と、純粋な賢者のアイドースとディケーを戦士の勇気と冷酷無情さとをみずからのうちで和解させるようこころみることを余儀なくされるのだ。[2] 悲劇作家たちは、ミノスを〈冷酷無情な男〉として表象するとき、嘘をついていた。しかし、さきに見たように、プラトン自身が、ポリスの守護者たちは〈冷酷無情〉でもなければならないと言っている。[3] 人間のポリスにおいては、インド＝ヨーロッパ語の流れを汲む二つの基本的な〈職務〉は、必然的かつ危険なことにも、つねに混同される傾向がある。プラトンの**ポリスを守護する哲学者**は、この必然性とこの危険を苦渋に満ちた自覚でもって表現している。彼の労苦への報償は、ミノスによって「王たるべき者の道」に沿って導かれていった偉大な英雄たちと並んで、死後におとずれる休息であり、平和であるだろう。が、そのときには、彼の混血種は、アリストパネス＝プラトンの両性具有者のように、分割されることになるのだろうか。それとも、**幸福な者たちの島**でもなお混血種でありつづけるのだろうか。たしかにポリスでは王は純粋に知を愛する者の温情ある優しさと戦士の冷酷無情さをみずからのうちで結合し、みずからのうちで調和させていなければならない。[4] 英雄の二つの顔は、〈この世では〉抗争しあっている。あるいはつねに潜在的な抗争状態にある。はるか遠く、世界の涯でのみ、二つの顔はほんとうに完全に区別された状態のもとにあって調和させられることができるのだろう。

英雄の戦士的な顔が〈機能する〉のは、それがゼウスによって〈教育された〉顔にたいして本質において自立しているかぎりにおいてのことである。『リグ・ヴェーダ』では、接頭辞の「スヴァ－(sva-)」＝「アウト－(auto-)」＝「みずからの」は、戦士的機能の神聖さに関連した形容詞の大部分を形成している。インドラ〔『リグ・ヴェーダ』の代表的な神〕は《スヴァクシャトラ(svákṣatra)》＝

「みずからによって力をもっている」存在であり、《スヴァタヴァス（svátavas）》＝「みずからによって強力な」存在である。彼の行為はみずからの性質と意志を指示しており、「階級の」混同しようのない「スヴァダー（svadhā）〔みずからの力・意志〕」を表現している。[5] 完璧な戦士として行為する者は、もろもろの習俗と慣習の総体からみずからを切断し分離する。彼は固有のエートス〔性格〕をもっていて、それにもとづいて英雄たちのソダーリタース＝兄弟的結社は形成されるのである。それらの用語は単一の集合を形成していて、同一の語根からやってくる。エートスは単独的であろうとする。だが、完全な個体性、あらゆる他の形相に対立して存在する完成された形相は、どのようにすれば危険で脅威あるようにもみえないでいることができるのだろうか。どのようにすればその美しさがほかでもなくカレポス＝冷酷無情でもありうることがなくて済むのだろうか。また戦士はつぎの資質、すなわち、みずからのうちにある力、自立性、自由のすべてを所有していなくてはならない。さもないと、戦争に立ち向かうことはできないだろう。なぜなら、戦争は協定、言葉を破ることをもわきまえていることを要請するからであり、《獰猛な戦いの雄叫び》にはヒュブリスが内在しているからである。〈この世での〉ポリスにおいてはミノスはみずからを戦士から区別することはできない。そして戦士は主権者たる王のアイドースとディケーに単純に服従したままでいるわけにはいかない。〈この世では〉主権は二面的である。ミノスのクラトス〔権力〕は、戦士がそれに訴えることができなければならないビア＝暴力と、さらには主権者たる王自身の本性に属する暴力と切り離せないのだ。いかなる力も、もし戦士がほんとうに戦士であるなら、戦士を抑制しうるものであってはならない。ヒュブリスの戦慄すべき危険は、あらゆる障害に立ち向かっていっさいを乗り越えなければならないという必要性と結びついている。完全に平和な状態のもとにある戦士だけが、この彼の戦慄すべき〈自由〉から自由になりうるのであろう。だが、そのときには、彼の自由はすでに死者となってしまった者の自由（libertas defunctorum）であるだろう。

英雄たちは「罪を犯す」[6]。それもしばしば、人間のために罪を犯す。人間を救済するために、すでに確定していたもの、伝統的な信仰もしくは儀礼を打ち壊すという罪を引き受けるのである。もし**正義**が打ち壊しがたく厳格に支配していたとしたなら、人間は生きていくことができただろうか。英雄は、地上の列強を相手に戦争をおこなって征服し、〈開墾地〉を獲得することによって、人間のために空間をつくり出す。だが、このために英雄は戦士となって人々を殺害するのであり、このためにあらゆる瞬間に神にたいする背信と専横の餌食におちいることがありうるのである。英雄はゼウスの子ではない。が、アレス〔軍神〕だけの子でもない。英雄は、アレスと同じく、多くの瞬間にアプロン〔無思慮〕であって、計算も推量もしない。そうであるからこそ、大胆の極みに到達することができるのだろう。それでも、英雄は、アテナと同じく、ノエーシス＝知性ももっている。ただし、抽象的で普遍的な推論としての知性ではない。アテナに忠実な戦士の知性は、エートス〔性格〕のうちにある知性である（プラトン『クラテュロス』四〇七B）。みずからの自立的な意志、スヴァダーの価値にもとづく推論である。アレスは法についてはなんら顧慮することなく、承認するのは勢力の均衡を反映した正義にすぎない。だが、これにたいしてアテナのほうは〈正しい〉戦争もしくは〈ヒエロス・ポレモス〔神聖なる戦争〕〉＝エートスの価値を明確に理解しつつ戦われる戦争、ひいてはつねにスタシス〔内乱〕の敵である戦争のみを認める。

これはきわめて明確な区別であるが、統治し、可能なら変革する必要のあるポリスにおいては、そのままのかたちでは実現しえない区別である。ここでは、アレスとアテナは同一の戦士のなかで絡まり合いながら、戦士の魂を支配する〈内戦〉を構成している。それだけではない。それ自体においてすでに二面的なこの像は、さらにはミノスの裁判官としての王の像と王としての哲学者の像と一体をなしている。戦士のエートス、〈品格〉は、第一番目の「職務」を遂行する主権者のエートスと切り離しえない。ここでもまた新たにプラトンの現実主義を承認しなくてはならなくなるだろう。敬虔で、慈悲深くて、カレポス〔冷酷無情〕な哲学者にして戦士である王は、およそ考えうるいかなるポリテイアにおいても実現されなければならない対立物の一致を指し示しているのである。神的なダイモーンが羊の群れの人間たちを牧場に導いていたときには、もろもろの区別の完璧な明確さが行きわたっていた。そしてそこにはなんらのポリスも存在しなければ、統治すべきなんらの数多的なものも存在しなかった。ところが、そのような〈健全な〉状態から脱け出してしまった今では、人間は英雄的な死すべき運命にある者たちの王国、戦争への衝動と平和への意志、みずからのエートスの頑固然とした主張と不朽のディケーの知恵をみずからのうちに含んでいて、みずからのうちで統御している、半神のごとき存在として尊敬すべき者たちの王国が到来するのを、最大限可能な救済策として祈願するしかない。王たちのうちで最も賢明な者でも、アキレウスが『イーリアス』一八・一〇七で唱道しているように、諍いが終わるよう唱道していながらも、アレスの命のもとにある英雄の特徴をみずからの像のうちで表現することになるだろう。プラトンの哲学者王の元型であるミノスも、攻撃に復讐するために戦争を発動しなければならないだけでなく――そしてタラッソクラティア〔海の支配」的理念の創建者そのものであるようにみえるだけでなく――、その本性からして、神々が死すべき運命にある者たちに命じているもろもろの規範を逸脱するよう駆り立てられていくことがありうるのである。ミノスに関係した神話では**立法者にして裁判官である存在**が英雄的存在の不分明で〈罪深い〉顔の餌食になる逸話に事欠かない。バッキュリデス〔前五一六―前四五一年〕によって『ディテュランボス〔ディオニュソス讃歌〕』一七で想起されている事例もその一つである。ミノスはテセウスとイオニアの十四人の美少年たちを《暗い色の舳先をした》船に乗せてクレタ島に連れ戻そうとしていた。するとそのとき、アプロディテの《恐ろしい贈り物》がミノスを襲った。そして《乙女のような手が、ミノスの真っ白な頬に触れた。…テセウスは見た、ミノスの黒い目が眉毛の下で回転するのを。残酷な苦痛がミノスの心を刺し、そしてこう言うのを。いとも強大なゼウスの子よ、おまえはもはや胸のうちでおまえのテュモス(thymós)=気概を清浄なかたちでは統御することができないのだ。英雄よ、おまえの力を誇り高く保て。…だから、クレタの君主よ、頼むからおまえの痛ましいヒュブリスを抑えてくれ》。[7]**幸福な者たちの島**ではゼウスに教育された〈純粋な〉ミノスが君臨するだろう。が、ここでは、プラトンのポリテイアにあっても、**善**へと教育され、――「へーロス(héros)」(英雄)は「アイレイン(aírein)」(高め上げる)から派生したという、プロクロスによって取りあげ直された語源学に従って[8]――**善**へと高め上げられるとともに高め上げるミノスのみが君臨しうるのである。ここでは、もし神がそう思し召したなら、英雄たちだけが、すなわち、最も高い形態におけるギリシア的アゴニズム、エイドス=形相にまで到達したアゴーン〔闘争〕を代表している者たちだけが、君臨することができるだろう。ここでは、哲学者王はテュモス=気概の力を純粋無垢なままみずからのうちに保持しているだろう。なぜなら、このテュモス＝気概の力のみが魂を《いかなる逆境に直面しても怖れず、不屈にする》からである（プラトン『ポリテイア』二、三七五B）。だが、同時に、それは「聖人のように」統治したいと願う者にとっては最大の危険をなしている。

英雄は人々を光のもとへと引き出し、教え導き（e-ducare）、高め上げるために呼び出される。そうするためには、英雄は隠されたままになっていた不分明なものを侵犯しなければならないだろう。アリ－ハーニェ（ari-hagne）〔純真なもの〕、アリアドネ〔ミノスの娘。テセウスのミノタウロス退治を助けた〕、このうえなく純真で侵犯しえない存在を〈解放する〉ためには、牡牛に乗った海の神ポセイドンの設定した境界を乗り越えて、〈奈落＝深淵〉に挑まなければならないだろう。アリアドネは光り輝く女パイドラ〔アリアドネの姉妹。テセウスの妻〕になる。が、パイドラは人々を殺害する光である。こうして新たに冥界の王ハデスの登場となる。そしてハデスとともに、ヒュブリスの道、争いと犯罪の道へと英雄を導いていく。暗闇と光彩とが争闘しあうこの空間のなかで英雄の存在は揺れ動いている。[*1]

第二節　失われたヴェネツィア

英雄の帯びている不吉な色合い。英雄たちは人々を保護し守護する監視者であるが（ヘラと語源を同じくする?・）、ローマ神話のラール〔家庭や道路の守り神〕たちにきわめて近い。英雄たちの名前ははるか昔から広く響きわたっている／有名である（「クレオス（kléos）」、ラテン語では「インクリトゥス（in-clitus）」）が、それはほぼ記憶に残っている名前としてである。英雄たちの名前が広く響きわたる瞬間にはこのうえなく光り輝くが、同様に突然、捕まえようもなく、地下深くに沈みこんでしまう。テーバイとトロイアの余人には模倣しえない過去は英雄的であり、ミノスとラダマントゥスは世界の涯にあっての英雄であり、彼らがこのうえなく遠く離れた存在であることを歌のなかで明らかにする楽人デモドコスも英雄である。したがって、英雄の暴力が人々の心を撃ち不安にさせるのは、それが歌だけが約束する平和への希求とクレオス〔栄光〕への希求を区別しえないからにほかならない（たとえば、プラトンの『ポリテイア』三、三八六Cがネクイア〔亡霊たちが呼び出されて未来について問われる儀式〕の場でアキレウスが発する、死者たちの王となるよりは奴隷となって生きているほうがよいのではないかという戦慄すべき疑いを大急ぎで取り除いているのは、この後者の希求には〈有無を言わせぬ〉力があるからなのだった）。これは、ひとつのティメー〔職務〕からもうひとつのティメーへと、ひとつの命令からもうひとつの命令へと、必然的に互いに抗争しあってもいるさまざまな神的な権限のうちのひとつの権限からもうひとつの権限へと、つねに〈逸脱〉していこうとする英雄的な「大いなる形式」に付きものの、こう言ってよければ不安定さである。

シモーヌ・ヴェイユ〔一九〇九―四三年〕は、[9] 戦争の運命を相手にしたプラトンのノエーシス＝知性の接近戦についての最も高度な証言のひとつをわたしたちに引き渡しているが、この英雄の悲劇的な弁証法を根底にまで突きつめて説明してはいない。どのような戦争もつねに限定された目的のために発動されるのであり、ひいては限定された損害を与えようと意図していながら、実際には限定されていないもの＝アオリストン（これはギリシア人にとっては醜悪なものや邪悪なものからなる〈形相なきもの〉を含意している）をみずからのうちに閉じこめていることをシモーヌは承知している（*Quaderni*, I, p. 234〔『カイエ』1、二〇四―二〇五頁〕）。戦争はヒュブリスが潜在的に存在していなければ存在しえない。というのも、ビア〔暴力〕なしにはなんらの損害ももたらしえないからである。そしてビアは本性上、クラトス〔権力〕の有する限界をもたないのである。ここでは、勝者のものであれ敗者のものであれ、〈正当な理由〉は問題にならない。《勝利からも敗北からも悪が産み出されるというのは避けがたい。悪から逃げ出したいと望むことは禁じられている》（*Quaderni*, I, p. 233〔『カイエ』1、二〇四頁〕）。なぜなら、悪はテュモス〔気概〕の無限定なエネルギーに訴えなければならないということのうちに含意されているからである。そしてこのことが戦争をエロースの情熱に（*Quaderni*, I, pp. 161, 342〔『カイエ』1、一一一頁、三五二頁〕）、その度の過ぎた放縦さに合体させるのである。

だが、世界はもろもろの制限と無制限とで織りなされている。そして権力の行使は制限されないものを含んでいる（また含まざるをえない）ために戦慄すべきものにみえるが、それと**平和**のユートピア的理念は全然対立する関係にない。シモーヌによると、最大の闘争は自制という考えを再考するなかで闘われる。ただし、それはいかなる和解の弁証法も根絶することができない対立物同士のあいだでの自制である。戦争の必要性を正当化するにはどうすればよいのだろうか。いいかえるなら、戦争の度の過ぎた放縦さにロゴス、尺度、数、秩序を授けるにはどうすればよいのだろうか。戦争をわたしたちのうちで把捉し、その暴力がわたしたちを奴隷にしたり、口を利けなくさせたり、〈魔法にかける〉ことがないようにするにはどうすればよいのだろうか。そのときには、ギリシアの科学では十分でない。そのメタクシイ〔中間・中庸〕という観念はもろもろの対立物を現実に具体的に調和させるには十分でないのだ。それは受肉・化体することから逃げてしまう。それをキリストの光に照らして再考する必要があるだろう。だが、キリストは『バガヴァッド・ギーター〔神の歌〕』によって〈補完〉されなければならないだろう。なぜなら、その歌の宣説者〔クリシュナ〕が告知する法外な自由度は必然性に従って読まれなければならないだろうからであり、さもないと、闇雲な希望、願望、未来への引き延ばしを生じさせることになってしまうだろうからである。ここでもまた専横とヒュブリスが頭をもたげる。なによりもまず、戦争はその悪を〈還元〉しようとするなんらのこころみもなされないままに実行される。それはホメロスの英雄も知っているように（『イーリアス』一六・四九四）、醜悪な戦争でありながら、おこなわざるをえないのだ。それは神が徹底して奪い去られる状態を表象している（*Quaderni*, I, p. 234〔『カイエ』1、二〇三頁〕）。それを〈越えたところには〉何も存在しえないだろう。キリストの復活以外には。戦争の損得を勘定することは、いかなる力の観念によっても、いかなる〈正当な理由〉もしくは完全なポリテイアの観念によってもなしえない。ここに古典が〈補完〉されなければならない点、古典の説くノモス、古典の説くディケーが〈補完〉されなければならない点がある。戦争を〈越えたところ〉にあって、かくては戦争の度を超えた放縦さを新たに〈理解する〉任務を果たすべきなのは、キリストだけであるが、そのキリストも十字架から降りようとはせず、十字架に磔《はりつけ》になっている以上、復活することもない。そして、戦争という神の奪い去り行為をみずからのうちに引き受けないことには、〈戦争に戦いを挑む〉ことはできないのである。殺害する者のテュモス〔気概〕を変化させることによって、殺害する者を催眠状態におちいったなかでの夢から、無闇なエロースから奪い去ることによって、殺害する者のうちに覚醒の願望を引き起こすことによってである（*Quaderni*, I, pp. 241-243〔『カイエ』1、二一七―二一九頁〕）。

非暴力を行使するということではない。シモーヌは、非暴力自体が効果の尺度にもとづいてのみ測定しうることを見ないでいるにはあまりにも良き哲学者である。メロス人にたいするアテナイ人の行動がそうであるようにである（*Quaderni*, I, p. 334〔『カイエ』1、三五六頁〕）。シモーヌには敵がいる。そしてその敵どもを殺害するにやぶさかではない。しかも、まさにその敵どもを愛することが彼女に守るよう命じられている戒律なのだ。《あなたの敵を愛しなさい》〔「マタイによる福音書」五・四四、「ルカによる福音書」六・二七ほか〕と言われているからである（*Quaderni*, IV, p. 370〔『超自然的認識』三六九頁。《「あなたの敵を愛しなさい」等々のことは平和主義や戦争の問題とはなんの関係もない。…もしわたしがドイツ人を戦術上必要な場合に殺害する覚悟ができているとするなら、それはわたしが彼らによって苦しんできたからではない。彼らが神とキリストを憎んでいるからでもない。そうではなくて、彼らが、わたしの祖国も含めて、この地上の諸国民全体の敵であって、残念ながら、わたしの深い苦悩とこのうえない哀惜とともに、彼らのうちの何人かを殺害しないことには彼らが悪をはたらくのを阻止できないからである》〕。そのようなパラドクスを〈解消〉することがシモーヌの立場をなす。わたしたちが愛している事物や人々を破壊する者にたいしては戦う必要があるが、それを《深い苦悩とこのうえない哀惜とともに》（*Quaderni*, IV, p. 370〔『超自然的認識』三六九頁〕）おこなうだけでなく、敵を愛しながらこの運命を遂行する必要があるのだ。[*2]『バガヴァッド・ギーター』では、この中心的なモティーフは冒頭、アルジュナ〔パーンダヴァ軍の王子〕が「師たち」を前にして吐露しようとする尊崇の言葉のなかで示唆されるところとなる。が、まさにこの考えをクリシュナはただちに抑えこんでしまう。まずもっては、みずからのなかで生じる光に合致したもの、わたしたちを決意させるにいたったものを実行する必要があるのだが——そしてこの点ではシモーヌはクリシュナと見解を同じくするのだが（*Quaderni*, II, pp. 282-283〔『カイエ』2、二九七—二九八頁〕）——、それだけでなく、まさしく愛しているからこそ、それを実行する必要があるのだ。そしてシモーヌにとっては、この点に深くキリスト教的なパラドクスが存することになるのだった。だが、このパラドクスをどのように考えればよいのだろうか。不動のアイオーンの永遠の似姿としての時間というプラトンのモデルに従ってであろうか。あるいは、音が沈黙の模倣をつくり出すように、戦争が平和の似姿であるといったようなことが起こりうるのだろうか（*Quaderni*, I, p. 287〔『カイエ』1、二八八頁〕）。起こりうるとして、どのようなふうにしてであろうか。それはたしかに、戦争は平和を考慮しておこなわれるという、ギリシア人がつねに繰り返し言っていた意味においてではない。なぜなら、ここで主張されているのは、すでにおこなわれてしまった戦争は平和の似姿であり、たんに平和をめざしているだけでなく、いまここで現に平和を表象しているということだからである。それでは、戦争がわたしたちに引き起こす苦しみはわたしたちに戦争とは何であるかをたんに認識させるだけでなく（これはまたしても古典的な知恵の精髄である）、それ自体において神的なことがらであるという意味においてなのであろうか。《神は苦しんでこられた》。それゆえ、《恐怖させる苦しみ、みずからの意に反してこうむる苦しみ、できることなら逃げ出したいとおもい、それによって打ちのめされないよう懇願する苦しみ》、まさにこれこそは——《償いでも慰めでも報いでもなく》——神的なことがらなのである（*Quaderni*, III, p. 404

〔『超自然的認識』二六頁〕。要するに、わたしたちは戦争の必然性に、なんらの口実もなしに、〈正当な理由〉という仮面をなんら被《かぶ》ることなしに立ち向かい、戦争がもたらす苦しみを、最後には贖《あがな》われるだろうという慰撫的な希望に訴えることなしに耐え忍ばなければならなくなるのだろう。この苦しみにはなんらの救済もない。それどころか、その苦しみは将来にはなんらかの仕方で〈除去〉しうると言いつくろうことこそが最大の暴力なのだ。要するに、もしわたしたちが戦争のもたらす悪のすべてをそっくりそのまま余すところなくわたしたちのうちで通過させることに成功するとしたなら、もしわたしたちがその悪を純粋の苦しみに変容させることに成功するとしたなら、そのときにのみ、戦争が平和の似姿に〈変身〉するということは起こりうるかもしれないのである。これ以上苦しみは存在しえず、苦しみを癒やすことのできる別の方策もない。これが限界だ。ありとあらゆる専横は爆縮することを余儀なくされる。あらゆるさらなる暴力の所作は自分自身にたいする所作に転化する。暴力はそれ自体としては度を超したものであるが、いまやそれは自分自身を打倒の的にすることによってしか先に進んでいくことはできないのである。このことは、言葉を発することもなければ、正当化するロゴスを持ち出すこともないまま、苦しみを純粋に耐え忍ぶことを教えているのかもしれない。敵を愛するだけでは十分でない。なぜなら、敵を愛するということは敵対関係の存在を前提にしているからである。敵を愛することができるためには、敵が生じていなければならないのである。だが、もし敵を〈定義する〉ことすら、敵を正面から向こうに回して〈孤立させる〉ことすらありえなくさせてしまうほど完璧な、いかなる仕方によってもみずからを〈正当化する〉ことができないほど完璧な共苦（compassion）〔共に受ける苦しみ〕の域に到達することができたとしたなら、そのときにはおそらく、大いなる沈黙に、すなわち平和の似姿に、火が点《とも》されるだろう。

脱創造（décréation）というヴェイユの鍵概念に対応するこの展望のもとにおいて以外には、ヴェイユにおける戦争と平和の考えを根底にまで突きつめて理解することはできないとわたしはおもっている。神の創造行為の本質をなす放棄（abdication）には、わたしたちのほうでも、《わたしたちの被造物としての実存》（*Quaderni*, IV, p. 157〔『超自然的認識』八九頁〕）の放棄、もろもろの作品をつくり出す力の放棄、しかし、それ以前にまずもっては、わたしという〈善〉――ピロプシュキア〔生への執着〕――の放棄が対応しなければならない。〈自分の分け前〉を持とうとするのは、過ぎ去っていくこと、死ぬことに同意していないからである（*Quaderni*, IV, pp. 240-241〔『カイエ』4、三二四―三二六頁。『超自然的認識』一九一―一九三頁〕）。こうしてわたしたちはわたしたちの戦いを正当化する。わたしたちに〈属する〉ものを要求することによってである。わたしたちに〈属する〉ものを追求するなかで、わたしたちはわたしたちをたえず再創造する。そしてわたしたちを再創造するままにしておくのだが、ここにこそ過ちはある（*Quaderni*, IV, p. 152〔『超自然的認識』八六―八七頁〕）。わたしたちはわたしたちに力を揮うことを放棄しながら、自分に似せてわたしたちを作ってきた神を真似るすべを知らず、反対に、神をおぞましい全能の偶像に変容させてきた。空虚のなかでのみ、わたしたちはホモイオーシス・テオイ〔神の似姿〕を想像することができる（*Quaderni*, IV, p. 350〔『カイエ』4、四六四―四六五頁〕）。そして自分を空っぽにし、口が利けなくなることによって、神のケノーシス〔空無化〕に同化する。存在することをやめることによって神の側に移行するのである（*Quaderni*, IV, p. 249〔『カイエ』4、三二五頁。『超自然的認識』一九二頁〕）。

だから、悪とは存在しようと欲し、存在していると思いこみ、がむしゃらにこの幻想にしがみついていることであるとしたなら、どのような行為も悪を打ち壊すことはできないだろう。戦争だけでなく、なんらかの〈平和の行為〉もである。真の平和のイメージが出現しうるためには、行為することによってわたしたちが蒙ったり与えたりしている苦しみは、存在しないことへと向かう純粋の情熱、すなわち、純粋の自己犠牲に変容させられなければならないだろう。しかしながら、ヴェイユにおいては、平和のイメージはあらゆる本質規定を越えたところにある純粋の善の理念と等価値であることでもって終わる。そうなることは避けがたく、それは厳密に非政治的である。暴力から〈救済〉されることのできる唯一の戦争は、魂が自分を無化するために、自分を犠牲にするために、存在することに同意してしまった原罪から〈治癒〉されるために、自分自身にたいして火蓋を切る戦争なのだ(*Quaderni*, IV, p. 240〔『カイエ』4、三二四―三二五頁〕)。これにたいして、政治的であるのは、全面的に政治的であるのは――自分が死ぬのを愛することと一致する正義とは無縁で、まったく必然的で、まったく不正義であるのは――、シモーヌ・ヴェイユの戯曲『救われたヴェネツィア』に登場するルノーの暴力であれ、ジャフィエの〈憐れみ〉であれ[11]、この犠牲以前のところで場面を占めているものである。暴力がおこなう演説――第二幕第五場における恐ろしいまでに力強いレアルポリティーク(Realpolitik)〔現実主義的政治〕の教え――を前にして、ジャフィエにはなにひとつ異議を唱えるべきものがなく、心底全面的にそれに説得されてしまう。彼が味わうヴェネツィアにたいする〈憐れみ〉は、仲間たちを裏切るなかでのみ、具体化しうる。すなわち、ここでもまた、彼の看守たちもだれもが最後には承認するように、完全に政治的な言語を使用するなかで具体化しうるのである。そして陰謀者たちを虜にし壊滅させてしまうのと同じ権力の眩惑は、ヴェネツィアの書記の言葉は、ルノーの言葉を一字一句オウム返しにしたものである。ヴェネツィアは〈正しい〉からといって救われないのだ。ルノーは彼の敵たちと同じように（そして古代のアテナイ人と同じように）《物を考える連中は例外なく、自分の行使しうるすべての権力を行使しようとするものだ》と確信している。これは物質の重力がそうであるように自然の法則である（同じ省察はシモーヌ・ヴェイユのなかではトゥキュディデスに関連してもおこなわれる）。傲慢なうちにあっても、最後には、すべてが《卑しく、残忍で、低劣》である（ヴェネツィアのヒュブリスは劇全体にわたって告発される）。ヴェネツィアは自分の敵たちを愛さないだけでなく、彼らの苦しみを共にすることもない。絶望したジャフィエは、ヴェネツィアを呪詛し、彼が憐れみゆえに与えてはこなかった死がヴェネツィアに訪れることを祝す。なるほど、最後にはジャフィエは《生きている者たちの場所》から遠ざけられる。そしてほんとうに彼の姿はいっさいを無化する火によってあの世へと逝ってしまうようにみえる。だが、このエネルギーへと彼は呪詛しながら到達するのである。彼の憐れみはけっして純粋のまま、期待なしに、その成果について考慮することなしに表明されることはない。彼はヴェネツィアの美しさを救うことを欲していた。そしてこの美しさは彼を魔法にかけていたのだった。だが、ヴェネツィアは**美**ではない。ヴェネツィアの美しさはあるひとつの都市の美しさである。そして都市はヴェネツィアの書記が断言するようにみずからを防衛する。正確には、都市が征服されるさいに用いられるのと同じテクネー・ポリティケー〔政治の技術〕を用いてである。ジャフィエの眼差しがヴェネツィアの美しさに注がれるときに彼の心を占拠しているのは神のティメー〔職務〕なのだろうか。もしそうであったとしたなら、そのあとでヴェネツィアを憎むなどと言うことができただろうか。いたるところで、シモーヌ・ヴェイユは神の〈受肉〉もしくはメタクシイ〔中庸〕としての美しさということを口にしている。そしてすでにこのプラトン的（だが、アウグスティヌス的にプラトン的でもあると言わせてもらいたい）遺産自体、そのもうひとつの源泉、グノーシス的源泉と解消しがたく矛盾している。ここではそのようなヴェイユの思想全体を構成しているアンティノミー〔二律背反〕について論じることはできない。[12] ただ、こうとだけ問いたい。ジャフィエはヴェネツィアの、つまりは被造物の美しさをそれを創った神から〈整然と〉区別しているだろうか、と。ジャフィエには、神に近づくために美と接触するさいにプラトン流に踏むべきもろもろの階段について言及したなんらの痕跡も見られない。ジャフィエはたんなる〈耽美者〉にとどまりつづけている。ひいては、とどのつまり、ポリスの境界内にいる。厳密には、まるごとポリスそのものであるヴェネツィアがそうであるように、そしてヴェネツィアの書記も認めているように、そのイメージをそっくり脱神聖化してしまいながらである。この点にかんして、疑いようもなくシモーヌの根底をなしている脱創造という観念とかかわる質問を続行すべきであるとしたなら、もしヴェネツィアが被造物、しかし〈逝ってしまう〉ことを欲していない被造物であるとしたなら、そして〈逝ってしまう〉ことがないためには国家理由（ragion di Stato）のあらゆる手段に訴えなければならないとしたなら、なぜそれを保存することが〈正しい〉ということにならざるをえないのか、という問いに沈黙したまま答えないでいることはできなくなるのではないだろうか。都市がどの手段を使っても自分を保存するために闘うというのは、自然の法則である。だが、必然性と正義とはまったくのところ同義語ではない。なぜこの世に生まれたものはなんとしても防衛されなければならないのだろうか。ジャフィエやヴェネツィアの〈守護者〉たちもなんの答えも提供できないだろう。が、シモーヌですらそうだろう。これにたいして、アウグスティヌスであれば答えを与えることができるかもしれない。そしてその答えはきっぱりと否定的なものだろう。いや、地上のどの都市も自分が永遠であると主張することはできない。もしその都市の市民たちが現在はあてどもなく彷徨っている神の国の市民になるなら、彼らだけが永遠の存在であるべく定められることができるだろう。いかなる美しさも、いかなる〈形式〉も、地上の都市をずたずたに引き裂いている戦争や戦闘を解除することはできない。いかなる勝利も、いつも都市を束縛しているもろもろの悪徳から都市を解放することはできない（アウグスティヌス『神の国』一五・四――《〔どの都市も〕それ自身が悪徳の捕虜であるのに、他の民族の征服者となることを求める（quaerit esse victrix gentium, cum sit captiva vitiorum)》)。都市のどのような平和も《労苦にみちた戦闘（laboriosa bella)》なしには存在しない、云々。

シモーヌは〔『救われたヴェネツィア』にかんするノート」で〕書いている。《ジャフィエの後ずさりを超自然的なものだと感じさせること。ジャフィエ。時間を止めるのは超自然的なことである。永遠が時間の中に入りこむのはまさにここにおいてである》と。だが、どのようにしてか。ジャフィエは犠牲者にたいする共苦には到達するが、けっして純粋な受苦にまでは到達しない。彼はヴェネツィアを破壊することからは引き下がるが、自分自身から引き下がることはしない。どの場所でも彼は敵を愛するとは言わない。彼は友人（ピエール）は愛する。真のエロースでもって、戦う英雄の姿と切り離しえない情熱を注いで愛する。ジャフィエは悲劇（Trauerspiel）の完璧な主人公であって、自然と超自然のあいだを揺れ動いており、行為するよう運命づけられていながら自分の行為の理由については根拠づけられていない。それらの理由を遂行すべく神によって召命されていながら、みずからの召命の起源についてはつねに不確かなままでいる。悲しい事件の舞台をなす都市が雑多な機能からなるように、二つの世界のあいだの抗争も雑多な機能からなっていて、宗教的なもの自体がそれらの機能のひとつに転化する。そしてそこでは悲劇を構成している明確に区別されたもろもろの神的なティメー〔職務〕が混ざり合って区別がつかなくなるか、粉々に砕け散ってしまう。悲劇の唯一考えられる〈超克〉は都市からの訣別である（これは悲劇的なものに対立する動きにほかならない）。《わたしの行くところでは、どんな夜明けも見られないだろう。またどんな都市も》。そしてヴェネツィアの美しさ自体がみずからの正体を明らかにする。それは、ルノーの権力欲が夢であるように、夢でしかないのだ。神的なものが嘘偽りなく受肉した、申し分なく美しい都市というのは、とどのつまりは夢でしかない。死へと追いやられた最期の瞬間にジャフィエはそのことを直観する。最後の閃きのなかで、彼の知は――フーゴー・フォン・ホフマンスタール〔一八七四―一九二九年〕の悲劇『塔』の最後における皇帝ジギスムントの知がそうであったように――純粋のメレテー・タナトウ＝純粋の死に向かう存在へと変容するのだった。

第三節　決闘

ジャフィエは平和のイメージからはほど遠い存在である。だが、どのような平和のイメージもポリスの場面では考えられない。別れの瞬間にのみ、わたしたちはその閃光を捕まえることができる。だが、わたしたちがポリスを後にするのは、わたしたちが死へと追いやられていくときである。この苦行と英雄たちは無縁だったのだろうか。英雄の戦争は、シモーヌ・ヴェイユが戦争と平和にかんする彼女の言説を織りあげている共苦と愛、浄化と憐れみ、必然的なものと正しいものの心をかきむしるような弁証法的対立を知らずにいたのだろうか。この問いをめぐって、彼女の最も異例の論考のひとつである「『イーリアス』、力の詩篇」[13]だけでなく、こう言ってもよいだろうが、ギリシア古典世界についての彼女のとらえ方全体が回転している。

「『イーリアス』、力の詩篇」は、一九四〇年十二月と一九四一年一月のあいだに公表されたが、執筆の作業そのものはその一年前の冬、『救われたヴェネツィア』とほぼ並行して展開されていた。タイトルにある「力（force）」は、ここではギリシア語の単語「ビア（bía）」の訳語である。それは語根をなす、媒介されることのない名詞であって、出現したかとみるや攻撃してくる暴力、つねに聞こえるのが遅すぎる矢のピューと鳴る音である。力は人間的なものを抹消し、人間を物にする。《人間を屍《しかばね》に変えてしまう》。それは、ジャンバッティスタ・ヴィーコ〔一六六八―一七四四年〕によると『イーリアス』の《崇高性》をつくり出しているという《殺戮のこのうえなく残虐な種類》〔ヴィーコ『新しい学』一七四四年版、第三巻「真のホメロスの発見」、パラグラフ七八五〕であるばかりではない。

また力は主として生きている者を殺害するという生《なま》の事実のかたちで行使されるのではなく、それ以上に、生きている者を奴隷化し、物と化してしまうというかたちで行使される。そのとき〈光景〉は耐えがたいものになる。そのときには、生きている者は、外面上は生きている者でありつづけており、プシュケー〔魂〕によって〈マケー〔戦闘〕に、アンドロクタシアイ〔人間の殺戮〕に参入した身体の繊維にくまなく吹きわたっている風によって〉見棄てられてしまってはいないまでも、みずからの名前そのものと、すなわち、高いところへと眼差しを向けたままでいる者、つまりはアントロポス〔ヒト〕とこのうえなく鋭い対照を示して、武具を剝ぎ取られたまま、裸のまま、地面と向きあったまま、横たわっているのである。

だが、力のもつ、いっさいを物と化してしまう権能は、勝者たちにも容赦することなく行使される。勝者も敗者も力の法則によって屈服させられる。要するにそこに存在しているのは、アナンケー〔運命の女神〕の支配、厳格な必然性の支配なのだ。自然の支配、とヴェイユは呼んでいる。このために――厳格な必然性の舞台であるために――『イーリアス』は神が不在の舞台である。勝者も敗者も、この神の不在のもとで、必然性によって、純粋の対立物として直接無媒介に対決しあう。そして必然性は、みずからが支配するなかで、勝者と敗者を同一化してしまい、それぞれの個性を無情にも壊滅させてしまって、彼らを死せる同一性へと還元してしまう。そこにはおよそメタクシイ〔中間・中庸〕といったものはいっさい存在せず、無媒介の対立が、そして無媒介の同一性が支配する。つねに幾何学する神はなおも到来していない。その神は『イーリアス』では言表しえない切望としてのみ、耐えがたい暴力の余波としてのみ、存在している。それはあくまでもひとつの思考、ひとつの言葉なきノスタルジーでしかありえない。そして舞台ではビア〔暴力〕の支配する様子だけが上演される。

　ビアは人々を黙らせてしまう。ともにそれ自体も口を閉ざしたままでいる。みずからを正当化することはしない。注意されたい。ヴェネツィアの書記がそうであったように、答えようとしないのだ（《あなたは答えないのか？　答えることさえしないのか？　…声をかけてくれ、わたしに声をかけてくれ！…眼をわたしのほうに向けてくれ！》〔『救われたヴェネツィア』のなかで書記にジャフィエが懇願する台詞〕）。ビアの行使は、言ってみれば、説明するまでもなく自明のことなのだ。ビアはビアに答える。そして武器を持たない者にたいしては、権力をいっさい譲り渡してしまったジャフィエにたいしては、ビアは聞く耳をもたない。そして権力を失ってしまったか、（まさにジャフィエの場合がそうであるように）みずからの決定の重みをまったく理解することなく権力を放棄してしまった者は、自分が《獣のようである》のを見いだすこととなるのであって、獣と同様、自分のまわりには言葉ではなくて《わたしを傷つける騒音》が聞きとれるにすぎない。アイスキュロスの『縛られたプロメテウス』におけるように、ビアは沈黙している。人間であることを消し去ってしまう沈黙の決定的な〈ペルソナ〉なのだ。実際にも、ビアの沈黙は沈黙を強いる。犠牲者がついに質問し哀願することをやめるとき、そのときには犠牲者の喪失、犠牲者の敗北は完了し完成されるだろう（書記の言葉――《わかったかな、バッシーオ？　あの男はいまではもう危険じゃない》）。犠牲の沈黙だけが、あるいは脱創造の沈黙だけが、『イーリアス』の英雄たちを活気づけるとともに殺害する冷酷無情で御しがたい必然性に対抗することができるのだろう。

だが、アイスキュロスの『縛られたプロメテウス』においては、ビアと並んでクラトス〔精神的な力〕が存在している。そしてクラトスは語る。『イーリアス』においても同様である。ところがヴェイユはこの事実を知らないふりをしている。そしてこの〈忘却〉ほど意味深長なものはない。このことは、彼女にとっては、ピュタゴラス的な数の科学およびプラトン的な善のイデアによってのみ、要するに、叙事詩的＝悲劇的な英雄が主知化されることによってのみ、ヨーロッパの空間で平和のイメージが確立されはじめるということを意味している。この「軸の時代」が到来する以前には、ビアが、暴力とヒュブリスが支配している。ここで提示されているのはひとつの〈前進的な〉図式であって、その後、ヴェイユのなかでは、古典古代からキリスト教世界への移行を印しづけることともなる。だが、この図式はわたしたちがここまで主張してきた理由からして、すなわち、プラトンの『ミノス』のなかで〈守護者〉たちが代表している正義のイデアにおいても、英雄の漠として不分明な顔が残りつづけている必要があるという理由、完全なポリテイアの理念自体、それがポリスに通用するのは（ひいてはメタクシイとして考えうるのは）、数多的なものおよびポレモス〔戦争〕にも通用するかぎりにおいてのことであるという理由からして維持されないだけではない。それだけでなく、叙事詩的＝悲劇的な英雄自身の場合にも暴力の行使はクラトスとしての力の行使から切り離せないという理由からも維持されないのである。サンスクリットの「クラトゥ（kratu）」は叡知、叡知的な意志のことである。そしてトーンとしてはギリシア語の「ヌース〔知性〕」にほぼ近いものがある。なるほど、それは力ではある。が、野放図な衝動に打ち勝ち、自制しえている力である。形を作っていく力であって、ずたずたに引きちぎり、打ちのめし、形を歪めてしまう力ではない。ネストールのような何人かの英雄はそのような力が含んでいるあらゆる意味を余すところなく表出している。が、そのような力をまったく欠いている英雄はもともと一人もいない。同一の英雄のとるさまざまな振る舞いにたいして、こう言ってよければ超越論的でア・プリオーリな理由からしてそうなのである。必然性の直接無媒介な表現であることからはほど遠く、英雄が行使する力はつねにもろもろの神的なティメー〔職務〕の現われである。英雄は銀の種族の傲岸さを持ち合わせておらず、怖れを知らず、鉄の心をもった青銅の種族のように、軍神アレスのことだけを気遣っているわけでもない。英雄は人間的なものと神的なものを双方の〈驚嘆すべき美しさ〉のすべてにおいて分かちもっている。分かちもち、そしてまたこうむっている。英雄は自身の神にはピエタース〔信義〕でもって、異邦人たちにはヒュブリスでもって向き合うことができ、罪を犯すこともありうるが、いずれにせよ、より広大な調和のなかに畳み込まれたままになっている。英雄はたえず絡まりあい闘いあっているもろもろの神的な力のゲームに全身を献げている。そのことを完全に自覚していようと、マリオネットのようにただ無自覚のままこうむっているだけであろうと、いずれにせよ、英雄の〈尺度〉は確実で揺るがない。そしてそれはまさしく、パラドクシカルなことにも、このうえなく危険な〈尺度〉であって、人間的なものに神から課された限界を逸脱することもありうる。英雄が自身に託された守護、防衛（ラテン語の「セルヴァーレ（servare）〔保護する〕」は英雄と語根を同じくしているのではないだろうか）の機能を――ヘクトールによって最も高度の仕方で表出されているように――自覚的に展開していようとも、それとも、獰猛な野獣のようにその力が御しがたい仕方で解き放たれたのであろうとも、英雄の行為は英雄に託されたクラトスが許可するもの、すなわち、さまざまな神的ティメーのあいだの調和がたまさかの巡り合わせで英雄に与えていた役割が要請するものを実現する。復讐の女神ネメシスがビアをそれらの境界の内部に運んでこないことには、いかなるビアもそのような境界を踏み越えることはけっしてできないだろう。

ビアの暴力はそのような隠れた調和に対応している。そのために、英雄はみずからのクレオス〔名声、栄光〕を追求していると主張することができるのであり、彼の名前が遠くまで響きわたるのを欲することができるのである。ところが、ヴェイユはそのようなクレオスの追求が英雄に有無を言わせない仕方で課されていることを無視している。アキレウスは生まれてこなかったらよかったのにと願うことはできても、クレオスを欲さないでいることはできない。英雄は名前をもつべく定められている。だが、名前は沈黙ではないのであって、みずから沈黙したまま人々を黙らせてしまう暴力とは本性上矛盾した関係にある。英雄は敗れた場合でもほんとうにはけっして敗北することはない。というのも、彼の名前は遠くまで響きわたりつづけるからであり、呼び出されつづけるからである。この観点からは、英雄はいかなる暴力によっても物に引き戻されてしまうことはけっしてありえないだろう。だから、英雄はつねにクレオスを渇望する。あらゆる失敗とあらゆる没落を乗り越えるために。クレオスを渇望するということは、英雄が純粋の暴力に反対する闘争という究極の闘争を闘っていることを意味している。英雄はたんに生き残りつづけるという形を超克するだけではない（それどころか、英雄はそのようにたんに生き残りつづけるだけでは形が欠如しアレテー〔徳〕が欠如することになると気づいている）。英雄は、生き残りつづけるという平穏な地上での生活にビアが加える暴力をも超克しなければならないのである。実際にも、ビアは、無名でクレオスを達成する能力のない多数の者たちの夢の影に等しい生活と同様、形を否定してしまうのだ。

たしかに、アレスから避難していたのでは調和は生じない。だが、英雄はつねにアレスから彼の名前を奪い去る。あるいはこう言ったほうがよければ、クレオス〔栄光・名誉〕を与える歌へと純粋の暴力を媒介するロゴス〔言葉〕を発する。戦士としての英雄は歌い手としての英雄にみずからの功業のかずかずを託す。そして同時にそれらの功業のかずかずは英雄に形を与え、こうして英雄はつねに声をもつこととなる。アキレウスにも、そのような調和は功を奏することになるのだろうか。猟犬のように獲物を追いつづける者、説得の女神ペイトーに耳を貸さない者、すなわち、エレオス〔慈愛〕であれ、アイドース〔慎み〕であれ、ロゴス〔言葉〕の有する説得力を承認していないようにみえる者にもである。アキレウスと会見する前は、プリアモスはアキレウスのことをそのような男だと見ていた。プリアモスはアキレウスに強いて狂乱状態のもとでみずからの力を爆発させることからなる英雄の側面を遺憾なく発揮させようとする。それは英雄にとって必要不可欠な側面であるが、まさしく、その度合いを〈測量する〉必要のある側面でもある。なぜなら、アキレウスは彼の〈分身〉から切り離すことができないからである。アキレウスは、パトロクロスとともに、激高と慎み、無慈悲な敵意と無限のピロテース〔友愛〕という一にして二の英雄的気質を形成しているのである。それどころか、前者の特性をなす無限のもの、計り知れないものは後者によって定義されるようになるのであり、逆に、制限されたものと無制限なもののリズムはそれ自体としては無制限な二つのエネルギーの衝突から産み出されると言いうるのかもしれないのだ。

だが、『イーリアス』の戦争においては、その神の戦慄すべき峻厳さのうちにあっても、関係、媒介、合意が存在しており、その神は戦争の度合いを測量もするということ、たとえ戦争のもたらす悪に直面しても飽くなき不和と争いの女神エリスを追い払うことはできず、英雄自身がその悪が功を奏するよう祈っているということ（そしてこの観点に立ったところから、ヘラクレイトスは彼が厳しく批判するホメロスの当の詩篇を、まさしくその戦争を正当化し、そのロゴスを顕わにしようと、ひいてはそのかずかずのアンドロクタシアイ〔戦場での殺人行為〕をたんに受忍するにとどまることなく、探求しつづけているのである）、最も残酷な殺害行為にさえ、逆説的なことにも、ヌース〔知性〕が同伴しているということ——このことをつねに戦闘が帯びようとしている決闘の形態があらゆる疑いを超えて証言している。とりわけ第七歌においてヘクトールとアイアース、それぞれのティメーにおいて最も純粋な二人の戦士、それぞれの性格を取り消しがたい仕方で刻印してきた神に最も従順な二人の戦士のあいだで戦われる忘れがたい決闘がそうである。そして性格とは人間のうちに存在する神的なもののことである、と有名なヘラクレイトスの断片は翻訳することになるだろう〔ディールス＝クランツ編『ソクラテス以前哲学者断片集』第二二章「ヘラクレイトス」B一一九参照〕。

《生身の肉を喰らうライオンか、野生のイノシシのように》二人の英雄は面と向かい合って戦う。孤立無援のまま、槍と巨大な石と剣を手にして戦う英雄がつねにそうであるように。どちらの戦士も槍で武装しており、どちらも《群雲《むらぐも》を集める》ゼウスに愛されている。だが、彼らの暴力には説得の女神ペイトーの言葉にまったく耳を貸さないといったところはなく、あえて戦おうとする彼らのテュモス〔気概〕もまったく沈黙したままではいなくて、**夜**の神聖なる指図に従う。[14] ペイトーが彼らの打ち負かしがたい力の上に降り立って、その力を鎮める。たしかに、《神がわれらを分かち、どちらかに勝利を与えたもうまでは》、また戦うことになるだろう。が、いまは夜の指図に従うのもよいことだろう――。こう言い合って英雄たちは元気を取り戻し、仲間たち、友人たちのところに戻っていく。最高度の敵意が友愛の観念そのものを殺してしまうどころか、友愛とリズムを合わせる。しかも、自分の親しい者たち、自分の種族にたいする友愛とリズムを合わせるだけでなく、粉砕してしまいたいと心を燃え立たせていた（そしてふたたびそう思うようになるだろう）両者が、いまは互いに友人であると認めあっている。これはまことに異例な瞬間というほかない。ビアと呼ばれようとクラトスと呼ばれようと、人間が思いのままに用いることのできるすべての力に優位するひとつの権力が、まるで突然のように出現するのだ。暗い夜が出現し、その子宮から澄明な光り輝く大気（アイテール）と昼日（ヘーメレー）とが生じるのだった。そして開かれた場所からの、カオスからの、夜の子宮の出現（ヘシオドス『神統記』一一六―一二五）は、アイアースとヘクトール双方の手を捕まえ、激情を鎮静化する。トロイア勢もアカイア勢も言うだろう。《かの二人は命をむさぼる争《エリス》いのために闘いあったが、ふたたび友愛を結んで和解し訣《わか》れを告げた》と。神は彼らに大いなる暴力＝ビアを与えたが、同時に分別＝ピニュテーをも与えたのだった（『イーリアス』七・二八八）（ピニュテーはまさしく神が吹きこむ――プネオーする――プネウマ〔気息〕である）。すなわち、暴力を前にしてではなく、ここで夜が表出しているアルカイックなもの、原初のものの、あらゆる力に先行する権力（pre-potenza）を前にして、英雄が沈黙しはじめるのを可能にする分別を与えたのである。

たしかに、聖なるイリオンの英雄ヘクトールは、それだけでも力の詩篇としての『イーリアス』の思想を無に帰してしまうのに十分であっただろうとおもわれる言葉を発する。が、彼の敵手アイアースはそれらの言葉に耳を傾け、説得される。そしてヘクトールからの贈り物に応えて《深紅色の輝かしい帯革を彼に渡す》。これはさながら光の射しこむ広大な空間、[*3]〔ハイデガーのいう〕リヒトゥング(Lichtung)が殺戮の恐怖の只中に開かれたかのようである。[15] まさに夜が明け始めるころ、英雄は彼の秘密の顔、彼がそれまで秘匿していた調和を照らし出す。英雄は戦争から逃げ出すことはせず、戦争を怖れもせず、戦争の有している戦慄すべきもの＝デイノンを面と向かい合って凝視するが、一瞬たりともみずからを放棄してそれに奴隷のように屈従することもしない。戦争の必然性を認識するが、鎖に繋がれるようにしてそれに絡めとられることはない。戦争の猛威を分かちもつが、戦争を最初からずっと包みこんでいる〈大いなるリズム〉をも分かちもっている。すべての戦争はカオスの**開かれと夜**の子宮のうちに最初からずっと存在している。そしてそのなかで終結する。このようにしてすべての戦争が最初からずっと必然的に終結する運命にあるということは英雄たちの決闘の場合にも表象されうるものでなければならないのであって、それゆえ、英雄たちの決闘はそのような宇宙のドラマを真実模倣したものとなるのである。敵ほどわたしにとって疎遠なものはない。が、敵以上にわたしを近くから直接に見返しているものもない。敵以上に「わたしのもの」(philos=suus?)であるものは何も存在しないのである。絶対的に切り離す同じ力が絶対的に調和をもたらす。だが、そのときには、まさにスタシス〔内乱〕が戦争の消し去りえない形態であることにならないだろうか。まさに哲学が追放したいとおもっているだろう形態こそが、すでにここでは、唯一の〈正しい〉形態として立ち現われているのではないだろうか。そしてほかでもなく、魂のなかにあって、魂の分離しがたいかたちで区別された二つの力のあいだで闘われる戦争が、スタシスと呼ばれるのではないだろうか。これこそはシモーヌ・ヴェイユが唱道している平和の似姿としての戦争ではないだろうか。まさしく力の詩篇としての『イーリアス』のうちに彼女は戦争のまがいようもなく神的な痕跡を見つけ出すことができたはずなのだった。

ところがヴェイユは決闘を無視してしまっている。彼女が叙事詩および悲劇的なもののあらゆる意味から距離を置いている証拠に、彼女は〈武器〉と〈調和〉の名前、アレスとアテナの名前を切り離している。マケー〔戦い〕から、アレスの踊りから切り離されてしまうと、平和のイメージは存在者を犠牲にすること（sacrificio dell'ente）以外のものになりえない。平和は存在者には不可能なもの（l'impossibile）である。そのようなものなので、平和を切望すると深い苦渋を産み出すことになる。この音色を響かせながら、つまりはトラウアーシュピール〔哀悼劇〕に固有のものである共苦の音色を響かせながら、そして戦争には属さない時間をノスタルジックに想起することでもって、シモーヌの論考は閉じられている。シモーヌはただ戦争の外にのみ平和を見ている。戦争の中では、シモーヌにとっては、人間の宇宙規模における悲惨を受難することにのみ到達しうるにすぎない。そしてその受難はマトス（máthos）＝学知を産み出すという。シモーヌは、アンドロマケー〔ヘクトールの妻〕とヘクトールの会話のうちに、「福音書」がそうであるようシモーヌにはみえている《ギリシアの天才の最後の驚嘆すべき表現》の異例の「プラエパラーティオー〔先行事例〕」をつかみ取っている。だが、新婚の夫婦のあいだでの会話は敵同士の闘争から切り離しては進行しえない。〈摂理の計らいによって〉二つのエピソードは互いに繋がりながら継起する。わたしたちを誘惑し魅了し不安にさせるのは、親しい者同士が互いに同じ案件にかかわっているということではなくて、敵同士が愛しあっているという事実、わたしたちの前に正面から向きあって存在しているヘクトールとアイアースがなんと信じられないことにも友人同士に〈変身〉しているという事実である。もっとも、そうは言っても、二人は敵でありつづけることをやめるわけではない。なぜなら、英雄とは戦争の必然性のことにほかならないからである。だが、英雄によっておこなわれるこの戦争は、平和のイメージ、すなわち、いかなる暴力をもってしてもけっして折り曲げることはできないだろう〈大いなるリズム〉のイメージのように見えないだろうか。受難もこのことの承認に到達しないかぎり、けっしてマトス＝学知になることはないだろう。叙事詩と悲劇はけっして暴力それ自体を讃嘆しているわけではなく、けっして不運な者たちを軽蔑しているわけではなく、けっして正義は互いに闘いあっている立場のどちらか一方にあるとみなしているわけではないと主張するだけでは十分でない。英雄でありつづけていることのうちに、英雄の魂を掻き乱しているスタシスの所以、ビアとクラトス、敵意と友愛、激高と慎み、テュモスとヌースのあいだで展開される不断の決闘の所以をつかみ取る必要があるのだ。この戦闘の偉大さのために、愛と分裂、親近性と放棄を〈調和させる〉のに要する労苦のために、英雄はクレオスを欲する。それを英雄は自分が代表する知のために、すなわち、調和を保ちつつみずからを切り離し、みずからを切り離すなかで調和を保っているすべをわきまえているということで要求するのである。この問題を錬成する仕事を英雄の闘争は哲学に託す。すなわち、ヨーロッパの非＝オイコス〔家〕的な知に託すのである。

原注

1　以下の頁で提示される「英雄の運命」についての解釈枠組みは Georges Dumézil, *Heur et malheur du guerrier. Aspects mythiques de la fonction guerrière chez les Indo-Européens* (Paris: Frammarion, 1985); trad. it., *Le sorti del guerriero. Aspetti della funzione guerriera presso gli Indoeuropei* (Milano: Adelphi, 1990)〔ジョルジュ・デュメジル『戦士の幸と不幸――インド＝ヨーロッパ語族における戦士機能の神話的側面』高橋秀雄・伊藤忠夫訳（『デュメジル・コレクション』第四巻、丸山静・前田耕作編、ちくま学芸文庫、二〇〇一年所収）〕から取り出されたものである。

2　王はほぼ三つの職務を綜合し、社会的身体の諸部分の凝集力を確保する。Cf. Georges Dumézil, *L'oubli de l'homme et l'honneur des dieux et autres essais. Vingt-cinq esquisses de mythologie* (Paris: Gallimard, 1985), p. 231 ――デュメジルはここで最期のダレイオスが身に纏っていた衣装における色彩のシンボリズムに言及している。まさしくこのような綜合こそはキリスト教世界にとっては赦しがたい偶像崇拝に転化するのである。アウグスティヌス『神の国』三・一四・二における戦士たる王にたいする徹底した拒否的態度を見られたい。

3　プラトンの王は、ウェルギリウスのアエネーアースがそうであるように、すでになんらかの仕方で《神々への敬虔さと武勇において名だたる者》（『アエネーイス』六・四〇三）であった。そしてその彼はまたつねに《一度に燃え上がった怒りで／恐ろしい形相をした》（同上、一二・九四六―九四七）存在でもありつづけているのである。ヨーロッパ文学における英雄の像（だが、英雄とはまさにフィグーラ〔模範的人物〕のことを指しているのではないだろうか。ゲルマン諸語におけるヘルト（Held）〔英雄〕とは完璧な人格のことを言っているのではないだろうか）のさまざまな変化形態については、Ernst Robert Curtius, *Letteratura europea e Medio Evo latino*, a cura di Roberto Antonelli (Firenze: La Nuova Italia, 1992), pp. 189-205〔E・R・クルツィウス『ヨーロッパ文学とラテン中世』南大路振一・岸本通夫・中村善也訳（みすず書房、一九七一年）、二四三―二六二頁〕を見られたい。

4　たしかに、古典の哲学的文化の傾向は戦士の武勇の主知化へと向かっている。Cf. Hans-Georg Gadamer, *Studi platonici*, a cura di Giovanni Moretto (Casale Monferrato: Marietti, 1984), vol. II, p. 192. そしてそれはアリストテレスのアレテー讃歌において頂点に達する。Cf. Karl Kerényi, "Il mito della Areté," in: *Scritti italiani 1955-1971*, a cura di Giampiero Moretti (Napoli: Guida, 1993), pp. 129-139. 主知化の傾向はその後、ルネサンス期の人文主義においてふたたび強まり（クレオス、栄光、名声は、ここでは徳のみの、それも自分自身に向かってのみ追求される徳の「獲得物」である）、ヴィーコの「英雄的知性について」（一七三二年）において達成されるにいたる。英雄的なものの本領はもっぱら知恵（sapientia）を普遍的な幸福（felicitas）へと向かわせることのうちに存するのである。こうして英雄の「職務」は戦士の「職務」から全面的に切り離されるようになる。ドラマは「解消」される。そして必然的に英雄の完全な主知化は悲劇的形式の最終的な没落と一致するのである。

5　Dumézil, *Le sorti del guerriero*, trad. it. cit., p. 74〔高橋・伊藤訳、三〇〇―三〇二頁〕。

6　英雄像の複雑さと「両義性」については —— Max Scheler, *Der Formalismus in der Ethik und die materiale Wertethik* (Halle: Max Niemeyer, 1913-16)〔マックス・シェーラー『倫理学における形式主義と実質的価値倫理学』吉沢伝三郎・岡田紀子・小倉志祥訳（白水社、新装復刊二〇〇二年）〕流の理想型化された形式主義とは反対に —— Angelo Brelich, *Gli eroi greci. Un problema storico-religioso* (Roma: Edizioni dell'Ateneo, 1958) は豊かな情報に満ちあふれている。

7　どの人間にとってもそうであるように、英雄にとってもヒュブリスは致命的な危険（病？）をなしている。そしてヒュブリスの精髄は、ソロンがクロイソスに明らかにしてみせたように、自分が幸せであると思いこむことにある。自分はなんでも〈なし遂げる〉ことができるし、どんな的も射損じることはありえないと思いこむことにあるのだ。これが「罪を犯す」＝「ハマルタネイン」のギリシア的な意味なのである。

8　*Procli Diadochi in Platonis Cratylum commentaria*, ed. Georgius Pasquali (Leipzig: B. G. Teubner, 1908), p. 108.

9　以下では、シモーヌ・ヴェイユの『カイエ』を Simone Weil, *Quaderni*, a cura di Giancarlo Gaeta, 4 voll. (Milano: Adelphi, 1982-93) から引用する〔日本語訳『カイエ』はみすず書房から出ている。第1巻：山崎庸一郎・原田佳彦訳（一九九八年）、第2巻：田辺保・川口光治訳（一九九三年）、第3巻：冨原眞弓訳（一九九五年）、第4巻：冨原眞弓訳（一九九二年）。またその一部は『超自然的認識』田辺保訳（勁草書房、一九七六年、改装版二〇一四年）に収録されている〕。

10　ここで言われている考えは、Vincenzo Vitiello, *Topologia del moderno* (Genova: Marietti 1820, 1992) が語ったことがあった逆説めいた救済なきキリスト教に近い考えなのだろうか。それともむしろ、Luigi Pareyson, *Dostoevskij. Filosofia, romanzo, esperienza religiosa* (Torino: Einaudi, 1993), pp. 170 seqq. にあるようなドストエフスキー的な「無益な苦しみ」に近い考えなのだろうか。

11　ここでは Simone Weil, *Venezia salva*, a cura di Cristina Campo (Milano: Adelphi, 1987) から引用する〔日本語訳は「『救われたヴェネチア』三幕の悲劇」渡辺一民訳（『シモーヌ・ヴェーユ著作集』第三巻、春秋社、一九六八年）、二九九―三九六頁および『シモーヌ・ヴェイユ詩集』小海永二訳（青土社、一九七六年）、六一―一八六頁所収の「救われたヴェネチア――三幕の悲劇」を参照〕。

12　この点については、拙著 *Drân. Méridiens de la décision dans la pensée contemporaine*, trad. par Michel Valensi (Combas-Paris: L'Éclat, 1992), pp. 133 seqq. を参照。

13　ここでは、Simone Weil, "L'Iliade, poema della forza," traduzione di Cristina Campo, in: Id., *La Grecia e le intuizioni precristiane* (Milano: Rusconi, 1974), pp. 10-44 から引用する〔日本語訳は「『イーリアス』力の詩篇」橋本一明訳（『シモーヌ・ヴェーユ著作集』第二巻、春秋社、一九六八年）、八六―一三四頁を参照〕。

14　ゼウス自身も**夜**を前にして聖なる恐怖を体験する。**夜**は人間たちや神々を屈従させてしまうのだ（『イーリアス』一四・二五九―二六二）。

15　殺戮の森の中に最後には光が射しこむ。そして見ること、測量することを許す。これが、すなわち、虐殺に参加しなければならないその瞬間に、みずからの周囲の空いたところに形を与え、空間を照らし出す＝構成する者が、英雄にほかならない。ポレモス・カコス〔醜悪な戦争〕の外に飛び出すために、それにしがみつくか、それを梃子にすることは可能なのだろうか。それとも、ウェルギリウスの詩『アエネーイス』が敬虔なアエネーアースが激情に燃え立って若き犠牲者の胸に自分の剣を深く埋めこませるところで中断しているのは運命なのだろうか。異教徒の栄光は称賛への愛と権力への欲望からけっして自由になることはできないだろう、とアウグスティヌスは言うだろう。それはつねに情熱でもあって、そこからキリスト教徒の〈英雄〉は逃げ出さなければならないのである。栄光の探求が自己目的であるようにみえ、たんに有徳なものである場合も――いやその場合にはとりわけ――そうである。ストア派の尊大さは異教徒の諸悪のうちでも最も〈輝かしくて〉邪悪な悪である。なぜなら、それは暗々裡に不死の魂および死後の生という観念を否定しているからである。この点にかんして、シェストフはアウグスティヌスとドストエフスキーのあいだに啓発的な類似性が存在するのを見てとっている。Cf. Lev Šestov, *Sulla bilancia di Giobbe. Peregrinazioni attraverso le anime*, a cura di Alberto Pescetto (Milano: Adelphi, 1991), pp. 267-270. アエネーアースとパウロを一緒にしようとしたダンテ的な象徴はアウグスティヌスには神にたいする冒瀆と映ったことだろう（『神の国』五・一三―一九参照）。異教徒の名声とキリスト教徒の名声との違いについては、Gaetano Lettieri, *Il senso della storia in Agostino d'Ippona. Il « Saeculum » e la gloria nel De civitate dei* (Roma: Borla, 1998), pp. 215-217 を見られたい。

追補

＊1　シャルル・ペギー〔一八七三―一九一四年〕の『クリオ――歴史と異教の魂との対話』〔一九三一年没後出版〕には神々の世界と英雄たちの世界の関係について論じた重要な頁がある。それによると、まさに〈欠如している〉からこそ、英雄たちは神々よりも〈偉大〉になるという。神々はみずからの運命を遂行せず、未完成なままにとどまっている。神々の生は無限に持続し、けっして〈成就〉されることがない。神々は〈充溢した〉存在ではないのだ。ただひとり英雄だけが、まさしく死すべく運命づけられているなかにあって、まさしく彼を崩壊させてしまうスタシスのなかにあって、けっして飽くことのない栄光欲のなかにあって、充溢した状態へと上昇していく。こう

してオイディプスはその悲惨の極みにあって神々自身から崇敬されるようになるのである。

*2 そしてもしひとが敵をまさしく愛しながら殺すのだとしたならどうだろうか。そのときには、愛、絶対に無償の愛、なんとしても〈報われる〉ことのない贈り物である愛こそは、卓越した武器、他者の力を無と化し永遠に沈黙させる武器でありうるのではないだろうか。シモーヌは**不可能なもの**を渇望する。『バガヴァッド・ギーター』を「山上の垂訓」と結びつけようとするのだ。それでもなお、両者にたいしては、つぎの問いかけ、すなわち、愛の力によって死を贈与させることはできるのだろうか、という問いかけが依然として有効なはずである。

*3 これらの広大な空間のいまひとつは『イーリアス』六・一二〇―二四六で開かれる。ディオメデスとグラウコスとの出遭いがそれであって、二人は決闘の最中に、自分たちの父親が古くから昵懇の間柄だったことを知る。そのことに気づくやいなや、直感がはたらいて二人は戦いを停止し、《きみはそもそも何者なのだ、死すべき運命にある人間のなかでも最も高貴な（phériste）きみは》と尋ねる。そして武器を交換しあって歓待のきずなを取り戻すにいたるのである。このエピソードの込みいった意味合いについては、Anita Seppelli, *Poesia e magia* (Torino: Einaudi, 1971), pp. 445-446 を見られたい。ウェルギリウスの〈インファンドゥム・ベッルム（infandum bellum）〔言葉にならないほど恐ろしい戦い〕〉は、戦いの内部にあってのそのような法外な未聞の平和の契機を知らないでいる。そしてこのために、おそらく、アウグスティヌスとキリスト教神学は、いかに英雄の栄光がそれらの平和の契機でもできあがっているかを理解することがないのであろう（マキアヴェッリも、『ディスコルシ〔ローマ史論〕』二・二における情け容赦ないアウグスティヌス的〈批判〉への〈批判〉においては、なおさらそうである）。

第Ⅳ章

歓迎されざる客

PERSIA
DESERTO
DESERTO
LOR
MEDIA
ARABIA
EGYPT
SIRIA
MESOPOTA
MIA
ASSIRIA
PARTHIA
ARMENI
ASIA
ASIA
S. ROAH
TARTARIA
TARTAR

第一節　歓迎されざる客

《すべての客のうちでもこの最も不気味な客（dieser unheimlichste aller Gäste）はどこからやってくるのか》〔ニーチェ「遺された断想（一八八五年―一八八七年）」二〔一二七〕〕。たしかに、それはヨーロッパの悲劇時代（同上、五〔五〇〕）、ニヒリズムにたいする闘争が繰り広げられた末、最終的にニヒリズムが肯定されるにいたる時代からである。存在するのは真理ではなく、真理の意志である。そして存在する事物の価値はその価値を定立する者の有する力の程度を示したものでしかない。だからこそ、メロス人はいかなる価値も定立できなかったのである。ニヒリズムが達成された時代はあるひとつの運命が完遂されたことを表わしているのであって、その起源をすでに真のヒストル〔トゥキュディデス〕は見てとっていたのだった。

　カール・シュミットの『大地のノモス』[1]〔一九五〇年〕では、ニーチェ〔トゥキュディデスの徒としてのニーチェ〕は一度も引用されていない。それでも、ニヒリズムの予後にかんするニーチェの診断の影響は言葉の端々に感じとられる。これはその偉大な著書が奏でている、法学者たちがけっして耳を傾けようとはしないだろう数多くの音階のうちのひとつなのだ。そしてシュミットの『大地のノモス』は、ハイデガーの『ニーチェ』〔一九六一年〕とともに、ひとつの切り離すことのできないディプティカ〔二連の祭壇画〕を形づくっている。両書の対極にあるのがフランツ・ローゼンツヴァイク

〔一八八六―一九二九年〕の『救済の星』〔一九二一年〕である。[2] ローゼンツヴァイクによると、この時代において首尾よく難破することを欲する者にとって必要ないくつかの恒星が存在するという。これにたいして、シュミットは、ニヒリズムの論理そのものが解体しようとしているヨーロッパ公法（ius publicum europaeum）にノスタルジックなまなざしを向けた、旧い秩序の絶望的な擁護者というようにわたしたちの目には映ってはいないだろうか。極端なニヒリズムの力がなおも取り消せない仕方で行きわたっていなかった悲劇時代の闘士ではないのだろうか。しかし、シュミットが国家崇拝者であるという伝説についてはあとで立ち戻るとして、『大地のノモス』をざっと読んだだけでも明確になるにちがいないのは、そこでは、およそいっさいの反動的な態度、ヨーロッパ諸国家の旧い法を再建しようという、およそ実現の可能性がない野望がまったく見られないことである。このことが意味しているのは、これまで認められてきたこの過去が否定されるとか、偉大な法学者がこの過去を認めてきたことを後悔しているとか罪もしくは誤謬であると考えているということではない。そうではなくて、その価値が終焉したという裸の事実を《大いなる峻厳さ》[3]をもって分析しているだけでなく、それに内在する本源的な〈可死性〉をも承認しているということである。シュミットの提示するヒストリアは、当初からヨーロッパの**ノモス**を構成してきて、それを没落すべく定めているもろもろのアンティノミーについての認識である。その**ノモス**はたしかに〈愛されてきた〉のだったが、いまでは情け容赦なく解剖台の上に載せられ、エルンスト・ユンガーのような人物、そして時にはゴットフリート・ベン〔一八八六―一九五六年〕のような人物の目でもって観察されている。シュミットによると、知識人は真の意味でのヒストルであるべきであって、それ以外のやり方はとりえないのだった。あるいはとるべきでないのだった。エピメテウス〔プロメテウスの弟。その名は「後からの考え」、「後の祭り」を意味する〕のように、知識人はつねに祭りの後で[4]（post festum）、粉々に砕け散ってしまったものを確認しにやってくるのであって、それを〈救済〉しにやってくるのではない（ここにヴァルター・ベンヤミン〔一八九二―一九四〇年〕の**天使**とのこのうえない近さとともに遠さがある）。まさにこのこと、すなわち、前もっては理解できないということのうちに、知識人の恐ろしくも重大な責任がある。知識人は被告当事者であり、自分が分析する事柄に〈関与〉しているのであって、郷愁にふけったり希望をいだいたりすることはできない。いわんや予言をするなどといったことは到底許されるはずがないのだ。『大地のノモス』は《〔冥界の王〕ハデスと寝床を共にする》エウロペ（エウリピデス『ヘカベ』四八三）の悲劇にかんする一篇の大いなる物語、それも、このうえなく強烈な情念に駆られて証言しながらも、同じくこのうえなく明澄で冷静なまなざしを維持するすべをわきまえている一人のヒストルによって語られた物語として読まれるのでなければならない。シュミットは聖なるものと俗なるものにかんする彼の表象を以下の〈リズム〉に従って組織する。

ノモスの「カルヴァリオ」の第一の留〔「カルヴァリオ」はキリストが十字架に架けられた受難の丘。ゴルゴタともいう。「留《りゅう》」はカトリックの用語。「十字架の道行き」と呼ばれるキリストの受難を描いた十四の場面で、信徒たちはそれらを巡り、各場所で立ち止まって祈りを捧げた〕――ここでは、**秩序**と**根**、**オルドヌング**（Ordnung）〔秩序づけ〕と**オルトゥング**（Ortung）〔場所確定〕の関係[5]という基本用語の定義がなされたのち、秩序もなければ限定がほどこされることもない複合体、《構造を欠いたカオス[6]（ein strukturloses Chaos）》にほかならない、ユース・ゲンティウム（ius gentium）〔万民法〕のもろもろの残滓、現行のいわゆる国際法の矛盾していて内容空疎で束の間のものでしかない諸条約の氾濫にいたるまでの、現代の「グローバルな時代（globale Zeit）」におけるそれらの危機が分析される。

第二の留——**ノモス**の原義は先占していた土地、牧羊地を分配する（ネーメイン）ことであり、それはラント－ナーメ（Land-nahme）〔陸地取得〕の結果生じたものであるため、**秩序**と**場所**の関係の変容は戦争の形態と意味にかんする変容と絡みあったものであらざるをえない。**ノモス**の場合と同様、戦争も最後には根を奪い去られてしまう。[7]「世界戦争」にまで（あるいは世界内戦にまで）達すると、もはやいかなる厳格な形態も戦争を〈規範に合わせる〉ことができず、それをはっきりとしたかたちで定義することができない。世界戦争は正真正銘の全体戦争〔総力戦〕である。ユスタ・カウサ（iusta causa）〔正当な理由〕という観念を定義するいっさいの可能性はなくなってしまう。そしてユストゥス・ホスティス（iustus hostis）〔正しい敵〕とレベッリス（rebellis）〔謀反人〕の特徴は覆い隠すべくもない機会原因論のなかで区別がつかなくなってしまう。友と敵とは権力意志から見た場合の立場でしかなくなる。敵とは最強の者の支配に対立する者のことなのだ。

第三の留——ヨーロッパ精神の主要な、しかしながらあくまで歴史的に限定された[8]産物で、世俗化の第一作用因であり、古代の**ノモス**の、しかしそれ以上に中世のキリスト教共同体（respublica christiana）の**ノモス**の清算者である国家は、内戦を中和化して対外戦争を合理化する能力、スタシスを（スタシスとは**ポリス的なもの**を破壊する行為であるという古代の古典的な考え方に従って）全面的に根絶し、ポレモスを普遍的な正義の諸原理に従って（つまりはヒュブリスにおちいることなしに）おこなう能力にもとづいて基礎づけられ正当化される。ポレモスは、確固不動の（最終的にはつねに宗教となって現われる）理念同士の抗争から、合理的な権力目標を達成するための権力同士の、互いに相手をユストゥス・ホスティス〔正しい敵〕であると認めあう主権国家同士の闘争へと〈置換〉されなければならない。こうして新しいユース・ゲンティウム＝万民法はそれぞれの個別的国家の主権的な法にもとづいたものでなければならなくなる。そして（おびただしく繰り返しおこなわれてきた戦争も実質上なんら問題視してこなかった）中世の共通のノモスから、個別的な国家間の法としての、それらの国家のあいだの関係を規制する、すべてが〈人為的〉で、すべてが期限付きの、もろもろの規範や条約の総体としての近代の国際法へと転換していくことになるはずなのだった。

だが、これらの境界は現代の全体動員・総動員（totale Mobilmachung）によって覆される。[9] いまや、あらゆる場所とあらゆる時間でもってひとつの「グローバルな時代」を作りあげている通商、金融、経済の自由は、国家と結びついた法実証主義と癒やしがたい抗争状態にある。実定的な根をもつ**ノモス**を欠いたまま、あらゆる公法は幽霊のような生活を送っている。ひいては**ノモス**の「カルヴァリオ」は、つぎのような今後の見通しとともに終わろうとしているように見受けられる。すなわち、いまとなっては国家の一大構築作業にふたたび着手することは不可能だが、しかしまた、《ラウムロース（raumlos）な》〔空間を持たない〕**ノモス**、現代の精神の根無し草的でいっさいの〈尺度〉が通用しない状況（これもいまひとつの明確にニーチェ的なモティーフである）が強いているかにみえるような、空間もなければ境界もなく、無制限で無定形の**ノモス**といったものを考えることも不可能だという見通しがそれである。このため、シュミットははっきりと国家を超え**て**思考している。あるいはこう言ったほうがよければ、国家が正午を迎えた線上に立って思考している。しかしまた国家が正午を迎えた線上にあって、シュミットは客のうちでも最も不穏で居心地を悪くさせる客である極端なニヒリズムにしか出逢うことができない。ここでシュミットは——ハイデガーとユンガーとともに[10]——ヨーロッパの国家の歴史が完了して後戻りできない危機が開始される場所に身を置いている。だが、この開始の兆候がいたるところに見られて、それらの兆候のうちには新しいユース・ゲンティウムの発端も隠れ潜んでいるというようなことをシュミットは主張していない。たとえ、時としてそれらしき合図は送っているようにみえるとしてもである。[11]シュミットが疑いようもなく証明してみせているのは、そのような新しいユース・ゲンティウムを計画したり予見したりするのは不可能であるということである。そのことをシュミットはありとあらゆる政治的ロマン主義に反対して、[12]**ポリス的なもの**の終焉、普遍的な中和化、**永遠の平和**を希求する、新啓蒙主義的なありとあらゆる新しいユートピアに反対して、証明してみせるのである。シュミットはニヒリズムの正午の線上に身を置いている。そしてそれの乗り越え方にかんする空疎なおしゃべりは過去を懐かしがる郷愁者たちに委せておく。が、同時に、ニヒリズムをありうる世界のうちで最良の世界として称賛することも、弁明者たちのそれ自体魔法にかかった脱魔法化の作業に委せておく。シュミットは徹底してレウス〔被告当事者〕であろうとする。そして歓迎されざる客であろうとする。

第二節　ノモスの根を引っこ抜く

だが、全体動員・総動員のアポリアに分け入る前に、ノモスと場所の関係に立ち戻る必要がある。というのも、その関係はシュミットが主張しているよりもはるかに問題含みで込みいっていることをそもそもの起源から顕わにしているからである。ノモスがポリスの空間に根ざしていること（ノモス・ポレオス〔ポリスのノモス〕――「ノモス」と「ポリス」というこの二つの術語はまるでそうすることが〈儀式の作法であるかのように〉同伴しあっている）、そしてこの制限内にあって実際上の有効性を得ていることは、もとはといえば、それが神的なノモスの似像であるということの結果でしかない。神的なノモスこそは唯一の法であって、《欲するかぎりのものを為しえ、すべてのものに及んで、なおそれを凌駕しているのである》（ディールス＝クランツ編『ソクラテス以前哲学者断片集』第二二章「ヘラクレイトス」B一一四）。人間が制定する数多くの法は、それらが神的なノモスからやってきたものでなかったとしたなら、それ自体ではなんらの秩序も――そしてなんらのオルトゥング〔場所確定〕も――保障しえなかっただろう。だから、それらのほんとうの根はそれらを宇宙的なディケー〔正義〕に結びつけている根なのだ。アルボル・インウェルサ〔逆さまの樹〕。もしそうであるなら、そのときには、ポリスの法律に従うということは、同時に、（ポリスの）神々が存在するということ、すなわち、ノミゼイン・テオウス〔神々によって統治されること〕（これはすでにヘロドトスが使っていた語句である）を意味しているのでなければならない。このノミゼインがなくなってしまうなら、ノモスは存在しない。神々が存在するという確信のみが、もろもろの法律が変更不可能な根をもつということをわたしたちに確信させるのである。

神々が奪い去られると、もろもろの法律はばらばらになってしまう。アノモスな者、無法の者とは、なによりもまず、神を敬わない者のことなのだ。プラトンにおいて決定的な意味を有していたこの連関は、アリストテレスにおいてもなおきわめて力強く保持されている（『政治学』三、一二八七a）。このことは彼らが実際の効果のほどを度外視してまで、ポリスの法律が奪われることに抵抗していることが証言しているとおりである。《エウテュデモスくん、落胆することはない。きみも知ってのとおり、デルポイにいる神は神々を喜ばせるような仕方で訊ねる者には答えてくれるよ。ポリスの法律（nómoi póleos）に従いながらね》（クセノポン『ソクラテス言行録』四・三・一六）。

このようなわけで『法律』においては、〈牧羊する〉ための土地の本源的取得とその分配という観念は、この行為に優先する権能をもつ**ディケー＝正義**という観念に伴われている。**ノモス**が実際に効力を発揮するのは、それがつねに神のものでもあって、あるひとつの**神的な秩序**の痕跡を帯同しているかぎりにおいてのことなのだ。[13] シュミットのヒストリアが力説している**ノモス**の地上的な有効性は、正義の女神ディケーの掟に立脚している。ディケーはその《使者》である復讐の女神ネメシスをつうじて、**ノモス**を逸脱した者たちを厳しく罰するのであり（プラトン『法律』四、七一七D）、こうしてみずからの掟が人々を縛るものになるようにするのである。そしてネメシスは、その名そのものからして、**ノモス**の化身とみてほぼさしつかえない。この神話的‐宗教的コンテクストから引き抜かれてしまうと、**ノモス**は最終的には人間の製作品、人間のたしかに多面的ではあるが欺きやすい経験の産物にしか見えなくなってしまう。すでにヘラクレイトスとパルメニデスにおいて正義の女神ディケーとノモスの関係は問題含みのものに見えていた。実際にも、もし死すべき者たちがいつも不決断で、二つの頭を持っていて、眠りこけていたとしよう。人間のエートスが知恵を持っておらず、神のエートスだけが知恵を持っているとしよう（ディールス＝クランツ編『ソクラテス以前哲学者断片集』第二二章「ヘラクレイトス」B七八）。そのときには、必然的にエートスと結びついたものでありつづけるポリスの法律は、いったい、どのようにして神の賜物と言うことができるのだろうか。「エートス」という語は「逗留すること、住まいつづけること」を指している。そして「ノモス」は「エートス」と直接結びついている。というのも、「ネーメイン」は「住まう」ということ（土地を取得して分配することだけでなく、その土地に住まうすべを知っていること）も意味しているからである。[14]だが、もし死すべき者が臆見しかもっておらず、知識をもっていないとしたなら、住まうすべを知ることもできなくなってしまうだろう。すなわち、みずからの制定するもろもろの法律をそれらの神的な根源にまで連れ戻す仕方もわからなくなってしまうだろう。地上に、しかしながら天の下にでも神々と一緒にでもなく、住まうことになるだろう。そのときには、もろもろのポリスの法律は矯正のしようもなく矛盾したものと見えてくる。そこには、より上位にある、どのような統一の光も射しこむことはない。それらの法律によってはどのような平和ももたらすことはできない。ひいては、それらの法律はノモスという語によってでなく、プセーピスマタという語によって呼ばれることになるだろう。投票というまったく非論理的な作為をつうじて、小石を投票箱に投げいれることをつうじて獲得される決定、法令である。こうしていまや法律はアテナイで老プラトンが『法律』を書いている時期にプセーピスマタと呼ばれるようになる。ポリスのエートスではなく、賢者のエートスだけが、なおも法律が天上に根源を有することを承認している。だが、賢者はますますポリスから、すなわち、いまではテュケー、賭け、偶然の餌食となってしまった世界から、逃げ出すことを余儀なくされるようになる。それどころか、このような世界だけが政治的闘争の世界であることを承認するのを余儀なくされるようになる。どのような理由で賢者が政治から身を退くようになるのかというテーマ、ヘレニズム時代の思弁を支配し、セネカの『閑暇について』の中心をなすことになるテーマは、すでにプラトンの『ポリテイア』六、四九六C—Eに姿を見せている。

だから、**ノモス**の根が引っこ抜かれるという事態は、基本的に、その神的な根が見失われるということにかかわっている。これにはその地上的な根が見失われるということが続く。そのような歴史は、この連関のなかでは、すでに第一哲学〔アリストテレスが提唱した哲学の分類で第一に配される形而上学のこと〕の問題構制のなかにあって活動していたヘレニズム時代に先行しており、紀元前五世紀の詭弁法のなかで、クリティアス〔ソクラテスの弟子でアテナイの三十人僭主制の指導者〕の弁論のなかで余すところなく顕わになっているが、さきに見たように、偽クセノポンのような著作家たちのなかでも顕わになっている。そしてヘレニズムはこの事の次第を完遂するのである。**ノモス**のエントオルトゥング（Entortung）〔場所離脱〕はあたかも最初からそうなるべく定められていた運命であるかのようなのだ。ノモス・ポレオス〔ポリスのノモス〕にノモス・ピュセオス〔自然のノモス〕が、ポリスの限定された場所にオイクーメネー〔全地、世界〕の普遍的な空間が、ポリスの時間に賢者がその模範であろうとしているコスモポリティズムの「グローバルな時間（globale Zeit）」が対置されるとき、このノ**モス**は最終的にその旧い根を見失ってしまう。ストア主義、エピクロス主義、懐疑主義は、このノモスの根の引っこ抜き作業の完全な同盟者であるようにみえる。それらはすぐれて反悲劇的な思想なのだ。実際にも、悲劇はポリス全体の眼前に、その季節が真っ盛りの時期に、互いに闘いあっている、それも人間のつくった都市のさまざまな法律のあいだでだけでなく、神的なノモス〔法〕と人間のテュモス〔気概〕とのあいだで闘いあっている法律の謎を描き出していた。人間のエートス自身、この抗争の舞台として立ち現われていた。そしてそこから、ずたずたに引き裂かれ、みずからの根にかんする苦悩に満ちた疑いと、ネメシスが科すかもしれない罰への怖れでいっぱいになって、脱け出すのだった。すでに悲劇において、人間は彼のポリスの中にあって、そしてまた彼のポリスから脱出した状態のもとで、ノマドになり始めている。「ノマス（nomás）」とは、元来、ノモス（nomós）＝牧場に居住する牧羊者のことだった。法律を住まいとすること――このことによって人々はあらゆるヒュブリスの危険から守られる。そして神的な平和が維持される。だが、すでに悲劇は、この考えが実現不可能であると人々に合図を送っている。ところが、ヘレニズム時代のコスモポリタンな〈ノマド〉はそのことを忘却してしまうのである。

ヘレニズム時代の賢者が体現している〈非政治的なもの（impolitico）〉は、まさしく**ノモス**のエントオルトゥング〔場所離脱〕を完成の域にまで推し進めたものであるかぎりで、ローマの「大いなる政治」の本質的な要素をなしている。これは目的の異種発生の純粋このうえない見本である。ローマ法の構築作業は原理上、諸国民を超えたところで（supra nationes）起きており、帝国の単一の時空間に妥当すると主張している。法律の〈場所確定〉作業は宗教儀礼上の参照枠組みとして残りつづけているが、しだいに実際的効力を奪われつつある。なるほど、《法はローマ市のために用いられる》と言われてはいるが、実際面で重要なことはこの法を普遍的に〈投射する〉こと、それが代表している権力だけでなく、それの合理的な内的構造の力によっても、いたるところで言明することができるようにすることである。重要なことは、ローマ法をあらゆる地域的な特性、あらゆる特殊的な伝統、あらゆる時間的な制限を超えて確立することなのだ。あらゆる時代にローマの法は勝利の雄叫びとともに〈宣布〉されるだろうというわけである。[15]

『大地のノモス』ではローマ法の分析が欠如しており、ひいてはローマ法がキリスト教の側から〈採用された〉ことに代表される、ヨーロッパ史全体にとって決定的な意味をもつできごとについての分析も欠如している。だが、帝国とそのコスモポリタンな法律はキリスト教と両立可能であるようにみえるのだった。その一方で、ローマの宗教のほうは不倶戴天の敵である。〔ラテン教父〕テルトゥリアヌスはこの操作の偉大な考案者であって、この操作をつうじて宗教はキーウィタースから根を引き抜かれ、キーウィタースはみずからの神々をもたないままに放置されることとなる。こうしてローマ法からはあらゆる神的な意味が根絶され、地上的な意味だけが保存される（しかしまたその地上はいまではオイクーメネー〔全地、世界〕と合致した土地でしかないのだ）。それは闘争の必要上採用するよう指示されたたんなる便法ではまったくない。帝国の機能と法律の完全な〈世俗化〉にかんするこれらの観念は、キリスト教の支柱をなすもろもろの価値に対応している。みずからの神への信仰を確固としたものにするためには、キリスト教徒は**ノモス**に類似した表現を使って、「ノミゼイン・テオーン〔神によって統治される〕」と言うことができるのでなければならなくなる。ただ、ひとつの乗り越えがたい留保があらゆる一神教的主張の上にはア・プリオーリに重たくのしかかっている。法律と罪、

ノモスとハマルティア〔罪〕の（ギリシア人にはまったく〈未聞の〉）結びつきがそれである。どのような法律もけっして人々を〈完全な人間〉にすることができないだけではない。どのような法律も人々を〈正当化〉したり、ひいては救済したりできないだけではない。（変わることのない絶対的な愛の新しい神の掟（mandatum novum）のもとでいっさいを遂行する法律でないような）あらゆる法律は、スクレロカルディア、すなわち、耳を傾けて言うことを聞くのをさまたげる心の頑固さから解き放たれないでいる。[16] 新しい時代、すなわち、キリスト教ヨーロッパの時代は、新しい法の主張から始まるのではなく——法そのものはローマ帝国の法でありつづけている——、その法の観念自体の危機から始まる。真の国、すなわち天上の国に到達するためには、法律は弱いだけでなく、無益である（「ヘブライ人への手紙」七・一八、「フィリピの信徒への手紙」三・二〇、「ペトロの手紙二」二・一一）。もし正義が法律からやってくるのであったなら、キリストの死は無意味になってしまい、キリスト教は存在理由をもたなくなってしまうだろう（「ガラテヤの信徒への手紙」二・二一）。法律が根をもつということはありえない。わたしたちと法律との協定はあくまでもひとつの契約でしかなく、基本的に便利さの規準に準拠したものである。わたしたちはこの世界であたかも法律に従っているかのようにして生活しているが、実際には、神の子であり相続人であるかぎりで、法律からは完全に自由なのだ。もしわたしたちが法律のもとで生活しているとしたなら、それはわたしたち自身の自由のために《律法に支配されている人たちを獲得するため》である（「コリントの信徒への手紙一」九・二〇）。あらゆる根のイメージ、あらゆるユスティッシマ・テッルース（iustissima tellus）〔いとも公正なる大地〕〔ウェルギリウス『農耕詩』二・四六〇〕の観念は、わたしたちの時代には、〈人間のうちに（éndon ánthropos）〉住んでいる、キーウィタース・デイー（civitas Dei）〔神の国〕のイコンである不撓不屈の**真理**と、つねに弁証法的な関係に立つことにならざるをえないだろう。そしてそれはしばしば悲劇的な弁証法であるだろう。

《信仰によって住まう家（domus ex fide）》も、帝国の法律が保障するたんに地上的な平和から利益を引き出している。だが、ここで問題になっているのは、まさしく、完全に神聖さを奪われた計算である。なるほど、法律に従うのはよいが（ただし、法律自体がもろもろの《宗教の掟》に従うよう命じることがないという条件のもとにおいて。というのも、新しい神の掟はわたしたちが各自所属している国の神々を崇拝することをいっさい拒否しているからである）、それはあくまでも捕らわれの身の、なおも《地上の国のもとで》遍歴することを余儀なくされている者の服従であることを知りながらでなければならない。この地上の国で遍歴しているということにおいて、信者はすでに天上の国において遂行されるであろうあらゆる地上的な**ノモス**の根からの完全な引っこ抜きをイメージした存在にほかならないのである（アウグスティヌス『神の国』一九・一二―一七）。

だが、アウグスティヌスは、つぎに引く基本的なくだりにおいて、まさにこの地上的な**ノモス**の根からの引っこ抜きがキリスト教にあらゆる民族、あらゆる場所、あらゆる時間をみずからのもとに〈呼び起こす〉ことをゆるす抑止しえない力をいかにして表象しているかを理解していることをも示している。福音行為の内在させているヒュブリスがこれほどまでに古典的〈ローマ的〉な厳しさでもって表明された例はかつて聞いたことがない。

《この天上の国は、なおも地上で遍歴の旅を続けているあいだ、あらゆる民族からその国の民をみずからのもとへ呼び出し、地上の平和を獲得し維持するさいに用いられる慣習や法律や制度の相違をなんら顧慮することなく(non curans quidquid in moribus, legibus institutisque diversum est)結集して、あらゆる言語を語るひとつの旅する社会をつくりあげる》。

「相違をなんら顧慮することなく」──**真理**は慣習や法律や制度の相違をなんら顧慮しないのであり、それを守護することは**真理**の権限ではないのである。要するに、相違は**真理**の領域には属さないのだ。だからといって、これらの慣習やこれらの法律を無効にしてしまえとか破棄してしまえというのではない。それらは旅をできるかぎり〈平和的な〉ものにするための道具、手段、方策として役立つというにすぎない。それらと戦う必要はない。[17] それらにかまっている必要はないのである。これはこの時代全体を印しづけることとなるアポリアでありパラドクスである。わたしたちがそれらの慣習や法律から自由になろうとしているまさにその瞬間に、どのようにすればそれらと戦わないでいられるというのか。しかし、もしそれらの羈絆《きはん》がいっさいの根っこを失い、根絶やしにされてしまうとしたなら、それらの羈絆はすでに打ち負かされてしまっているのではないだろうか。〈中断されることのない革命〉の運命が、「新しい人」がもはや〈顧慮〉しようとはしないそれらの慣習と法律には待ち構えている。

このようなキリスト教的地平において考えうる唯一の真の政治的形式は、カテコーン〔抑止するもの〕という形式であるようにみえる。[18]「テサロニケの信徒への手紙二」(二・六以下)にまでさかのぼるこの「カテコーン」という術語は、**不法の者**もしくは**敵対する者**が出現するのを阻止する力のことを指している。すでにヒッポリュトスはカテコーンを政治的な意味において、帝国をイメージしたものとして解釈していた。[19] そしてシュミットも同様の解釈をしている。シュミットによると、中世の帝国もカテコーンなのであって、その機能は悪魔のしかけてくるさまざまな〈誘惑〉に逆らって、この世（Saeculum）が終末を迎える時が到来するのを期待しながら、それを形あるものに保っておく（tenere-in-forma）ことにあるのだった。十四世紀にいたるまで王は旅しつつある人間のもろもろの〈権利〉の守護人を務めていたのであって、この限界内でのみ、王の主権は正統性を有しているようにみえていたというのである。しかしながら、シュミットが見ていないのは、まさにそのような機能を展開するためには、カテコーンは不法自体を同化し内面化しなければならないということであり、不法を〈抑止する〉ためには、それをみずからのうちに〈拘禁する〉ことしかできないということである。カテコーンの掟は滅びの子（filius perditionis）が住む牢獄でしかない。そしてその牢獄の扉の閂《かんぬき》を滅びの子は仮借なくこじ開けるのである。[20] そのときには、この〈抑止〉の作業が心許なくて作為的なものであるばかりでなく、それ以上に、それが掟と罪のあいだの本源的な結びつきを全面的に顕わにすることによって、キリスト教徒がその作業をほんとうに承認するのをできなくしてしまっていることが明らかとなる。カテコーンの秩序は結局無力なものに終わってしまう（ひいてはカテコーンの秩序を信頼することが不可能になってしまう）だけでない。それは本来なら戦うべきであった原理と本質的に結びついてもいるのだ。なぜなら、その原理を客としてみずからの家に招き入れているからである〔滅びの子はカテコーンのホスティス〔敵〕でもあればホスペス〔客〕でもある〕。たしかに、中世はインペリウム〔帝国〕の自立性を根拠づけて、その神的な起源を把握しようとする〈英雄的な〉こころみがなされていることを知っている（ダンテの《二つの究極目的（duo ultima）》〔『帝政論』三・一六・六〕のことを考えてみるだけで十分である）。それでも、地上の国の法律がみずからの定義へと、ひいては人間が十全に居住することのできる空間をほんとうに表象することへと到達するのは、いっさいの超越的な正当化を放棄することによって以外にはない。そしてそのときには束縛と便益とが地上的にして且つ神的な根に取って代わる。だが、**ノモス**に根をもつこと、法律の秩序のなかにあって形あるものであることは、この現世に生きる人間には不可能であることがすでに顕わにされてきた。しかも、このことはキリスト教徒に該当するだけではない。ユダヤ教徒にとっても、[21]法律は約束の地についてしか報告しない。なるほど、イスラエルの地は実在する。が、その実在性はつねに終末論的なかたちで考えられざるをえない。イスラエルにかんしては、**法律**の真の不朽の場所はなんらかの土地ではなく、**ことば**である。イェフダ・ハレヴィ〔十二世紀イベリア半島出身のユダヤ教徒の哲学者・詩人〕は、イスラエルの地への彼のノスタルジーを聖書の**ことば**の〈場所〉へのノスタルジーとして想い描いてきた。そしてイスラームの家も本来は〈土地を確定しえない〉のであって、イスラームの義務はみずからの家を——内部にあるあらゆる差異を乗り越えて——つねに拡大していくことにあるのだった。永遠のスタシス＝内部抗争がアブラハムの家族であるイサク、エサウ、イシュマエルを分裂させているようにみえる。が、彼らは諸民族のさまざまなノモスの根を引っこ抜くという作業において密接に結びついている。そのときには、シュミットが語っている近現代の「グローバルな時代」は、世俗化した近代諸国家間の抗争の産物であるというよりはむしろ、古典時代以降のヨーロッパ的＝地中海的精神全体の完成形であるようにみえる。

第三節　「凍てつくような怪物」の凋落

ユダヤ教的＝キリスト教的伝統があらゆる地上的な法に重荷を背負わせている恐るべき終末論的留保を中立化すること。[22] 神学者たちに〈権限外のことには〉沈黙させ、戦争、土地取得、征服のあらゆる正当化の試みを終わらせること。諸個人や諸利害の多面性を単一の法のもとに収容すること。すなわち、明確な空間的限定をほどこされ、その空間内においては絶対的に主権的なひとつの法律のうちに収容すること（そのときにはこの法律は当然ながらもろもろの宗教的観念の多様性にかんしても正否を決定することになるだろう）――ここにヨーロッパ精神の新しい偉大な構築物である国家、平和を（もはや防衛するだけでなく）創造する人工的な神たる国家の機能はあるのだ。そしてシュミットによると、トマス・ホッブズ〔一五八八―一六七九年〕こそはそのような構築物の姿を最も明澄に映し出した鏡なのだった。だが、まさにそうであるがゆえに、ホッブズのうちにその神のわずらっている致命的な病を見てとることも可能とされているのだった。

もろもろの観念間の闘争、宗教戦争を中立化しても、合理的に決定しうるようにみえる利害間の抗争を根絶することにはならない。それどころか、国家はみずからを法律の範囲内においてそれら利害間の抗争を追及しうることの保証人であると積極的に主張する。法律に服従すること、主権者たる君主の絶対的権威を承認することは、あるひとつの契約の結果なのであって、[23] 契約にもとづいて国家は、市民に各自の安全を断固として保護するという、真実にして本来の奉仕を提供するのである。この安全こそは爾余のあらゆるものに先立つ最初の善であると考えられていて、その庇護のもとでのみ個人はみずからの〈個人的利益もしくは私利〉を実現できるのだった。国家という**大いなる人間**がそれを構成する諸個人および彼らが私的に取り結ぶもろもろの取り決めの総和に還元されないというのが真実であるとするなら、国家が正当化されるのはそれが契約というかたちで人々の合意による協定（convenzione）にもとづいて設立されたものであるかぎりにおいてであるというのも、疑いのないところなのだ。さまざまな個人が、万人の万人にたいする戦いという悲惨な経験ののち、一所に集まって（convenuti）自分たちの運命について自由に議論し、国家を結成するのが自分たちの利益になるということにかんして合意に達する（convengono）。やがて個々人を支配することになる国家は、それらの個々人によって産み出されたのである。そして彼らに奉仕するかぎりでのみ、彼らを支配しつづけることができるのである。これはまたなんとパラドクシカルな構築物であることか。ひとつの**大いなる形式**が神的なものであると告知されながら、ただちにみずから裸になり、偶像であることを露呈する。そしてそのようなものとしてのみ〈機能〉しうるのである。

ひとつのユートピアがそのような構築物を規制する。国家を完全な自己規制的機械、客観的で冷厳な機能を授与されており、まさにまったく非人格化され脱政治化されているために絶対的な権威を保持している**マーキナ・マーキナールム**（Machina Machinarum）〔機械のなかの機械〕に漸次変容させていこうというのだ。このユートピアも遠くから、少なくとも《デスポテース・ノモス〔専制君主としてのノモス〕》という観念からやってくる。そしてプラトンを守護しようとする哲学者たちもなんらかの仕方でその観念を代表している。だが、ここではそれはまったく神聖さを剝ぎ取られ、あらゆるエートスから根を引き抜かれたかたちで戻ってくる。そして神の法と人間の法、書かれざる法と書かれた法との、ノモスのギリシア的観念の核心をなしていた悲劇的な緊張のことは、すっかり忘却してしまっている。これは近代的な国家思想において形而上学的重要性をもつ一歩であるが、本質においては自己矛盾を来たした一歩でもある。実際にも、機械論はその本性からして全体性たりえない。そしてそれはけっして《各人の権利に属する神にたいする内的崇敬と敬虔そのもの》（スピノザ『神学・政治論』第一九章）をみずからのうちに包摂することはできないだろう。思想の自由、リーベルタース・フィロソファンディ（libertas philosophandi）〔哲学する自由〕、みずからの神を崇拝する内的な自由は、こうして徹底的に外的な崇敬から切り離されるのであって、外的な崇敬のほうは契約をつうじて国家に負っているのである。[24] 国家の主権が正当性を獲得しうるとしたなら、それは内的な法廷になんらかの仕方で脅威を与えない場合の話であるだろう。国家はたんなる外的な権力であって、もろもろの価値にたいしては中立的で不可知論的である。それどころか、もろもろの価値を前にしてはまったく無力である。だが、もしあらゆる不一致と抗争の最も深い起源を前にしては無力であるとみずから宣言するのであれば、大いなる人間たる国家はどのようにして権力をもちうるのだろうか。またどのようにしてそれらの不一致や抗争を中立化できるのだろうか。そして彼の主張する外的な崇敬はどのような重要性をもち、どのような平和を保証できるのだろうか。それは帝国のさまざまな法律への古代のキリスト教徒の服従よりも無限に小さいのではないだろうか。ある個人を彼の信仰に結びつけている神にたいする敬虔以外の何が、その個人の魂を代表しているというのだろうか。もし国家が神にたいする敬虔をもっていないとしたなら、その国家は魂をもっていないことになる。国家はニーチェの言う凍てつくような怪物でしかなくなるだろう。それゆえ、国家が死すべき運命にある存在であることは、国家が出現した瞬間においてすでに明々白々である。国家は現にすでに過ぎ去ってしまった何ものかとして存在している。ヨーロッパのすべての言語で“Stato”〔伊〕、“Etat”〔仏〕、“State”〔英〕、“Staat”〔独〕などと呼ばれているその名前自体が、それが死すべき運命にある存在であることだけでなく、それ以上に、それが存在していたという過去形で表記される存在であることをはっきりと示している。

その結果として生じた自由主義は、国家の法の次元と信仰や価値の内的な次元のあいだに矛盾は存在せず、〈たんに〉区別が存在するにすぎないと主張することによって、「躓きの石」を迂回する。自由主義は本質的に「区別されたものの弁証法（dialettica dei distinti）」〔クローチェ〕である。が、そのような弁証法は、区別されたものを——本書で探求されてきたように——絶対的に区別されたものとしては、ひいては、それら同士の抗争からだけでなく、それらが互いに相手を非友好的なかたちで〈見棄てる〉可能性からも切り離しえないものとしては、なんらの仕方においても考えることができない。区別されたものは、自由主義の場合には、無差別な等価（indifferente equi-valenza）の原理に従って扱われる。こういった扱い方はまったくもって非現実主義的であるだけでなく、それ自体、およそ思考不可能でもある。実際にも、内的な領域がもろもろの交換不可能な価値を保持している一方で、外的な領域（それぞれの「地域」に固有のものでありつづけることにならざるをえない外的な宗教）は、評価されるもの、すべてが相対的で、ひいてはそれらの本性からして機会と便益の計算に服している立場や主張と関係をもたないわけにはいかないことが明らかになる。二つの次元のあいだには、両者の平和的な共存を保証するようななんらの等価性も存在せず、むしろ、両者の抗争を避けられなくする権力の本源的な差異が存在する。そこで問われるべき問いはつぎのようになる。不可知論的な国家の法的‐制度的機械は、内的な次元、強制しえない自由を中立化して、ほんとうに私的なことがらに、すなわち、自分に属さないだけでなく、自分のまさしく対立物を表象している次元に引き戻すことができるのだろうか。国家は、あらゆる価値の立場を残らず世俗化し、あらゆる価値を評価されるものに〈変身〉させることができるほど強力な機械になりうるのだろうか。こういったことが問われることとなるのである。

これと似たような結果が得られると考えることができるとするなら、それは国家＝大いなる機械のどのような基本的機能も、その本性からして、もろもろの価値の生産の領域と相互に作用しあうよう強制されることはないことを証明した場合でしかないだろう。もし国家が完全に私的個人間の法律的および経済的な（むしろ、経済美学的なと言いたい）関係の調和に〈置換しうる〉ことになったとしたなら、そのときにはもろもろの価値は法律の空間からまずは孤立させられ、ついでは追放されるようになることがありうるかもしれない。悲劇詩人たちが完全なポリテイアから孤立させられ追放されたようにである。

自由主義的意識の最深部において働いているこの考えは、ここでもまた陸と海の関係に立ち戻ることによってよりよく例示できるかもしれない。法律の陸地、経済的‐法律的理性の《いとも公正なる大地》は、四方八方からそれを包みこんでいる空しい希望、蜃気楼、たんなる〈観念〉の大洋からなんとしても救いあげられなくてはならない。計算する悟性が根ざしているのは十分に基礎づけられた陸地である。これにたいして、現象に還元できないさまざまな観念からなる無限定の空間は海である。海へと、わたしたちは未知のものにたいする打ち負かしがたいノスタルジーから、到達しがたく**遠くにあるもの**への愛から突き進まされる。だが、この憧れ（Sehensucht）はあらゆる安定した構築作業をさまたげる。それどころか、**法の統治する国家**という卓越した構築物をついには解体してしまう。イマヌエル・カント〔一七二四―一八〇四年〕の『純粋理性批判』〔一七八一年〕の核心をなす悟性の諸形態と理性の諸観念との関係のドラマと、国家をもろもろの価値の生産過程で生じる「予言しえない」ものに絡ませ対立させているドラマとのあいだには、ひとつの完全なアナロジーが存在する。なぜなら、要点はつぎの点、すなわち、「健全な」悟性がもろもろの観念を根絶しえないように（それどころか、それらが実践の分野において主権を有していることを承認せざるをえないように）、国家はみずからの原理に従っては巧く支配できないそれらの価値をなんらかの阿呆船（Narrenschiff）に乗せて追放してしまうこともできないという点にあるからである。国家はそれらの価値の嵐の海によって、たんに呑みこまれてしまうだけでなく、横切られる。実際にも、国家が法律を制定して人々に遵守させるのを許可する権威は、既存のもろもろの規範には還元できないひとつの政治的な行為を基礎に置くことによってしか考えられない。そしてそれは本来、イデオロギー、価値、神話としても効力を有する行為なのである。[25]もろもろの価値の次元が**政治的なもの**となんらの本質的な親近性をもたなかった場合にのみ、**大いなる機械**の完全な世俗化の過程は想像できるだろう。だが、**政治的なもの**はけっしてたんなる資源の**配置行為**に尽きるものではなく、つねに《安定した信奉者集団を確保するための》闘争[26]でもあるのだろうから、ひいてはつねに神話的・イデオロギー的な構成要素をみずからのうちにもつことになるのだろうから、国家はけっして安定した陸地として、もろもろの検証しえない観念や計算しえない価値の海から（あるいは砂漠から）みずからを断ち切ることはできないだろう。このために、国家はなんらの〈全体性〉も主張できなくなるだけでなく（国家はけっしてほんとうには絶対的（assoluto）なものでありえなくなるだろう、すなわち、もろもろの価値の生産から切り離された（ab-solutum）ものになることはないだろう）、そう主張するときには、みずから適切に思考しうることもやめてしまうことになるだろう。実際にも、国家はみずからを構成してきた、そしてあらゆる瞬間に再構成している、当の決断[27]の意味を、なんらの仕方によっても思考することができなくなってしまうだろう。というのも、すべての法律は国家の意思の限定された産物として考えられるようになるか、それとも、まさしく国家が清算したくおもっている超越的・宗教的な次元に訴えざるをえなくなるだろうからである。

　したがって、近代国家の**ノモス**は、根が欠如しているなかにあって、二律背反的であるようにみえる。それが負った傷に沿って、それを解体へと導いていく諸勢力が作動するのである。一方では、ユートピア的で《価値による専制》[28]の勢力。それらの勢力はあらゆる法律的・経済的な計算およびあらゆる予言可能性から逃れ去るが、それでも、それらがなくては、さきに見たように、世俗化した**法の国家**に生命を与える当の決断そのものを思考しえなくなってしまう。およそどのような政治的決断もそうであるようにである。他方では、いわゆる「市民社会」自体の勢力。それらの勢力の〈法律〉は、客観的には、国家という形式を脱構築して、もろもろの私的な契約の複合体、私的な個人および利害間の交換の複合体に還元してしまおうとする。そして近代国家が議会主義化していくなかで、それに沿って二つの傾向は協力関係に入りこむ。価値による専制と政治的形式の断片化とは一体となって、近代的な政党の誕生というかたちで表現される。それらはいずれも部分的な観点に立っていて、〈個人的〉利害の担い手であると同時に究極的には交換しえないイデオロギー的価値の代表者でもある。[29]近代の大衆政党はつねに全体党という本質的に二律背反的な形式を帯びるようになる。これらの党は、国家の**ノモス**を脱構築して、実際には立法をおこなうのではなく、ほかのところでなされた決断を批准するだけの議会の活動へと解消してしまう最初の制作者たちであり、権力が実際に遂行する職務の控えの間である。全体党という〈怪物〉は、議会の主権性を古めかしい式文を唱えて呼び出すやいなや、その瞬間に、事実においては、一貫して変わることなく、それを脱正統化してしまう。かたや、事態を麻痺させる空疎な妥協の舞台に引き下げられてしまった議会のほうも、一貫して変わることなく、もろもろの権威主義的で人民投票的な傾向を誘発する。すなわち、みずからの死のために働く。それはまさに完璧な**死へと向かう存在**（Sein-zum-Tode）〔ハイデガー〕である。

この過程に沿って――ヨーロッパは第二千年紀が終わろうとしている時点で、その過程の終わりを、それを思考するすべを知らぬまま、それどころか、兆候を原因と混同しながら生きているのだが――国家を形式的な法律的諸関係の総体に、**行政**（ヴェーバーのいうベトリーブ（Betrieb））に〈置換〉しようという自由主義的な観念は難破する。というのも、**政治的なもの**をもろもろの行政的な、そしてとりわけ経済的な次元に中立化することができるのではないか、というユートピア的観念は挫折してしまっているからである。自由主義的観念全体の概念上の根本的な矛盾はまさしくつぎの点、すなわち、もろもろの経済的価値に支配された時代にあって、経済を指導するとまでは言わないまでも統制することを放棄してしまうような国家（そしていまやもろもろの政党からなる国家）を生じさせうるという点にある。そのような国家はもはや国家ではなく、政治的には自殺を遂げてしまうだろう。くわえて、この時代には、自由主義的観念のもうひとつの大きな側面、すなわち、（区別されたものの論理の産物である）権限の分割〔三権分立〕もますます幽霊と化していくだろう。議会はしだいに機能しなくなって、立法権を執行部〔行政権者〕に〈委任〉するようになるだろう。と同時に、諸政党の書記局と議会活動の背後で仮面を被って策動しているさまざまなロビーがあらゆる手段を使って執行部のおこなう選択に影響力を行使しようと努めるだろう。この枠組みのなかにあって司法権の立ち位置は、いたずらにエネルギーを消耗させる、裏取引による妥協のゲームと、相互の拒否合戦の産物である法律がますます〈読解不能〉になっていくこともあって、このうえない機会主義を特徴とすることとなるだろう。どのような政治的決定ももはや新しい（フェアファッスング[30] (Verfassung)〔根本体制〕という意味においての、すなわち、人民の意志、エートスの真正な行為としての）憲法を誕生させることができなくなる。なぜなら、憲法という観念自体、ある限定された空間の存在の承認、領土的定義をほどこされた**ノモス**の可能性と結びついているからである。

まさしくそのような**ノモス**の可能性がいまや最終的に没し去ろうとしているかにみえる。**大いなる機械**の内面において生じている虚脱状態には、世界市場の恐るべき〈普遍主義的〉圧力による危機が随伴している。国際経済は事実上の主権的な諸国家の存在に基礎を置くヨーロッパの間−国家的 (inter-statale) な法から〈解放〉される。近代国家の最後の表現、《領土が属する者に経済も属する (cuius regio, eius oeconomia)》〔一五五五年のアウクスブルク宗教和約において確認された「領土が属する者に宗教も属する（cuius regio, eius religio）」という原則のもじり」は、もろもろの社会主義的システムの崩壊によって一掃されてしまった。経済と技術が勝ち誇ったように繰り広げる言語活動は、単一の空間、あらゆる場所的差異から（ひいては、陸・海・空という、三つの古来の圏域の区別からも）〈解放された〉ア・プリオーリな形式としての単一の空間概念を要請する。《……慣習や法律や制度の相違をなんら顧慮することなく》単一の知性を要請する。そして、見てきたように、戦争の意味も完全にこの画期的な変容に適合したものとなるのである。

だが、この変容に続いて古いヨーロッパ公法のなんらの国際化も起こらない。ヨーロッパがそうであった《大地の聖なる中心[31]（die sakrale Mitte der Erde）》は、新しい経済的諸関係とそれに由来するもろもろの新しい抗争に形を与えうる新しい諸制度を〈考案〉できるようにはみえない。国家によって代表されていたカテコーン〔抑止するもの〕の形式はいまや没し去ろうとしているが、それに代わっては、政治的ロマン主義の表現にほかならない中立化と脱政治化の自由主義的ノスタルジーか、〈正しい戦争〉の観念を甦らせようとする偶発的で感傷的なこころみしか出現していない。その間、もろもろの利害と文化そのもののミクロ同業組合的なアトム化とあらゆるエートスの一掃化の傾向のほうは、大衆政党自体をすたれさせてしまうほどの地点にまで達している。こうして全体党に代表される、たとえどれほど矛盾していて〈貧寒な〉ものであろうとも、それなりに政治的なものである極端な形式も関節が外れてしまう。

シュミットのヒストリアの終わり方はハムレット的である。[32]彼のヒストリアは、たんなる事実史的な現在を語る悲劇、裸の出来事を語る悲劇の枠内にとどまっている。ここまで展開されてきた〈語り〉は（それはなおも疑いもなく「大いなる語り」の時代に属している）、なんらの〈到来する神（deus adveniens）〉も予見することを許さない。どのようなデウス・エクス・マーキナ（deus ex machina）〔演劇で急場の解決に登場する宙乗りの神〕――すなわち、**マーキナ・マーキナールム**であるレヴィアタンの胎内から出現する神――も、そこでは予告されない。

だが、ハムレットはロマン主義的な英雄ではない。オルドヌング〔秩序づけ〕とオルトゥング〔場所確定〕が不在のなかで（《この世の関節が外れてしまった（The time is out of joint）》、シェイクスピア『ハムレット』第一幕第五場）、それでも彼は決断する（《ああ、なんの因果だ、／それを正すために生まれてきたのか（O cursed spite, / That ever I was born to set it right!）》、同上）。そして『大地のノモス』も、おそらく、同様に宙づりになった本であって、《わたしたち自身およびわたしたちの神的な起源》[33]を想起しうる唯一の〈場所〉である沈黙となって終わっている（沈黙が、かつては神学者たちに課されていたように、今日では法学者たちにも課されているのだ）。今後の予測らしきものはなされている。それは時代がいまや疑いの挟みようもなくグローバルな統一へと向かおうとしているという認識にもとづいている。東西両陣営のあいだの冷戦自体、そのような統一に向かっての移行過程、ラディカルなイデオロギー的対立の時代から、抗争を市場の統制に向けての競合へと〈解消〉しようとする時代への移行過程でしかなかったのだった。実際にも、両陣営を賦活していた世界イメージはまったく瓜二つだった。双方とも秩序と場所の最終的な分離の相続人であり、双方とも**技術**によって評価されるものの名においての《グローバル以前の時代（vorglobale Zeit）》のあらゆる特徴の清算者であって、合理的に利用しうるあらゆる手段を駆使して遂行されてきた両者の対決は、そのような世界イメージを自分のほうがいっそう一貫していていっそう経済的な仕方で表象する力量を具えているという〈決闘者〉同士の主張となる以外に終結しえなかったのである。それは古いものと新しいもののあいだの闘争でもなければ、両立不可能なイデオロギー間の闘争でもなかった。なぜなら、双方の政治的な実践と決定はともにヨーロッパ主権国家の没落、その諸制度と代表形式の不可逆的な危機、諸国民（nationes）を超えたところにみずからを定位しようとする意志を表明してきたからである。グローバルな統一に向かおうとする基本的な傾向は、すでに冷戦の過程そのもののなかで支配していた。冷戦は、本質的に、どちらの勢力が双方の目的であり価値であるグローバルな時代を指導していくことになるのか、を確定するための熾烈極まる闘争であったのだ。

《アッティカ的局面》[34]はこうして終了する。〈残存している者〉はなおもみずからの〈義務〉に従うことはできるのだろうか。すなわち、新しい万民法にもとづいて帝国を打ち立てることはできるのだろうか。それとも、その者の支配は古いノモスが没落してしまったことの表現でしかなく、そのつど場当たり的な正当化によって糊塗された一連の所作と決定となって表現される事実上の支配以外の何ものでもないのだろうか。その者の支配は現在もなお生き残っているようにみえる唯一の言語の支配、すなわち、普遍的な通商、経済、技術の「自由」の支配以外の何ものでもないのだろうか。それとも、ノモスが根絶やしになる運命にあるということ自体に形を与え、まさにグローバルな時代のノマドたちに通用しうるような万民法を確立することができるのだろうか。

わたしたちにはわからない。エピメテウスたる知識人は将来を予言することができない。だが、わたしたちがここまで耳を傾けてきた、わたしたちを不安にさせ居心地悪くさせる歓迎されざる客は、ひとつのことを言うことができる。すなわち、単一のものに向かっての普遍的な傾向はヨーロッパ・ニヒリズムの性格と言語をいっそう急進化するのであって、それに異を唱えるものではない、と。その傾向を弁護する者たちは、わたしたちにその傾向を平和の創造者たる完璧なレヴィアタンが具現化したもの、もろもろの観念間の〈野蛮な〉抗争を中立化するもの、もろもろの価値が余すところなく計算可能になり、**政治的なもの**の〈危険〉が行政の諸規範に引き戻されるようになることとして表象しようとしている。もろもろの価値によるいかなる専制も、今日ほど暴力的なことはかつてなかった。単一のものに向かっての普遍的な傾向は、実のところ、価値による専制が〈不寛容〉の度合いを極めているなかにあって、行為の調和的な形式が顕現したものにほかならない。その傾向にとっては、いっさいは相対的でなければならない。が、もろもろの価値の中立化というみずからの目的だけは別である。いっさいは契約可能で交換可能でなければならない。が、契約可能で交換可能なものの普遍的な支配だけは別である。いっさいは等価的で無差別なものに還元されなければならない。が、普遍的な等価性だけは別である。この価値による専制の〈相対主義的〉形式は、革命的ユートピアの形式が正真正銘の達成を遂げたことを表象している。革命的ユートピア（これは『大地のノモス』においてシュミットが取り組んでいない決定的な一章である）は、異他なるものであるかぎりでの異他なるものは——もし真剣に単一の空間と全人類のために真の平和を建設したいと考えているのであれば——絶滅すべき侵略者であると主張することによって、旧来のヨーロッパ法を無と化すのに力強く寄与してきた。それは《等しからざるものを廃止することを介してのみ》[35] 真実の平等に到達することができると考えている。区別されたものに内在する共同体という観念——これは、近代国家が実際に抱懐していたユートピアおよびその相続人であり達成者である「グローバルな時代」の文化にとっては、第一の敵をなしている。それどころか、およそ思考することができなくて実現されえないものなのだった。

価値による専制の〈相対主義的〉時代[36]においては異他なるものであるかぎりでの異他なるものにたいしてもはや戦争することは許されないというのは、真実である。だが、戦争はテクネー・ポリティケー〔政治術〕のさまざまな次元のうちのひとつでしかない。そしてただ一人、すっかり魔法にかかってしまった自由主義的ユートピアだけが、軍事的手段によって獲得される確信を、言葉の力そのもの、言葉にたいする統制と支配をつうじて獲得される確信から、抽象的に切り離すことができるにすぎない。帝国は今日、等しからざるものを〈平和的に〉自殺へ追いやるに十分な手段を所有している。これは最も激越なジャコバン主義者たちでさえもが躊躇することなくゲリラ戦や冷戦よりも好んだであろう解決策である。その一方で、――現在も生き残っている帝国には新しい万民法を構築する能力がないために――戦争はそれ以外の諸国家間の関係の正常な形態として確立されうる。空間と時間のグローバルな統一と、〈戦争による〉その統一の解体とは、こうしてわたしたちの生きているポスト・アッティカ的時代の特徴であるようにみえる。

この正午の線上にエピメテウスたる知識人はとどまっていなければならない。だが、もろもろの出来事のほうはそこにとどまっていない。また、可能なものとその言語自体がそこからたえず産み出されている不可能なものの、無闇やたらな期待、問いかけ、希望も、そこにとどまっていない。そしてこのこともまたシュミットは教えてきたのだった――《わたしは聴き、悩む(horche und leide)》とシュミットは「獄窓の知恵」〔一九四七年四月〕で記している。これこそは、彼がトマス・ホッブズに感謝の挨拶を送ったように、わたしたちが彼に感謝の挨拶を送らなければならない最も深い理由である。カール・シュミットよ、あなたはいつも間違ったことを教えてはいない！と。だが、ヨーロッパはいまだ耳にしたことのない自己をみずからのうちに見いだすことができるのだろうかという問い、普遍主義的で何でも食べ尽くしてしまうユートピアを完全に実現してしまった**大いなる島**自体に語ることのできる新しい始まりの力をみずからのうちに見いだすことができるのだろうかという問い、ヨーロッパは区別されたもの同士の抗争をそれらが危険に直面しているさなかにあって共通のエートスとして思考することができるのだろうかという問いは、シュミットのヒストリアを超えたところに、近代国家の、わたしたちの伝統の偉大な政治的諸形式全体の、そしてローマ・カトリシズムの政治的形式自体の運命を超えたところに、答えを探し求める。どこに行こうとしているのか、どこに新しい居場所を据えるよう神が命じているのかはわからない。だが、ヨーロッパ史への反撃はすでに始まっているのである。

原注

1　同書 *Der Nomos der Erde im Völkerrecht des Jus Publicum Europaeum* (Köln: Greven, 1950; Berlin: Duncker & Humblot, 1950) はカール・シュミットの歴史的・哲学的思想の集大成である。ここではイタリア語版 Carl Schmitt, *Il nomos dell terra nel diritto internazionale dello « Jus publicum europaeum »*, traduzione e postfazione di Emanuele Castrucci, cura editoriale di Franco Volpi (Milano: Adelphi, 1991) から引用する〔日本語訳はカール・シ

ュミット『大地のノモス――ヨーロッパ公法という国際法における』新田邦夫訳（慈学社出版、二〇〇七年）〕。

2 これらの〈危険な関係〉については、拙著 *Icone della legge* (Milano: Adelphi, 1985 nuova ed. 2002), pp. 46-55 で論じたことがある。

3 Delio Cantimori, “La politica di Carl Schmitt,” *Studi Germanici*, 1 (1935), in: Id., *Politica e storia contemporanea. Scritti 1927-1942*, a cura di Luisa Mangoni (Torino: Einaudi, 1991), pp. 237-252.

4 Carl Schmitt, *Ex Captivitate Salus. Erfahrungen der Zeit 1945-47* (Köln: Greven, 1950); trad. it., *Ex Captivitate Salus. Esperienze degli anni 1945-47* (Milano: Adelphi, 1987), p. 14〔「獄中記」長尾龍一訳、『カール・シュミット著作集』第二巻「一九三六―一九七〇」（長尾龍一編、慈学社出版、二〇〇七年）、一三四頁〕。本書は《無防備ではあるが、否定されて無とはなりはしない》一人の人物によって書かれたものであって、『大地のノモス』と同じ年に刊行された。

5 *Il nomos della terra* cit., pp. 54-71〔新田訳、五〇―六八頁〕。

6 Ibid., p. 297〔新田訳ではこの語句は欠如している〕。

7 Ibid., pp. 335-367〔新田訳、三三三―三六五頁〕。

8 Ibid., pp. 163-178〔新田訳、一六〇―一七六頁〕。Carl Schmitt, “Staat als ein konkreter, an eine geschichtliche Epoche gebundener Begriff” (1941), in: Id., *Verfassungsgeschichtliche Aufsätze aus den Jahren 1924-1954* (Berlin: Duncker & Humblot, 1958) も見られたい。

9 ユンガーが *Die totale Mobilmachung* (Berlin: Junker & Dünnhaupt, 1931) で使った「全体動員」という表現はシュミットによって *Il nomos della terra* cit., p. 302 et passim.〔新田訳、三〇一頁ほか〕で取りあげられている。

10 Cf. Cacciari, *Drân. Méridiens de la décision dans la pensée contemporaine*, trad. par Michel Valensi (Combas-Paris: L’Éclat, 1992), pp. 21-36.

11 たとえば、『陸と海』の最後の一節――《たしかに古い**ノモス**は消え失せ、それとともに在来の尺度、規準、関係の体系全体も消え失せる。しかし、だからといって、やがて来たるべきものがたんに尺度の喪失、あるいは反**ノモス**的な無であるわけではない》(Carl Schmitt, *Land und Meer. Eine weltgeschichtliche Betrachtung* (Leipzig: Reclam Verlag, 1942; Stuttgart: Reclam Verlag, 1954); trad. it. *Terra e mare. Una considerazione sulla storia del mondo*, a cura di Angelo Bolaffi (Milano: Giuffrè, 1986), p. 82〔カール・シュミット『陸と海と——世界史的一考察』生松敬三・前野光弘訳（福村出版、一九七一年）、一〇五頁〕）。

12　『政治的ロマン主義』〔一九一九年〕は、シュミットの著作全体にたいして、『ドイツ・イデオロギー』〔一八四五—四六年〕や『哲学の貧困』〔一八四七年〕がマルクスの著作全体にたいして占めているのと同じ位置を占めている。それは自分の敵がだれであるかを哲学の場で宣言したものなのである。そしてこの宣言はけっして撤回されることはなかったのだった。

13　ペリクレスにおいても**神的な秩序**の記憶は働きつづけている。Cf. Victor Ehrenberg, *Sofocle e Pericle*, traduzione di Angela Pisani (Brescia: Morcelliana, 1958). しかし、「神のノモス」にかんする基本的な研究はいまもって第I章原注10で言及したマルチェッロ・ジガンテ〔一九二三—二〇〇一年〕の研究である。

14　シュミットの**ノモス**とハイデガーにおけるヴォーネン（wohnen）＝「住まうこと」の観念とを比較対照してみるのも一興だろう。

15　ローマのインペリウム（imperium）＝帝国はその最終的な確立に寄与してきた人物たち自身にとって《不安の対象》である。支配権＝アルケーは不安を産み出す。かくも多くの〈部分〉、かくも多くの国民（nationes）の統一体を治めるにはどうすればよいのだろう、というわけである。帝国という「大いなる形式」の解体の過程はその確立のされ方自体と不可分離であると言っているかのようなのだ。諸国民は帝国の内部にあって帝国に反対して〈働いている〉のである。Cf. Santo Mazzarino, *La fine del mondo antico* (Milano: Rizzoli, 1988), pp. 22-23, 165. 帝国に傾斜が生じるなかで、ビザンティンではなおも〈求心的な〉統一の動きが抵抗しつづけているのにたいして、西方ではナショナルな方向での刷新の動きが高まり、諸国民の〈自由〉への危機と不確実性に満ち満ちた苦難の道程が開かれていく。Cf. Santo Mazzarino, *Stilicone. La crisi imperiale dopo Teodosio* (Milano: Rizzoli, 1990), pp. 232-234. ここでも、帝国の超ナショナルな統一の相続人は教会である。ヒッポリュトスは『ダニエル書註解』のなかで帝国は唯一の真の統一体であるキリスト教徒の統一体を真似たもの（simia）であると語っている。アウグスティヌスとオロシウスにとっても同様である。キリスト教徒の自由のみがもろもろのエトノスの境界を〈正当な仕方で〉乗り越えることができるのであり、神を賛美する歌のなかでのみ、夷狄《いてき》とローマ人は声を一つにして歌うことができるのである（オロシウス『異教徒論駁』七・三九・九）。キリスト教徒からなる《いとも甘美なリズムを奏でる》進軍ラッパだけがすべての者たちを分け隔てなく生へと招き入れる。しかし、この歌に耳を傾けることを拒否する者たちは弁解のしようもなく死へと棄ておかれる（同上、七・三九・一二）。

16 「マタイによる福音書」一九・八――《あなたたちの心が頑固なので（pròs tèn sklerokardían hymôn）、モーセは妻を離縁することを許したのであって、初めからそうだったわけではない》。「マルコによる福音書」一〇・五――《あなたたちの心が頑固なので、モーセはこのような掟を書いたのだった（tèn entolèn taúten）》。

17 だが、明らかなことであるが、戦う必要がないのは、あくまで慣習や法律が完全に神聖さを奪われている、すなわちたんに政治的な構築物として姿を見せているかぎりにおいてのことである。というのも、もしそうでなかったなら、それらは古い偶像崇拝的多神教の《あてどもなくさまよう臆見の衝動》（アウグスティヌス『神の国』七・一七）でしかないことを示すことによって、それ以外のあらゆる異教の儀礼と同様に根絶やしにされなければならないだろうからである。このアウグスティヌスの恐るべき神聖剝奪力の見本は、大地崇拝、**ノモス**がそこに根ざしていた、ウェルギリウスの謳う《いとも公正なる大地》の崇拝への彼の攻撃である。なにゆえ人々は土地を女神と考えるのか。《土地が実を生じるからなのだろうか》。だが、そのときには、《耕作して実を生じさせる》人間こそが神であると言ったほうがよいのではないか。土地はそれを人々が耕作することによってしか崇められないのである（同上、七・二三）。ソポクレスには人間の驚嘆すべき面にして戦慄すべき面とみえていたもの、彼の世界と母なる大地との戦いは、いまでは問うに値することがらですらなくなってしまう。だが、問題はアリストテレスの気の短い弟子〔アレクサンドロス三世〕によって解かれたゴルディオスの結び目のようには解決されることはなかった。ソポクレスの悲劇とアウグスティヌスによる〈解決〉とのあいだには、古代後期とヘレニズム時代における**ノモス**の根っこの引っこ抜き、ローマの法啓蒙主義、インペリウム〔帝国〕の普遍的観念の形成の数世紀が走っているのである。

18 Schmitt, *Il nomos della terra* cit., pp. 42-47〔新田訳、三八―四三頁〕。カテコーンへの言及はシュミットの他の数多くの著作のなかでもなされている。たとえば、"La lotta per i grandi spazi e l'illusione americana," *Lo Stato*, 13 (1942); "Die Einheit der Welt," *Merkur*, 47, 1 (1952) などがそれである。

19 ヒッポリュトス『反キリストについて』六三・二。

20 Massimo Cacciari, *Dell'Inizio* (Milano: Adelphi, 1990), pp. 621-638. カテコーンとカトリック教会の関係についてのシュミットの立場もはっきりしない。だが、もし *Römischer Katholizismus und politische Form*（一九二五年）〔邦訳は「ローマカトリック教会と政治形態」小林公訳、『カール・シュミット著作集』第一巻〔一九二二―一九三四〕（長尾龍一編、慈学社、二〇〇七年）一一九―一五三頁〕において主張されているように、教会が「大いなる政治」を展開する者の近くにつねにとどまり続けているのだとするなら、教会はカテコーンに固有の〈帝国〉的な特徴、ひいてはそれに内在するあらゆる矛盾も帯びないわけにはいかなくなるだろう。

21 これらの論点は『大地のノモス』では扱われていない。が、シュミットはつねにユダヤ教の伝統のうちに**ノモス**の解体のひとつの強力なファクターを見てとっている。彼の立場はニーチェの立場と一緒にして読まれるべきだろう。第II章第四節「笑い」を参照されたい。

22 この基本的概念については、"Il concetto di 'politico'" および "L'epoca delle neutralizzazioni e delle spoliticizzazioni" in: Carl Schmitt, *Le categorie del 'politico'*, a cura di Gianfranco Miglio e Pierangelo Schiera (Bologna: Il Mulino, 1972) を参照されたい。このアンソロジーはイタリアにおけるカール・シュミットをめぐる論争を学問的基礎に立脚して再燃させることになった〔邦訳は前掲『カール・シュミット著作集』第一巻に収録されている「政治的なも

の概念（第二版）」菅野喜八郎訳、二四七―三一一頁および「中立化と脱政治化の時代」長尾龍一訳、二〇一―二一五頁を見られたい〕。

23 Carl Schmitt, *Scritti su Thomas Hobbes*, a cura di Carlo Galli (Milano: Giuffrè, 1986), p. 54.

24 Ibid., p. 106.

25 Carl Schmitt, "Die politische Theorie des Mythos," in: *Positionen und Begriffe in Kampf mit Weimar-Genf-Versailles, 1923-1939* (Hamburg: Hanseatische Verlaganstalt, 1940).

26 Gianfranco Miglio, "Oltre Schmitt," in: *La politica oltre lo Stato: Carl Schmitt*, a cura di Giuseppe Duso (Venezia: Arsenale Cooperativa Editrice, 1981), p. 45.

27 シュミットにおけるこのもうひとつの基本的概念とその政治史的および哲学的コンテクストについては、Giuseppe Duso, "Tra costituzione e decisione. La soggettività in Carl Schmitt," in: *La politica oltre lo Stato* cit.; Emanuele Castrucci, *La forma e la decisione* (Milano: Giuffrè, 1985); Carlo Galli, *Modernità. Categorie e profili critici* (Bologna: Il Mulino, 1988), pp. 175 seqq. を見られたい。

28 Carl Schmitt, "Die Tyrannei der Werte," in: *Säkularisation und Utopie. Ebracher Studien. Ernst Forsthoff zum 65. Geburtstag* (Stuttgart-Berlin: Kohlhammer, 1967)〔「価値による専制」森田寛二訳、前掲『カール・シュミット著作集』第二巻、一八五―二二七頁〕。

29 とくに Carl Schmitt, "Legalität und Legitimität," in: *Verfassungsgeschichtliche Aufsätze* cit.〔カール・シュミット『合法性と正当性――〔付〕中性化と非政治化の時代』田中浩・原田武雄訳（未來社、一九八三年）〕; "Weiterentwicklung des totalen Staats in Deutschland," in: Ibid.〔「ドイツにおける全体国家の発展」服部平治・宮本盛太郎訳、カール・シュミット『政治思想論集』服部平治・宮本盛太郎訳（ちくま学芸文庫、二〇一三年）、一〇五―一二三頁〕; "Die geistesgeschichtliche Lage des heutigen Parlamentarismus," in: *Positionen und Begriffe* cit.〔「現代議会主義の精神史的状況」樋口陽一訳、前掲『カール・シュミット著作集』第一巻、五三―一一八頁〕を参照されたい。

30 Cf. Giuseppe Duso, *La rappresentanza. Un problema di filosofia politica* (Milano: Franco Angeli, 1988); Maurizio Fistarol, "Gli organi del potere. Prospettive giuridiche e istituzionali in Carl Schmitt," in: AA. VV., *I limiti della politica*, a cura di Umberto Curi (Milano: Franco Angeli, 1991).

31 *Il nomos della terra* cit., p. 272〔新田訳、二七三頁〕。

32 これもシュミットの被っているもうひとつの「仮面」である。Cf. Carl Schmitt, *Hamlet oder Hekuba. Der Einbruch der Zeit in das Spiel* (Düsseldorf-Köln: Eugen Diederichs Verlag,1956)〔カール・シュミット『ハムレットもしくはヘカベ』初見基訳（みすず書房、一九九八年）〕。

33 Carl Schmitt, *Ex Captivitate Salus*, trad. it. cit., p. 78〔「獄中記」長尾訳、前掲『カール・シュミット著作集』第二巻、一七〇頁〕。

34 Cf. Carl Schmitt, *Donoso Cortés in gesamteuropäischer Interpretation*. Vier Aufsätze (Köln: Greven, 1950).

35 Roman Schnur, *Rivoluzione e guerra civile*, a cura di Pier Paolo Portinaro (Milano: Giuffrè, 1986), p. 85.

36 西欧の典型的産物である「相対主義的専制」についての批判はテサロニケ生まれのフランス人文化人類学者ルイ・デュモン〔一九一一—九八年〕の著作全体の中核をなしている。デュモンによると、もろもろの差異の「無差別な」承認などといったことはありえない。なぜなら、もしそんなことがありうるとしたなら、それはまさしくもろもろの差異についてなんら考慮していないということになってしまうだろうからである。だが、何ものかについて「考慮すること」をしないでいることが可能なのは、そのものを「無差別な」ものと見なす観点の「ヒエラルキー的な」優越性が前提されているかぎりにおいてのことでしかないというのだった。この批判を具体的に例証しようとすれば、さまざまな伝統の比較主義的な分析に導かれていくことになるだろうが、この場ではおこないえない。この問題へのわたしの哲学的アプローチは次章およびエピローグで示されるだろう。

第Ⅴ章

不在の祖国

第一節　暴力と調和

もし死すべき者たち〔人間〕が各自みずからの個別的な悟性に従って生きているのでないとしたなら、彼らも宇宙の〈目に見える神々〉が目に見えるかたちで服している**秩序**に服するよう説得されていてしかるべきだっただろう。平和のうちにあるとは、わたしたちがすべての事物に共通のロゴスに結びつき、そのロゴスに似せてわたしたちの**ノモス**をつくりあげているということでなくて、それ以外の何であるというのだろうか。だが、そのロゴスはただ単純に万物が一であると断言するだけでなく、その単一性は生じる、それも**エリス＝争い**と**必然**に従って生成すると断言する（ディールス＝クランツ編『ソクラテス以前哲学者断片集』第二二章「ヘラクレイトス」B五〇、B八〇）。ディケー〔正義〕はエリスとしてしか生じえない。一が見られ知られるときには、それは必然的に争いとしても、ひいては差異としても現われる。そしてもしロゴスが差異化のロゴスでなかったとしたなら、万物に共通のロゴスは存在しなかっただろう。なぜなら、全体とは、分割されうるものにして分割されえないもの、産み出されたものにして産み出されなかったもの、死すべきものにして不死のものだからである。全体はそれ自体において相対立しながら一致している。もろもろの事物は全体の一であり、一は存在するかぎり、もろもろの事物の全体である（同上、B一〇、B五〇、B五一）。そのとき、平和のうちにあるとは、どの神によっても創造されたのではないこの宇宙の永遠のリズムもしくはドラマと

——それを理解しつつ——〈和合〉することであることになるだろう。そこでは、**エリス＝ポレモス**〔戦争〕は一から存在者の数多性を生じさせては、つねに新たにその数多性を一に解消していく。あるいはこう言ったほうがよければ、一は**ポレモス**という名をもつかぎりで、存在者をそれを差異化するなかで表出するのであり、**ポレモス**は万物の父であるかぎりで、万物を新たにそれらの単一体へと解消していくのである。平和のうちにあるとは、それまでは存在していなかったそのような**調和**《ハルモニア》へとみずからを和合させることを意味している。そして**調和**は不動の状態ではなく、パリントロポス（palíntropos）である。[1] すなわち、一が全体へ、そして全体が新たに一へ〈置換〉される働きを指している。

この調和の観念以外の平和の観念をわたしたちはもっているだろうか。わたしたちにとって**平和**とは、道を知らずに（ápeiroi）眠っている者たちの見る夢から最後には目覚め（ディールス＝クランツ編『ソクラテス以前哲学者断片集』第二八章「パルメニデス」B一・七）、本源的な共通のもの（Xynón, Cum）の存在を承認する諸部分が結びつき合うことでなくて、それ以外の何であるというのか。だが、共通のものとはこれらの部分を結合するもののことであり、それらの部分がなくては考えられないままになってしまうだろう。そして調和は《さまざまに異なるものどもから》（ディールス＝クランツ編『ソクラテス以前哲学者断片集』第二二章「ヘラクレイトス」B八）、つまり諸部分が相違していることからやってくる。万物は純粋な単一性と争うエリスをつうじて産み出され、この争いから数多的なものどもが産み出される。そして数多的なもの同士の争いから新たに調和が産み出される。つねにわたしたちはつぎの基本点に立ち戻る。すなわち、もし平和とは調和のことであるとするなら、それは運動である、それもエリス＝争いと必然に従って、争いの必然性に従って、配備される運動であるという点に立ち戻るのである。もろもろの相違するものが相違するものとして出現する必要がある。そしてそれらがそこから出現した一のうちに解消されることによって〈超克〉される必要がある。そして一が存在するためには、差異化作用の全体のなかで顕現する必要がある。調和とはこの運動するもの（movimentum）のすべての部分およびすべての契機に共通のロゴスのことである。そこでは、本来、何ひとつとしてほんとうには一所に停留することはしていないようにみえる。何ひとつとして他者との関係のなかにおいてしか存在せず、何ひとつとして静止してはいない。まさしく、対立物が結びつき合っていることを理解しており、もろもろの部分を捕獲して、それらから調和をつくり出すロゴス以外には。そこで「調和」という語には二つの意味があることになる。調和とはもろもろの部分が結合に成功したことであるが、結合を産み出す数の法則のことでもある。そして結合はもろもろの要素の配備によって産み出されるのであるが、同時に、その配備を形づくる観念、それが産み出されてきたさいの根底にある秩序でもある。それは目に顕わな調和、もろもろの相違するものが結合することによって産み出されている調和である。と同時に、目に顕わでない調和、そのようなものとしてはけっして光のもとにやってくることがなく（〈隠れている〉のではない。隠れているものは目に顕わなものと同様、厳密に限定をほどこされているからである。また〈不可視なもの〉でもない。ロゴスはそれを〈見ている〉からであり、ひいてはそれを知っているからである）、けっして捕獲されえない調和である。調和が最も美しい（同上、B八）のは、それが結合の結果生じたものだからである。すなわち、このうえなく目に顕わであるからこそ、最も美しいのである。調和が目に顕わでない調和であるのは、それが結合そのものの法則だからである。それゆえ、それは目に顕わな調和よりも言葉のすべての意味において強力なのである（同上、B五四）。

ヨーロッパが平和を思考してきたのは、この〈二つの〉調和の関係においてである。一方では、万物が本源的には一であるという観念がなくては平和は考えることができない。もし差異化が本源的なものであるとしたなら、どのようにして調和した秩序がたんに偶発的なもの、たんなる偶然として以外に産み出されることができるというのだろうか。他方では、平和は数多的なもの同士の争いの産物であって、そうした争いから、さまざまに異なる要素からなるこの結合、この可視的な調和は生じるのである。そして、この可視的な調和は争いの向かう方向と一致する。実際にも、不和と争いの女神エリスはまずもって一からもろもろの数多的なものを産み出す。エリスはたんなる無差別の単一性を〈許容〉しない。ついではもろもろの数多的なものを区別し、それらを実際に相違するものとして構成して互いに対立させる。この対立がなくてはなんらの調和も生じないだろう。どの〈和合〉も対立からしか生じえないのである。だが、エリスがさまざまに異なるものをつくり出し対立させるのは、それらを結合へと強制するためである。エリスは、差異を構成するという目的にとっても、それを解消するという目的にとっても、必要不可欠な存在である。なぜなら、さまざまに異なるものたちがさまざまに異なるものとして永久に存続することに反対する争いなしには、それらをそれらの共（Cum）へと移行させるための闘争＝ポレモスなしには、どのような調和もついに生じることはないだろうからである。その運動全体は目に顕わでない調和によって上から規制されている。そしてそのリズム全体は公正の女神ディケーの似像である。だが、この二つの調和を二つの次元としてあつかうわけにはいかない。というのも、その場合には、それら二つの次元自体が調和させられなくてはならなくなるだろうからであり、それらの調和の法則が最強で、ひいては無限に尽きることのないものになってしまうだろうからである。**目に顕わでない調和**とは、いっさいを統治するもののことであり、昼と夜、冬と夏、戦争と平和、満腹と飢餓が一体となったもののことである。そして区別すると同時に結合する運動に内在する調和のことである。わたしたちがこれらの結びつき方を見てこれらの奏でる不協和音をつかみ取るのは、それらがつねに目に顕わでないかぎりでの**目に顕わでない調和**の存在を指し示しているという事実があることによっている。それらは、どのようにしてこの限定をほどこされた調和が**調和**でないかを示すと同時に、すべての運動がそれのなかで、そしてそれにたいして生じる、**調和**の力が存在することに合図を送っているのである。

したがって、ヘラクレイトスのたくましくも悲劇的な思想のなかでは、抽象的にポレモスとエリスから切り離されたどのような**調和**のための場所も存在しない。たしかに、**より強力な調和**はそのつど規定しうる結合の結果もたらされるものではないが、だからといって上天のなんらかの場所に〈平穏に〉鎮座しているわけではまったくない。それはむしろ、捕捉しがたい魂、もろもろの道からはあまりにも深いところにある争いのプシュケー＝魂のすべての運動を導く〈稲妻〉である。たしかに、そのロゴスを理解することによって、わたしたちはもろもろの区別されたものが実効性をもつのは直接無媒介に相違するものとしてではなく、調和自体の原‐闘技者としてであること、さまざまに異なる要素こそが調和の要素であることを知る。だが、すでに見たように、調和は争いの意味内容でしかない。そしてエリスはけっしてなくなることはありえないだろうし、**調和**もけっして没し去ることはできないだろう。争いをつうじてのみ、わたしたちは調和の存在を認めるのであり、調和から**調和**はやってくるのである。**調和**というのは、カタルシスの元型、受苦しつつ学ぶことの元型なのだ。

もし調和が結合の産物にまで引き戻されるのだとしたなら、それは人為的な製作物（artificio）であってそれ以上の何ものでもないということになるだろう。そして本源的なのは調和させるべき諸要素の数多性であるということになるだろう。対立物の統一をなしとげるのは、同じく本源的な、目に顕わでない**調和**のほうであるが、〈この世では〉わたしたちは区別されたものとそれが結びつき合う様子のみを見ているのである。だが、わたしたちは、ロゴスの力によって、区別されては結合されるというのが唯一の道であること、あるいはもっとはっきり言うなら、エリスは必然に従っていることをも承認しなくてはならない。そしてこの**調和**をこそ、他の調和よりも明瞭に見てとり、知らなくてはならない。それは争いや対立を否定するものではまったくなく、争いや対立は関係であり、結合が起きるためには必要なものであることを明らかにする。それはもろもろの区別されたものが絶対的な分離によって〈苦悩する〉ことがありうるということを否定する。このような「悪」はそもそもありえないことなのだ。

調和は結合を欠いた状態が直接無媒介に存在することを許容しない。まさしく争いの女神エリス自身が、結合を欠いた状態のなかにとどまりつづけると言い張る者がいた場合には、それがだれであれ、その者に打撃を与え、その者たちを互いに戦わせることによって、相手と結びつくよう強制する。こうして調和を産み出すのである。そしてこの調和が産み出されうるのは、万有を**調和**が支配しているからにほかならない。**調和**がどの存在者にも〈不正な〉状態のなかにとどまりつづけること、宇宙的な結合の外にとどまりつづけることを許可しないからなのである。西洋の最初の思考、アナクシマンドロスの「述言」〔ディールス＝クランツ編『ソクラテス以前哲学者断片集』第一二章「アナクシマンドロス」B一参照――《もろもろの存在する事物の元のもの（アルケー）は、無限なるもの（ト・アペイロン）である。…もろもろの存在する事物にとってそれから生成がなされる源、その当のものへと、消滅もまた必然に従ってなされる。なぜなら、それらの事物は、交互に時の定めに従って、不正にたいする罰を受け、償いをするからである》〕と、ヘラクレイトスとのあいだに、根源において似通ったものがあるのをどうしてつかみ取らないでおれようか。だが、そのときには、平和とは、わたしたちにとっては、切り離すことを許さず、あらゆる不正にたいして戦う、結合以外の何ものでもない。そして平和とは、対立物の本源的統一の、すなわち**調和**の、目に顕わでないが、きわめて強力な**原理**にもとづいて、あらゆる結合の欠如にたいして武装した調和のことなのである。ひいては、**調和**に解消されるのを〈拒否〉する存在者は、それがどんなものであれ、ディケー〔正義〕の外に置かれているのであって、悪なのである。だが、この悪が持続することはありえない。というのも、ある存在者がディケーよりも強力であるといったことはありえないからである。争いがその存在者をふたたび捕らえて必然的な結びつきへと引き戻していくだろう。だが、同時に、相違するものは、それが出現する当初にはたんに相違するものとして生じるのであり、争いの運動をつうじてのみ、この〈処罰〉をつうじてのみ、全体の統一へと連れ戻されていくというのも、必然のことである。したがって、**調和**は〈正当にも〉許容することのない当の結合の欠如そのものをみずからのうちに配備する。このような考えを背景にしては、平和はたしかにたんなる取り決めもしくは人為的な製作物と考えることはできないが、抗争がほんとうに終了した状態と考えることもできない。相違するものの直接無媒介な出現との抗争のなかにおいてしか、調和はけっして生じることはないのだ。ピュタゴラス派やピロラオスにおいては（そして『ティマイオス』のプラトンにおいても）、調和はメタクシイ〔中間・中庸〕としての価値を有しているようにみえる。それは真実にして本来の意味での媒介的要素であって、これがなくてはどのようなコスモス〔宇宙〕も生じえないとされているようなのだ。調和は合成されたものの調和、限定されないでいる要素と限定する要素との合成からなるものとしてのコスモスの調和として出現する（ディールス＝クランツ編『ソクラテス以前哲学者断片集』第四四章「ピロラオス」B二）。もろもろの同じでないものが存在するが、同じでないものはそれ自体としては出現することすらできなかっただろう。それらはまさしくそれらを調和させる〈第三者〉の力によって出現するのである。そのときには、それらが存在するのは（そして認識しうるのは）それらが調和させられているかぎりにおいてであるということになる（ディールス＝クランツ編『ソクラテス以前哲学者断片集』第四四章「ピロラオス」B六）。

さて、この〈偉大な調和〉（『ティマイオス』においては、**同**、アメレース、部分をもたないものは、ピロラオスのアペイロン〔限定のないもの〕に該当し、**他**、メリストン、合成されていて分割しうるものは、ピロラオスのペラス、限界、限定するものに該当する）は、一個の完全で〈無傷の〉〈音楽的〉コスモスを構成する。その調和からはあらゆる無理数は追放されなければならない。叙事詩と悲劇がポリスから追放されなければならないのと同じようにである。だが、そのことによって**争**いも永久に放逐される。調和のロゴスは完全に限定されていて、あるひとつの完全にして変化することのない数に従いながら、同じでないもの同士のあいだに関係を設定する。それだけではない。調和はもはや、ヘラクレイトスにおけるように差異化作用自体に内在するものとしては、すなわち、必然性に従って結合へと導いていく差異化の運動としては出現しない。ここでは調和は自足的な数-ロゴス、もろもろの同じでないものをそれらの〈セリー〉〔系〕に所属させることなしに最終的に弁証法的なものにする中間項として出現する。

ピュタゴラス的-プラトン的立場は、ヘラクレイトス的立場と緊密に繋がりながらも批判的な関係にある。調和がそれ自体としては虚偽でもなくアポリアでもないままに（ディールス＝クランツ編『ソクラテス以前哲学者断片集』第四四章「ピロラオス」B一一）同じでないものを結びつける数-ロゴスではなくて、対立するものとして出現したものがまさにもうひとつ別の対立するものとの**争い**を〈こうむる〉なかで、もうひとつ別の対立するものとの関係＝**共**に解消されるという意味において、対立物の統一が顕わになる運動そのものであるとしよう。そのときには、ここで思考は乗り越えがたい困難に出遭うようにみえる。あらゆる要素を同じものと同じでないもの、自己自身と自己とは別のものとして捉えることになってしまうのだ。これはパルメニデスが遠ざけている道ではないのだろうか。パルメニデスの断章（ディールス＝クランツ編『ソクラテス以前哲学者断片集』第二八章「パルメニデス」B六）には、調和を定義するさいにヘラクレイトスが用いたのとまさに同じ「パリントロポス」という語が出てくる。が、ここではそれは万物の歩む道を指し示している。《アクリタ・ピュラ》、すなわち、決断することができないでいる者たち、《在るものと在らぬものが同じであり、かつ同じでないと考えている》《二つの頭を持った》者たちがそうと受けとめているようにである。パリントロポスというのは《さまよえる知性》の歩む道であって、みずからの進路を一から多へと向けたうえで、多から一へと向けかえ、不協和なものから調和を産み出しては、その調和から新たに争いが生じるのを見ることとなる。パリントロポスというのは二つの道が絡まり合った状況のことであって、この互いに絡まり合った二つの道をパルメニデスははっきりと切り離しているのだった（両方とも認識する必要があるとしてもである）（同上、B八・五三、B一・三〇）。

　調和は必然的に結合もしくは合成の観念へとわたしたちを送り返す。**目に顕わでない調和**もまたそうである。なぜなら、それは同じでないものが結びつき合うという掟、すべての対立物の目に顕わでない統一以外の何ものでもないからである。この送り返しはピュタゴラス主義においてはいっそう明白である。ここでは調和は合成されたものであるかぎりでの宇宙のピュシス〔自然〕である。そして調和自体、あたかも合成の要素であるかのようにして出現する（合成が生じ、ひいては同じでないもの自体が出現するためには、必要不可欠の要素としてであるとしても）。だが、パルメニデスの在るものは、どのような仕方においても合成されていないのだから、なんら調和ではない。在るものはたんに在るものだけに結びつくにすぎない。そして在るものからはそれとは別の何ものも生じない。また、在るものは、それ自体においてはすべてが同じであって、部分をもたないのだから、分割されることもない。はたまたそれは《力強い緊縛によって制限されて》動くことがなく、始めも終わりも知らず、生成も消滅も知らない。それは同じものとしてみずからのうちにとどまりつづけることによって、つねにみずからと同一であり、何ひとつ不足したものはなく、完璧で、完結している。ただ人の目を欺きやすい言葉のコスモスだけが、生成するものと消滅するもの、在るものと在らぬもの、場所を変えることと明るい色を取り替えることを確定する。すなわち、万物の目に顕わな秩序を確定するのであって、そこではもろもろの区別されたものたちがそれぞれ存在し続けていて、互いに対立し合っては新たに結びつき合っているようにみえるのである。「コスモス」というピュタゴラスの言葉、すなわち、**調和**が産み出す区別されたものたちの調和——パルメニデスにおいては、その同じ言葉が死すべき者たちの使うさまざまな名辞とそれらの名辞において顕わとなる〈宇宙〉の人の目を欺きやすい秩序を指すのに用いられているのだった。

　したがって、調和の探求は目に顕わなものの秩序において対立と変成を強要する。それは区別されたものを実在するものとして引き受け、その変化と変容を認めなければならない。それは結合にして争いである。平和にして戦争である。結合の単一性にして差異の数多性である。調和のなかにあって同時に矛盾するものを思考する必要があるのだ。だが、この秩序、この宇宙は、《円い**真理**の揺らぐことのない心》の観照〔テオーリア〕によってまったく抹消されてしまいはしない。それどころか、《すべてをあらゆる方面にわたって探求しようとする》者は、それをまさにそのようなものとして、もはやそれに欺かれることはないままに探求しなければならなくなるだろう。死すべき者たちがそうと思いなしているものは、まさしく、ピストス・ロゴス＝説得力があって〈打ち負かすことのできない〉言論とは絶対に切り離されたところで認識されなければならないのである。そしてその本領はつぎのこと、すなわち、在るものはもろもろの区別されたものの結合であると考えること、それを互いに異なり対立する目に顕わなものの〈宇宙〉であると考えることにある。もし在るものがそのようなものであるとするなら、そのときにはそれは変容し、生成しては消滅することにならざるをえないだろう。もし在るものが調和であるとしよう。そして調和はもろもろの要素の結合およびそれ自体ひとつの要素であるか、それとも、掟として区別されたものが結びつき合う様子をつねに上から監督している者がそのような宇宙的な結合がおこなわれるさいの運動からけっして自由になることはありえないとしよう。そのときには在るものは完全で完結しており、不動で不死であると言うことはできないだろう。そのような帰結へと、パリントロポスの道を踏み歩いていてペイトー＝説得の道をたどらない死せる者たちの《さまよえる知性》は導いていく。だが、その一方で、ペイトーの道は人間の踏み歩く道とはまったく疎遠であって（ディールス＝クランツ編『ソクラテス以前哲学者断片集』第二八章「パルメニデス」B一・二七）、それについての思いなしが欺かれるようになるのではなく、それ自体が欺きにほかならない。人間の生は、二つの道が結びつきうる、在るものが調和に変成しうる、在るものは死の名によって呼ばれうると信じることからなっている、と言うことができるだろう。

　このパルメニデスの〈戦慄すべき〉言論を背景にしてのみ、わたしたちは調和の観念に立ち向かうにあたってのプラトンのもろもろの疑いや不確かさを理解することができる。パルメニデス以後、わたしたちは調和についてなおもピュタゴラス派の用語を使って、さまざまに異なる要素の、十分な限定をほどこされた音程に従ったクラーシス＝混ざり合いというように論じているが（ディールス＝クランツ編『ソクラテス以前哲学者断片集』第四四章「ピロラオス」B一〇――《調和とはさまざまな語が混ざり合ったかたちでのヘノーシス＝統一であり、意見を異にするものの一致である》）、もはやそれになんらの安定、なんらの〈幸せ〉も帰属させることができないでいる。ほんとうに神聖で不死のものは単純に調和した状態のもとにあることはできないだろう。[2] ソクラテスが『パイドン』で〈歌う〉メギステ・ムーシケー＝最高の音楽（検討することと物語ることとの完全な一致――プラトン『パイドン』六一Ｅ一―二）、幸せがまもなくやってくることを予知して人々の魂が死への準備をする最後に歌う歌は、〈このうえなく美しい調和〉にではなく、それを逸脱する神聖で不死のものに差し向けられている。それは魂の運命を称賛したものであって、もろもろの区別された要素ないし権能が結ばれ合ったものでもあるとしても、区別されたものの結合に解消されることはない。実際にも、もし魂が調和であったとしたなら、魂を構成する諸要素に先立って存続することはできなくなってしまうだろう。そして魂がわたしたちに先行して存在していることが必要になる。なぜなら、認識するとは想起することだからである。また、もし魂が調和であったとしたなら、魂は魂を構成する諸要素の本性をもつことになるだろうが、魂の本質は魂にかかわる気分や情念にたいしてヘゲモニーを行使しうること、ひいては気分や情念とは別種の何ものかであることにあるのである。はたまた、もし魂が調和であったとしたなら、調和を産み出しているさまざまな弦が破砕されてしまったときにはどのようにして存在し続けることができるのだろうか。要するに、もし魂が調和であったとしたなら、それは必然的に合成されたものであることになるだろう。そして合成されたものである以上、けっして不死であると言うことはできなくなってしまうだろう。ただ単純で不可分割な善を分有しているかぎりで、魂は《自分がつねにもたらすものとは反対のもの》をけっして受けいれないだろう（同上、一〇五Ｄ一〇）。そして魂はいたるところでつねに生をもたらしており、生の原理であるのだから、けっして死を受けつけないだろう。不死のものについては、それを生であるとともに死であり、同じものであるとともに同じでないものであり、昼とともに夜であり、飢餓とともに満腹であるといったふうに〈調和的に〉考えることは不可能なのだ。

だが、不死の魂、そのヘゲモニー的本性は、この世ではいつももろもろの情念、気分、願望と抗争していて、《あたかも牢獄から解放されるようにして、これらの地上の場所から解放される》（同上、一一四B）ことはなく、自由になることもない。不死の魂は肉体が死んだあと、《真の大地》の上で、その純粋の単純さにおいて目に顕わなものとなるだろうが、この世ではなおも抗争＝スタシスの状態にある。そして調和の音程をつうじて以外にどのようにして抗争を支配できるというのだろうか。調和の道を踏み歩くことがまたもや必要となる。造物主《デミウルゴス》にとって必要となるのと同様にであって、造物主《デミウルゴス》は、まさしく死すべきものと不死のものを結びつけ、合成されたものを産み出すためにこそ、呼び出されるのである（そして結ばれたものはすべて、神々も含めて、解きほどきえないのである――プラトン『ティマイオス』四一A―B。造物主《デミウルゴス》の意志だけが、**善**を完璧に模倣しつつ働くことによって、しっかりと結ばれたものどもが解体されるのを欲さないではいられないのであって、神々が不死であることを保証する結びつきなのである。だが、この件にかんしては、パルメニデスにおいても、神の力によってのみ青年はあらゆる事物の認識へといたる秘儀を伝授されるとされていることを想い起こすべきではないだろうか。調和、結合の術を超え出たものは、神の賜物であるとしか考えられないのではないだろうか）。したがって、長い道程はつぎのようなふうに終わるようにみえる。平和とは**目に顕わでない調和**と完全に結びつくことであるだろう。**真理**の揺らぐことのない心の上に確固として安らぐことであるだろう。**説得**の小径だけをたどる〈喜び〉のことだろう。真の大地の上での魂の真の生のことであるだろう。だが、魂が自分自身のうちやさまざまに異なる要素のあいだで遂行する調和のための闘争は、どのような仕方でも完全な平和と考えることはできない。それでもなお、この世における平和は結合と合成としてでなければ、それ以外のどのようなふうに思考できるというのだろうか。結合と合成の作業のなかでは、もろもろの相異なるものたちはそれらの必然的な相互間の争い、それらを調和させようとする当の魂自身がそれらにもたらす争いにおいて存在することが前提されているのである。だが、区別されたものたちの結合の所産である平和は、本性からして死すべき存在である。平和を否定する原理を内在させた反対物を必然的に自身のうちに受けいれることになるような平和である。争いもまた同様である。争いはその終焉、それを構成している対立物の調和のとれた解消を目途としてのみ存在する。平和と争いとはふたたび同一のロゴスの——双方およびすべてのものに共通のロゴスの表現となる。二つの頭を持った死すべき者たちはどちらを選ぶかを決断するすべを知らない。彼らは平和と争いとが複雑に絡まり合った調和から、**説得**の道、不死の魂がヘゲモニーを掌握している純粋で単純な生を選択する決断をなしうるだろうか。もしテミス〔法の女神〕とディケー〔正義の女神〕が同意するなら、おそらくなしうるだろう。[3] しかしまた、説得された生は、それほど単純で、単一で、不動で、真に不死の生ではないだろう。というのも、説得された生へと人間たちはいずれにしても分離をつうじて、調和が表象しているアゴーン＝偉大で困難な闘争に引きこまれながら到達するだろうからである。そしていずれにしても、倦むことのない分離と結合の生にあらざる生＝アビオス・ビオスを認識しつづけることにならざるをえないだろう。また、このことを真の大地の上でも記憶しつづけるだろう。そして《忘却》よりもはるかに強いこの記憶（プラトン『パイドロス』二四八Ｃ）は、彼らに重たくのしかかって、彼らをまたもや地上へと墜落させてしまうだろう。パリントロポスな調和——これはアゴーン・メギストス＝最も偉大にして最も苛酷な闘争の別名にほかならないことをいまではわたしたちは知っているのだ。

第二節　寛容と不寛容

調和にとっては、結合に抵抗するもの、合成されたものに移行するのを、すなわち、合成されたものの要素になるのを拒否するものは、すべて許容しがたいものになる。調和は、絶対的な区別であるかぎりでの区別、ひいては分離の可能性を内在させた区別を許容しない。みずからの真理を結合の要素として表明しないどのような差異も許容しないのであって、合成されたものへと向かっている個体だけが〈このうえなく美しい調和〉にとって意味があり称賛に値するものとなる。だが、調和というのは行為のとるさまざまな形式の名称にほかならない。行為のあらゆる形式は、ヨーロッパにとっては、ハルモゼイン〔相違しているものを和合させること〕、ハルモッテイン〔接合すること〕である。[4]行為のあらゆる要素は、ハルモス、結合の繋ぎ目、合成されたものの四肢である。行為するとは、区別されたものが区別されたものとして出現するままにさせておかないことであり、区別されたものをア・プリオーリに、その誕生がもくろまれている合成されたものの構成部分であるととらえることをいう。どのような仕方によっても共通のものに移行しないもの、まさしくいっさいを結びつけるものであるがゆえに共通のものであるロゴスに順応しないものは、〈醜く〉、形式を欠いていて、無制限で無限定、ひいては一括して〈悪〉であるということになるだろう。だが、同時に、この〈悪〉が実際に存在するということの述定可能性はきわめて疑わしい。無制限なもの、アペイロンは、もしそれが制限を有するものと出遭うことがないとしたなら、そもそも出現しうるだろうか。出現するものはすべて、ひとつの形式を所有しているかぎりで出現するのであって、その形式は制限されたものと無制限なものとの合成の結果生じる。したがって、かくかくしかじかの形で作られ、かくかくしかじかの形で構造化された、この存在者だけがハルモニコスなのではなくて、つまりは調和がとれているのではなくて、それは単純に存在する者であるかぎりでのあらゆる存在者の特徴でなければならない、とわたしたちは断言せざるをえなくなるだろう。そして〈悪〉は、そのような特徴を有していないので、存在しない、と。西洋はそのさまざまな歴史哲学のなかで、その弁神論の数多くのヴァリエーションのなかで、つねに、神々の善意と純粋さよりもはるかに多く、行為についてのみずからの基本的なとらえ方の〈正当化〉に努めてきたのだった。

　戦争はカコス＝悪しきことである。それも、わたしたちのパイデイアの起源以来、ホメロス以来そうである。だが、戦争が悪しきことであるのは、戦争がそれ自体において、抽象的に考察されたとしたならばの話である。これにたいして、部分であるかぎりでは、戦争もまたハルモニコスである。もろもろの区別されたものを産み出してはつねに新たにそれらを解消していく善良な争いの女神エリスなのだ。だから、戦争自体の目的因である平和もまた、もしそれが真の平和、パクス・プロフンダ〔神の知恵がもたらす最深の平和〕として思考されるのであれば、究極の、このうえなく完全な調和の所産、分離不可能な結合を産み出す力量のある調和の所産としてしか概念されえない。だが、見たように、不死の調和なるものは考えられない。合成されたものはなんであれ本性からして解体しうる。したがって、どんな調和でも生じうるのであり、それはみずからの解体の萌芽、そして同時にもろもろの新たな調和の可能性を内在させている。調和が生じるためにはもろもろの区別されたものは〈過ぎ去る〉必要があるように、調和もまた〈罰〉を受けなくてはならなくなるだろうし、新たに区別されたものとさまざまな結合に場所を譲るというみずからの運命を逃れることはできなくなるだろう。そのときには、あらゆる調和は区別されたものとしての自己の保存を欲する区別されたものと争うことにならざるをえなくなるだろうが、しかしまた自分自身とも、完成された最終的な結合としてありつづけるのだというみずからの抗しがたい主張とも争うことにならざるをえなくなるだろう。そして共通のものへ〈移っていく〉のを拒否するものと、しかしとりわけ、みずからの〈美しさ〉そのものを脅かす、永遠な存在でありたいというヒュブリス〔傲慢さ、思い上がり〕と闘うことにならざるをえなくなるだろう。ヨーロッパはつねに〈パクス・プロフンダ〉自体を区別されたものの究極の根源的な和合として——ひいては争いの最終的な所産として——考えてきただけではない。それはまたつねに調和のさまざまな形式（その運動が経由してきたさまざまな〈平和〉）をそれら自体においてアゴーン的なものとして、二面的な苦難に満ちた移行の形式としてもとらえてきたのだった。

ヨーロッパの行為のトーンはハルモゼインのそれであることの容易には反証しえない証拠は、ヨーロッパのパイデイアの多くの部分がそのうちにみずからの最も高い価値をつかみ取ったと考えている寛容の観念自体、根底においては、**調和**の仕事と日々のすべてを活気づけている、絶対的に区別されたものにたいする不寛容と異なったものを何ひとつとして表象してはいないという事実にある。〈耄《もう》碌《ろく》した〉と呼びうる寛容がそうである。自分自身への、あるいはみずからの有する〈調和〉の力へのあらゆる信頼を失ってしまって、この信頼の喪失、この信頼の欠如を普遍的でコスモポリタンな共生と平和への願望の背後に隠蔽している者の寛容である。これはアンブロジウスの〈暴力〉、新しい自信に満ちた調和にたいする、シュムマクスの古い節度ある態度によって象徴的に代表されているのだが、この寛容の形態と酷似しているのは、無関心ないし不可知論的という以上に〈無頓着な〉と称しうる寛容である。すなわち、争いのなかで争いあっている者たちを区別しているもろもろの基本的な価値を忘却するか、次から次へと〈宙づり〉にして、対立物をまさしくそれらを対立物として構成していたものから予防的に〈浄化〉してしまうような〈対立物の複合（complexio oppositorum）〉〔クザーヌス〕の悪しき模倣へと到達しようとする寛容である。そのときには、差異化の行為の有する力を奪い去って、実際にはもろもろの差異のどれにも属さないような共通のメソン〔中間、真ん中〕に引き戻してしまうか、それとも、もろもろの区別されたものたちを区別がなされない側面だけで引き受ける、ひいては全然引き受けないでいる場合にのみ、平和は生じることになるだろう。このようなとらえ方にとっては、差異化は幻の外見でしかないことになってしまう。そして寛容はその点についてのこのような不寛容の所産にほかならないのである。さらにいっそうはっきりと作動しているのは、啓蒙思想（Aufklärung）に固有の寛容の諸形式において使用されている調和の武器である。自分の思考行為（cogitare）がこのうえない明証性を有しているという尊大な先入見にもとづいて、自分以外の諸文化は、厳密には言葉を発さない状態にあるかぎりで、すなわち、論証的理性の有する形式である統制可能で検証可能で生産的な唯一の言語活動の形式に向かっての旅の途上にあるかぎりで許容されるのである。許容されるのであるが、同時に教育されるのでもある。ここでもまた、寛容は到達すべき総合的な調和のあくまでも厳密に限定された一契機でしかない。

　どの寛容の形式も他者との関係ないし争いに変容してしまう危険を許容しないし、どの寛容の形式も自分とは異なるものが自分の存立の根拠をなしてきた真理を覆してしまうことに同意することはできない。それも必然的な理由からしてそうなのだ。許容することができるのは自分を真理だとおもっていないものだけである、というのがその理由である。[6]寛容は、理性がなんとしても同意できないものが生じるのを認める意志の行為としてのみ、説明しうる。だが、なんらかの理性にもとづいていない意志の行為は、恣意的なものでしかない。そして恣意の影は、寛容の観念のうちでも最も純粋な観念の上にも伸び拡がっている。どのような仕方においても真理は許容されず、それは説得するしかない。そしてもしこの区別された立場の出現がわたしたちによって許容されるようになるとしたなら、それはこの立場がわたしたちには**説得**の道とは無縁であるようにみえていることを意味している。だが、どのようにすればわたしたちはわたしたちに真理でないようにみえているものを〈超克〉しようとこころみないでいることができるというのだろうか。どのようにすればそれをわたしたちの寛容自体の根拠であるべき真理の表象に和合させようとこころみないでいることができるというのだろうか。そして和合させようとしたとたん、寛容が超克されることが必要となる。というのも、首尾一貫した思考がなされるやいなや、ほんとうに共通のロゴスにもとづいた、区別されたもの同士のはるかに深い意見の一致について思考する必要が出てくるからである。したがって、寛容の観念は、そのあらゆる形式において、調和の不寛容を解決することにはならないだけでなく、調和がとれたものにするという行為の、その行為が約束する平和を、争いに、それもその行為を内部から脅かし、最後には壊滅させてしまう争いに連結することの、〈致命的な〉性格をなおいっそう明白にすることとなるのである。

　これが「信仰の平和について」〔クザーヌス〕の人文主義的伝統全体を支配しているアポリアである。ここでは和合はたしかに〈耄碌した〉かたちでも〈無頓着な〉かたちでも、区別されたものたちの力を無差別に奪い去るというかたちでも思考されていない。和合はまさしく、区別されたものたちがすべて単一のロゴス、それも完全に実現されること〔ナーティーウィタース・ペルフェクタ〔完遂された生誕〕〕によってそれ自体が真実であることが認められる**ロゴス**のなかで具現されることの証明の内部にあって思考されている。寛容はなおもその**できごと**を知らない者たちを可能なかぎり効果的に〈教育する〉ための手段でしかなくなる。ジョヴァンニ・ピーコ・デッラ・ミランドラ〔一四六三—九四年〕の『人間の尊厳〔位階〕についての演説』〔一四八六年〕は、そのような平和の観念の比類のない見本である[7]。そしてまさに他のもろもろの伝統においては暗々裡なものにとどまるか意識されないでいるものを展開することによって、それらの伝統をすべて**共**へと到達させることが可能となるのである。このことはキリスト教徒の**できごと**は彼らの**出自**そのものを構成しているということ、したがってそれを承認することはみずからの真理そのものをついに発見することを意味するということを含意している。ヘーゲルによる〈完全な宗教〉としてのキリスト教の証明は、同じ弁証法的前提に立ってなされるだろう。要するに、必要とされる一貫性をもって寛容の観念に立ち向かうやいなや、それはまたもや新たに調和の観念となって終わらないわけにはいかなくなるのである。

それでは、どのような道をこころみるべきなのだろうか。調和と結合の観念の外にあって平和について思考することもできるのではないだろうか。だが、まさにこれこそは寛容の観念によって実践されてきたこころみなのだ。わたしたちはこの寛容の観念を限りなく弱体化させることはできるが、弱体化させたからといってその観念が逢着しているもろもろのアポリアを乗り越えたことにはならない。また、たとえ寛容がわたしたちにとって、異なるものとの漠然とした親近感、不確かで折衷的な〈共感〉にまで引き戻されたとしても、みずからを真理の表現であるなどとはなんら考えていないものを前にしてしか、寛容な態度をとるということは考えられない。**調和**自体をひとつの次元、ひとつの部分にすることによってしか、したがって、**調和**を必然的にもろもろの意見の小径との争いのなかに置くことによってしか、平和を**調和**から解き放つことはできないのである。それゆえ、寛容の観念が提起する問題を避けて通ることはできないようにおもわれる。争いのなかにあってもろもろの区別されたものを本質的に共通のもの（たんに類似しているだけではなくて、共通するもの）にするものについて考える必要があるのだ。区別を絶対的な区別として考えなければならないのであって、可能態において結合しうるもの、結合へと向かうべく定められているものとして考えてはならない（なぜなら、そのときにはまさしく、調和は差異化にたいする不寛容と等しいことになり、区別されたものたちの結合ではなくなってしまうだろうからである）。だが、同時に、絶対的な区別を結合の否定と考えることもできない。それも、区別するということは関係に置くことであるという（そして完全に区別されたものはそれ自体において自己自身との最も完全な結合を含意しているという）論理的に明白な理由からだけでなく、まさに絶対的であって偶発的ではない区別はわたしたちにとって区別されたものがそれから区別されている当のものが必然的に存在していなければならないということを含意しているという理由からしてそうなのである。絶対的に区別されたものであるかぎりで、区別されたものはそれがそれから区別されているものと必然的に結びついている。区別の作業が完遂されたということは、区別されたものと本質的に関わり合うものはそれがそれから区別されているものにほかならないことを含意している。絶対的に区別されたものは、それがそれから区別されているものと共にでなければ、けっして現出することはできない。それはそれを個別化する《クラテラ・アナンケー〔力強い必然の女神〕》自身によって**共**（Cum, Xynón）のなかにとどめ置かれているのである。

まさしく区別の根底において最も深い結合が顕わになる。だが、区別の核心には分離の可能性も存在している。あるいは、区別は可能態における調和となって、調和それ自体の運動－生成変化となって、揮発してしまうか、それとも、それは結合することと同時に分離することの可能性として効力をもつものでなければならないのだ。だが、絶対的な区別は区別されたものたちの必然的な関わり合いとしてのみ考えうるということをわたしたちは見てきた。そうであってみれば、まさしくその他者、みずから分離してわたしたちを見棄て、結合を覆すその絶対的に区別されたものこそは、とりわけわたしたちに関わりがあるものである、と結論しなくてはならなくなるのではないだろうか。[8] そして、この単独性はそれがそこからみずからを区別している他者と一緒になってしか生じえない、と補足しなくてはならなくなるのではないだろうか。ただし、〈静かに〉区別された状態にとどまっている他者とではなく、逃げ出す他者、別れる瞬間につねに捕らえられる他者とである。それ以外に、どんな絶対的に区別されたものが存在するというのだろう。みずからの置かれている場所にあるひとつのはつきりと限定された尺度に従って固定されている区別されたものというのは、調和のとれた合成のア・プリオーリな要素にして機能であり、あるひとつのコスモスの部分であって、なんら単独の存在ではない。ところが、ここでわたしたちが探し求めているのは、絶対的な区別となんら異なるところのない結合の形式なのだ。だから、そのときには、わたしたちは当の関係そのものからつねに逃げ去っていくもの、あるいは逃げ去っていくようにみえるものとのあいだで起きる関係、関係にとってけっして保証しうるものとならないであろうものとのあいだで起きる関係を、必然的で乗り越え不可能なものと考えなければならない。その真に絶対的な（すなわちあらゆる必然的な結合から解放された）区別されたものと、わたしはあるひとつの絶対化しえない（解きほどきえない）結合のうちに置かれている。そしてその真に絶対的な区別されたものは、わたしを見棄てているのであり、わたしには欠如しているのである。いずれにせよ、けっしてわたしが所有することはないのであり、ある調和の**数**のなかで、ア・プリオーリに、それが生起することに先立って〈計算〉することはけっしてできないだろうとおもわれるのである。

　本来の意味において**共通のもの**とは差異化以外の何であろうか。あらゆる存在者が共通であるというのは、それが差異化すること以外の何においてであるのだろう。だが、そのとき、区別が実際に効力をもつのは、それが分離自体の可能性である場合である。そしてそのとき、結合がほんとうに〈強力〉であるのは、それが絶対的に区別されたもの、あるいは分離しうるものを結合する場合である。放棄が究極の近さを意味しており、究極の近さがまさしく分離の可能性のなかで〈身を守られている〉場合なのだ。だから、総体的な運動はつぎのような〈テンポ〉に従って配備される。すなわち、まずもっては、共（Cum）は調和のとれた中間でもなければ共通分母でもないこと、それはなんらの要素でもなければ、それ自体において限定された表象でもなくて、差異化そのものであることを承認する。ついで、もろもろの区別されたものは、まさに絶対的に区別されたものであるために、互いに関係し合っていること、一方は、その真なる姿においてはまさに絶対的に区別されたものであるために、もう一方を必要としていることを承認する。そして最後に、このようなものと考えられたもろもろの区別されたものは、それら自身が区別されたものとしては消えてなくなる可能性が出てくるまで関係し合わなければならないこと、これがそれらの関係の究極の限界であって、ひいてはそれらの織りなす関係全体に形を与えるものであることを承認するのである。あるひとつの調和、あるひとつのア・プリオーリな結合、あるひとつの宇宙的な掟がもろもろの区別されたものを結合するよう強いるのではない（そうであるとしたなら、それは区別されたものの具えている資質を事実上否定し、実際になされている区別を許さないことを意味していることになるだろう）。そうではなくて、それらは互いの相違を目に顕わにするためにこそ結合するのである。そしてその相違をつうじて〈自由に〉純粋の分離そのものに到達するのである。絶対的に区別された二つのものが結びつき合うのは、一方にはもう一方の真理が欠如しているからであり、この欠如した状態のうちに（ひいては欠如している真理のうちに）まさにそれぞれをそれを構成しているものが存在するのを承認しているからである。それゆえ、両者の結合が存在するのは、その結合がつねに不在であるかぎりにおいてである。両者が区別されるのは、相手がいなくては自分が顕現しえないだろうからであって、相手は自分から逃げ出し見棄てるときにのみ、ほんとうに相手であると言えるのである。そしてこのような関係において、またこのような危険をつうじてこそ、両者の結合について思考することは可能となるのであって、その結合はけっして所与の構造、規定されたシステムではないだろうが、それでもつねにまさしく区別というかたちにおいて、あるいはその区別が不在のなかにあって存在するだろうとおもわれるのである。

第三節　平和をめぐるもろもろの推測

区別が暴力的な対立となって顕現し、それにたいしては同じく暴力的な調和しか効力がないようにみえるのは、まさに危険が極限に達するときである。そのようなときにこそ、ヨーロッパはおそらく従来にも増して強く、あらゆる調和と寛容の観念を超えて、ヨーロッパの他者の真理を、区別されたものの超克しがたい構成要素として思考しようとこころみてきたのだった。このほとんど秘匿されていて沈黙しているヨーロッパ——それでもなおつねに調和と争いからなる支配的なヨーロッパと分かちがたく絡まり合っているヨーロッパ——は、それがピエール・アベラール〔一〇七九—一一四二年〕とイェフダ・ハレヴィ〔一〇七五ごろ—一一四一年〕の声、イブン・アラビー〔一一六五—一二四〇年〕とライムンドゥス・ルルス〔一二三二ごろ—一三一五年〕の声が合流している中世の伝統の最後にして最高の成果であることをニコラウス・クザーヌス〔一四〇一—六四年〕の『信仰の平和について』〔一四五三年〕をつうじて合図している。[9]

一個の大いなる数多性は《多数の相違がなくては存在しえない》が、相違はそれぞれの部分が〈相手を快くもてなすことをせずに〉自分の真理をあらゆる可能な調和の基軸であるととらえるときには災難と悲惨の源泉となる。それでも、それぞれの部分は自分の真理のためにこそ相手と争う。《あなた〔全能の神〕ゆえに…これらの争いは存在しているのです》。真理を評価対象の数多性に引き戻すことによって闘争を回避することはできるのだろうか。そのためには、あらゆる真理の主張を偶像崇拝的な迷信として互いに承認しあうことが必要となるだろう。そしてせめてそうしたいと欲するだけでもできるためには、みずからの立場を反論できない真理であると確固として堅持し、その真理をめぐって調和を樹立する必要がある。自分とは区別されたもののもつ真理を否定しようとするあらゆる形態は——外見上争いを回避することをめざしているものも含めて、そしておそらく他のあらゆる否定の形態にも増してこの形態こそは——たんに矛盾を来たしているだけでなく、本質において暴力的な形態でもある。それでも、あなたの**真理**のために、人々は戦いあっており、このうえなく悲惨な生活を送っている。あなたのなかで平和が存在しうるためには、あなたをどのように考える必要があるのだろうか。クザーヌスの回答はまったくもって直線的ではない。そしてそれは彼の神学的洞察力と彼の論理的力量のすべてを要求する骨の折れる登攀《とうはん》なのだ。上昇の最初の数歩では、キリスト教とともに明白に顕現した**真理**をめぐってのもろもろの信仰の和合という伝統的なモティーフがたどり直される。まさにキリスト教が真理を顕現させるさいに発揮して、人間が神的な能力を有していることを立証してみせている力こそが、それぞれの部分に**ロゴス**〔言葉〕＝**キリスト**と和合するよう説得しなければならない。神が創造主であるという考えにおいてすべての部分は一致しているのではないだろうか。だが、このことは、神においてはあるひとつの永遠の連関、偶発的ではない関係が存在し続けているということ、神においては絶対的な一性はもろもろの対立物の一致もしくは結合（coimplicatio）として考えられるべきであるということを含意している。神の一性は、自己自身と等しい状態にあることであるとともに、数多的なものが伴立しあっている状態にあることでもある。神における一性と平等性との連関であるとともに、神の一性－平等性と被造物との連関でもある。三一性はたんなる複数性ではなくて一なる者の《最も単純な豊饒性》であることをイスラーム教徒とユダヤ教徒が理解するようになるときには、彼らは《双手を挙げて同意するだろう》。そしてこの推論に異を唱えることはできなくなるだろう。ここにあるのは、ただひとりの知性の持ち主〔クザーヌス〕の力によって構築された、完全に調和のとれた状態についてのこのうえなく高いユートピアである（彼は父、子、聖霊という名前自体が《適切さを欠く》と定義するにいたっている）。

キリスト教が《すべての宗教の完成体》と称されるに値するのは、本質的には、それの提示するもろもろの表象の論証力、それの与えるもろもろの〈名前〉が調和のとれたものにされるさいの一貫性によっている。キリスト教の完璧さは、ここでは実のところ、その神学の完璧さ以外の何ものでもない。そしてこの完璧さはその古典的な（クザーヌスにとっては本質的に新プラトニズム的な）基礎によって可能にされている。ヨハネの言葉〔ヨハネの「黙示録」〕がここでもまた大いなる調停者として作動する（『説教集』一一八「あなたはペトロなのです」――《しかし、最後にイエスが仲裁者としてやってきます。イエスのなかではユダヤ教徒が崇敬する神的な本性と異教徒が神に仕立てあげて崇敬する可感的な本性とが一体となっているのです》）。クザーヌスには（そしてこの点で彼は観念論の真の偉大な先駆者であるのだが）、キリスト教は、他の諸宗教と異なって、本質的に神学的なものへと向かっているようにみえるのだった。だが（そしてここにあらゆる形態の観念論に同化・吸収しえないキリスト教本来の性格があるのだが）、その神学の論証力にはなんら真理を顕わにする力はなく、それはなんら真理を表象することをしない。キリスト教が他の諸宗教よりも優れているのは、それが真理を十全に〈所有〉している点にあるのではない。秘められているものをオッフェンバールング（Offenbarung）する＝明るみに出す点にあるのではない。そうではなくて、まさしく真理が到達しえないものであることをロゴス〔言葉〕をつうじて知っている点にあるのである。そして平和が生じるためには、つぎのことが万人に共通のことにならなければならないのだった。すなわち、真理についてのどのような表象も真理ではないことを知っており、どのような存在－神学もスキエンティア・デイー〔scientia dei〕＝神の知識としては通用しえないことを知っているということである。スキエンティア・デイーは神がみずからについて有している知識と同一であって、スキエンティア・ベアートールム（scientia beatorum）〔至福者たちの知識〕に勝る知識なのである（後者は「神を顔と顔を合わせて観ること（visio facialis Dei）」に等しい。ひいてはなおも主観と客観の関係の限界内にとどまることを強いられている）。

そこで、もし神が創造主としては三にして一であり、論証するさいにはこのような連関のなかで説明されうるとするなら、無限の存在としては《三でもなければ一でもなく、神のことを指すさいに使用することのできるさまざまな名前のいずれでもない。神のものであるとされている名前は被造物によって神であろうと推定されたものであって、神自身はそれ自体としては言表しえず、名指し言表しうるものすべてを超えたところにいる》。天使と神を指すのに人間が利用している名前はすべて〈正確さ〉を欠いている（クザーヌス『知恵の狩について』三三――《正確ではない（non esse praecisa）》）。

言葉はそれ自体としては時間的なものである。その言葉が指示する永遠をどのようにすれば所有できるのだろうか。人間が知ることができるのはつぎのこと、すなわち、人間が知っていることはすべて神ではないということ、どのような名前も、無という名前ですらも（クザーヌス『隠れたる神について』）、神を定義することはできないということである（そしてこのような学識へと神学の頂点は到達する）。それでも、名前も像も否認されてはならない。逆に、それらを採用する必要があるのだ。それも、被造物としてのわたしたちの限界によってそうせざるをえなくされているからだけではなく、目で見ることができるものを見ながら、そして表現できるものを表現しながら、わたしは神を観ている者がだれもいないことを見ているからであり、**到達しえないもの**についてはだれも言表しえないと言うことができるからである。見て表象することによってのみ、わたしは**無限のもの**については見て表象することができないことを知るのである。ひいてはなんらかの仕方でそれを**定義しえないもの**として〈見る〉のである。

《表現しうるものはすべて言表しえないものを表現していない》（クザーヌス『神の子であることについて』七三）ことを承認しなければならないという点においては万人が見解を共にしている。それぞれの名前、区別されたもののそれぞれが言表しえないものを指示するのに用いる術語は、推測でしかない。さまざまな信仰のすべての表象、すべてのドグマは、推測である。どれもが言表しえないものの真の姿を開示してはいない。だが、それは推測が貧寒で無力であるからではなく、言表しえないものは名前をもたないからである。したがって、推測はそれ自体としては真である。まさしく、到達しえないものについては無知であることを意味しているときにはである。無知であることに絶望して、無知であることをたんに怠惰のせいとみなしてはならない。推測はどのような仕方によっても開示することのできないものが存在することを嘘偽りなく顕わにしてみせている。そしてそれはわたしたちが**定義しえないもの**については言表しえないことを知るさいにとる形式なのだ。もろもろの教説は、互いに区別された信仰のドグマですら、把捉しえない**真理**への接近がなされたことを示す痕跡である。そして幻想でもなければ中味のない見かけでもなくて、顕わにしようとする倦むことのない労苦のまぎれもない痕跡なのである。推測は**到達しえないもの**をまさにそれが**到達しえないもの**へと脱出するさいにとる諸形式において示す。ここでは、もろもろの区別されたものは、あるひとつの同一の知識（あらゆる知識は推測であることを知っていること）とあるひとつの同一の不在（推測は**表象しえないもの**が表象しえないものとして生じ表象されることにほかならないと知っていること）を共に受苦している（sym-pátheia）ものでありうるだろう。**到達しえないもの**は自足的な**絶対に他なるもの**ではなくて、自己とは異他化した推測のかたちで（in alteritate coniecturali）顕わになる**絶対に他なるもの**である。推測はたしかに**真理**とは異なるが、異なることにおいて事実上そして率直に**真理**の異他性に合図を送っている。存在者の範囲を限定し指示するなかで、推測は**到達しえないもの**を限定することはできないということを指示する。同一の論証的命題が指示すると同時に指示していないということを指示するのである。もし〈真理〉がもろもろの名前のなかで余すところなく表象されえているとしたなら、それは存在者あるいは存在者同士の関係においてでしかないだろう。また、もし沈黙の絶対的な深淵のなかに〈埋もれた〉ままになっているとしたなら、それでもなお抽象的に言葉に対置された部分として定義されているということにならざるをえないだろう。だが、**真理**は推測によって顕わになる**到達しえないもの**なのである。それと隣接する名前（nomen propinquius）はそう告げ知らせているのではないだろうか。

もろもろの推測はいずれも区別されたものである。単一の推測といったものはなんの意味ももたないだろう。単一の神の知識は存在する。が、それはわたしたちにとっては**到達しえないもの**だ。推測が多数存在するということが、神が顕わになるときにとる唯一の形式である。どの推測も、自分だけが**名前**そして**形式**を構成していると主張することはできない。そんなことを主張するとしたなら、それは自分が推測ではなくて神の知識と同一であると主張するに等しいことになってしまうだろう。だが、あらゆる推測は他の推測によって遺された痕跡を自分自身が構成されるのに必要なものとして承認するところにまで到達しなければならない。ある推測が存在するのは、他のもろもろの推測が存在していて、それらから絶対的に区別されているかぎりにおいてのことである。推測は、自分が他とは完全に区別されていて、自分が区別されていることの真理を徹底して〈堅持〉することを欲さざるをえないと同時に、他のもろもろの区別が存在していて、同様に徹底してそれぞれの真理を守護していることをも欲さざるをえない。真の推測はもろもろの区別されたものと混ざり合うこともできなければ、もろもろの区別されたものを自分に調和させることもできない。それは不可分割な（in-dividua）ものであると同時にけっして単独では存在しえない（mai sola）ものなのだ。[10] それが探求するのは妥協、協定、仲裁でもなければ、調和でもない。それは、もともと、みずからの完全な区別をしか探求しない。そしてこの探求そのものが他のすべての名前と他のすべての推測の必要性の承認へと導いていく。他の推測に照らしてのみ、わたしはわたしの推測を推測として把捉する。そしてわたしの推測を他の推測から区別するなかで、わたしの推測は他の推測がなかったならけっして存在しえないだろうということを知るのである。

どの推測も**真理**ではないが、**霊**＝**気息**はもしそうしたいとおもえばそれらの推測すべてを鼓舞することができる。わたしはどこで**霊**＝**気息**が最も強く息をするのかを知らない。というのも、まさしく**霊**＝**気息**は自分が息をしたいとおもう場所で息をするからである。どの推測も、名前であれ、文字であれ、その場所を〈指定する〉ことはできない。これはエンドン・アントロポス（éndon ánthropos）＝内なる人間の無底の底において以外のどの場所においても**霊**＝**気息**がほんとうには崇拝されないのと同じである。だが、内なる人間とはこの人間の完全にして言表しえない単独性のことをいう。したがって、その完全な単独性に目を向け変えることによってのみ、わたしたちはすべての名前とすべての祈りに共通するものを見いだす。わたしたちのもろもろの推測は、まさしくそのような把捉しえない**単独性**（Singularitas）について〈推測〉する。そしてそれらの推測は**到達しえないもの**がそうした**単独性**からの脱出を鼓舞しているという点で共通しているが、しかしまた、それらの推測がすべて区別されたものであるという点でも、そしてそれらの推測をそのような区別へと導いていこうとするクーラ（cura）〔配慮〕と各人が他者にたいして表明することのできるカーリタース（caritas）の点でも共通している。カーリタースは漠然とした感情ではなくて、まさに他者であるかぎりでの、自分とは完全に区別されたものであるかぎりでの、他者への愛である。[11] そして区別されたものであるがゆえに、あらゆる推測に形式と表現を与えるうえで必要な愛なのである。

わたしたちの言語は、あるひとつの共通の祖国、つまりは到達しえない祖国を〈表象〉している。

そしてその祖国を到達しえないものとして表象しているかぎりでは真実において表象している。わたしたちの言語は、その祖国に向かってひとつの共通性、不在という共通性を形成している。[12] それは絶対的に区別されたものたちが形成する共通性であって、絶対的に区別されたものたちはまさにそれらの名前の数多性のうちに共通の祖国の痕跡もしくは断片を見てとる。そしてそれらを混同したり調和したりしようとするあらゆるこころみのうちにその共通の祖国の否定、いやそれどころか、偶像崇拝の極み、つまりは**到達しえないもの**を表象することをつうじて所有しようとする意志を見てとる。見神博士（Doctor Illuminatus）〔ライムンドゥス・ルルスの綽名〕は『異教徒と三人の賢者についての書』〔一二七四―七六年〕のなかでこの考えのひとつの強力なメタファーを見つけている。三人の賢者が自分たちの学説（自分たちの推測）を説得力の限りを尽くして長々と開陳しおえると、どうやら異教徒は《神とあなたがたの言葉のおかげで真実であるようにおもわれてきた掟》を選択せざるをえなくなったようである。ところが、ここで異変が起きる。三人の賢者のだれもがどのような**掟**を異教徒が彼の心のなかで選択したのかを尋ねないのだ。そのことを三人の賢者は知ろうとはしないのであり、異教徒を打ち負かしたと思いこむという〈誘惑〉を拒絶するのである。実際にも、**真理**を所有するにいたったと信じた者は、これ以上探求したいとはおもわないだろう。これまで耳にしたことのない予期せぬ〈判断留保〉でもって偉大な対話は終わっている。つぎの点においてのみ、すなわち、自分たちはなおも議論し、理解し合うよう努めなければならないだろうということ、そしてこのことが神を愛し、神を崇める唯一のやり方であるということを知っている点においてのみ、三人の賢者はほんとうに見解を共にしているのである。三人の賢者のだれもが自分の学説を〈無力化〉しようとしなかったし、だれもが自分の学説を〈調和〉させようとしなかったが、最後にはほら見られたい、そこから真理が推測の真理として、アポリアからの脱出の真理として出現するのだった。彼らは互いに相手を優しくいたわりながら別れを告げる。また、各自が真実であると認める掟にたいしてなにか不躾なことを口にしたことがあった場合には相手に許しを乞い、そしてそれぞれが許し合う。だが、彼らはこれからも何度も出逢っては、理性の力をあらんかぎり振り絞り、怠慢や無関心や上っ面な寛容をはねのけて議論し続けなければならないと決意する。彼らは自分たちの会話は**到達しえないもの**に到りつくまで、すなわち、どのような表象もけっして汲みつくしえないだろう開かれ（apertura）の尺度に従って続行されなければならないだろうと決意する。アウグスティヌス風に、つまりはある目的が探求に終止符を打つからではなく、探求のなかで探求の対象への愛が生い育つがゆえに、探求はなされるのである。[*1]

ヨーロッパはこの永遠の探求（aeterna inquisitio）の場所になりうるのだろうか。ヨーロッパはつねに探求の場所であった。が、その探求をそのように区別されたものの区別されたものへの愛として考えることはできるのだろうか。みずからを共通性として、ただし、欠如しているにもかかわらず、それでもなお区別された推測が多数存在するなかにあって真に顕わになる**到達しえないもの**の共通性として理解するすべをわきまえているのだろうか。それとも、その探求はダンテの語るオデュッセウスの経験、そしてホイットマンの語るコロンブスの経験以外の何ものも意味しえないのだろうか。ひいては、ハーマン・メルヴィル〔一八一九—九一年〕からエドガー・リー・マスターズ〔一八六八—一九五〇年〕にいたるまで、最後のタラッソクラティア〔海の支配〕を謡った偉大な詩人たちがつねに想像してきたように、あらゆる海と空の根無し草的な権力の運命、あらゆる大地忘却の運命である難破となって終わらざるをえないのだろうか。そしてキリスト教自身、それぞれの名前とそれぞれのドグマが有すると推測される価値の最も徹底した忘却、調和と同化の最も深甚な意志以外の何を表象してきたというのだろうか。だが、ヨーロッパの知性はこうしたことすべてへの反撃でもある。それは知ることを欲する一方で、すべてを知ることはできないことも知っている知性である。それは権力を意志する一方で、あらゆる権力意志には目的の異種発生が内在していることも知っている知性である。それは愛することを欲する一方で、ほんとうに愛されるものを所有することは不可能であることも知っている知性である。それは破壊することを欲する一方で、何かを破壊しうるというあらゆる主張には精神錯乱が結びついていることも知っている知性である。[13] どのような暴力のうちにも、どのような調和の意志のうちにも、ヨーロッパは滞留してはいなかった。みずからのダイモーン〔守護神〕にいつも「どこに行くべきか」と問うてきた。ヨーロッパの〈座席〉は、その境界が指定してきた範囲内にけっして固定されてはこなかった。ヨーロッパの〈座席〉は、いつの場合にも、そこに到達すべき何ものかであるようにおもわれてきた。そしてそのさまざまな身繕いはそこに到達するための契機であり通過点であるのだった。あるいは、まさしく、あるひとつの不在の祖国についてのもろもろの推測だったのである。ヨーロッパは、推測でありつづけるすべをもわきまえてきた。そして推測でありつづけることで、おそらくは、倫理的や倫理-政治的やドグマ的-宗教的な土台の上に立って説教されていることどもよりも限りなく徹底しているだけでなく、本性上まったく異なったものでもある回心（conversio）の可能性を守護することができてきたのだった。これらの説教はすべて調和ないし寛容の名において語っている。すなわち、ヨーロッパ史の〈スキャンダル〉〔躓きの石〕にたいしてなんらの回心の意志も表明していない。表明しているとして、それはたかだかその最後のユートピアであるにすぎない。

ヨーロッパの知性が世界を独り占めしているようにみえながらも、どのようなプロジェクトも世界を〈形あるものに〉保持しておくことができないでいる今、侵犯すべきさらなる境界がもう存在しておらず、ひいてはあらゆる確かな境界が崩壊してしまって、それとともにあらゆる領域的一体性も崩れ去ってしまっている今、ついに争いを構成している諸要素は、それらをそれぞれの推測の有する真理から引っこ抜くことなく、脱出が根を奪われ見棄てられてしまったという漠然としたシュティムング（Stimmung）＝気分に変容してしまうことなく、互いに開きあうことのできる到達しえないものを飽くことなく求めて味わう共苦（co-sofferenza）を、本来の絶対的な区別のもとにあって再発見できるのかもしれない。この新しい始まりのためには、ヨーロッパの反撃がヨーロッパ自身の没落を意味するものでなければならない。オクシデントがほんとうにその歴史を完遂するのは〔その名の示すとおり〕みずからの落日を課題として立てるときである〔「オクシデント」とは「日の没する場所」をいう〕。かくてヨーロッパはその歴史の落日をみずから欲しなければならない。だが、同時に、そうすることによってのみ、ヨーロッパは自分自身となるだろうということを想起しながらである。というのも、ヨーロッパの知性だけが自分自身にたいする反撃をみずからの中心に設定するにいたることができるからである。ヨーロッパの知性はみずからの没落を最大の約束および危険としてみずからのうちに携えている。それが想像してきた最高の争いのかたちは、自分自身にたいする闘争である。魂の魂自体のうちにあっての闘争、ピロプシュキア〔生への愛〕にたいする闘争である。これこそはおそらく古典古代の遺産とキリスト教とのあいだに存在する最も深いきずなである。自分自身を憎むことだ。すなわち、なにがなんでも自分を保存し生き残ろうとする意志を憎むことだ。他者の、自分とは絶対的に区別された者の、単独的な者の呼びかけへの、非友好的な抵抗を憎むことだ。わたしたちが何ひとつ出し惜しみせず、自分をあらゆる障害とあらゆる問いかけの前に立たせて、どのような責任（responsabilità）（これはわたしたちを攻め立てるあらゆる問題に応答（corrispondere）することを意味する）をも回避することがないほどまでに、冷酷無情にわたしたち自身に戦いをしかけることができたとしよう。わたしたちのうちで、他者にたいしてではなくわたしたちにたいして不眠不休の監視を続けることができたとしよう。あらゆる限度を超えて〈健全な〉エゴイズムに対決することができたとしよう。そのときには、たしかにわたしたちはわたしたちの外に侵攻するためのエネルギーを見いだすことはけっしてなくなるだろう。**神の子**はすべての掟を達成するものとして愛を告知した瞬間に心の激しい動揺に見舞われて涙を流し、悲しみにうち沈みながら死を迎えた。ピロプシュキアにたいする憎しみ以外のどの場所にも、調和でも寛容でもたんなる協定でもないような平和の思想を〈置き直す（riposare）〉ことはできないのである。

この思想はヨーロッパのものである。そしてヨーロッパはそのさまよえる知性をダイモーンが導いていくところに同伴させてきた。わたしたちはその知性がみずからの落日を承認するようになるまで同伴しつづけること、その知性がもろもろのユートピアの建設者としての自分自身をアトピア〔置き間違えられた場所〕であると考えることができるようになるまで同伴しつづけることを願わなければならない。すなわち、権力意志の最も暴力的な表現が自己矛盾を来たして内破し、ノールンタス（noluntas）〔無意志〕となって生じるような、そしてこの内なるスタシス〔争い〕から、自分とは区別されたものの存在の明確な視認へと、あらゆる形式の単独性にたいする驚異へとさかのぼっていくような、〈不条理な〉非場所（non-luogo）であると考えることができるようになるまで、同伴しつづけることを願わなければならないのである。そのときには、エウロペは「すすり泣きをやめる（mittere singultus）」ことができるだろう。エウロペは、無敵のゼウスの妻であり、世界の半分に名前を与えてきた女性でありながら、これまでけっして涙することをやめず、涙することをみずからの運命として受けいれてきたのだった。[14] 自身のうちでみずからを完遂するオクシデント＝日の没する場所として、そしてこのオクシデント＝日の没する場所という形態においてのみ、ヨーロッパは彼女の未来の旅人たちに、その時を告げる鐘の音でニーチェの『人間的、あまりに人間的』の第一部が締めくくられる《かくも清らかで、かくも光輝いていて、かくも神々しく晴れやかな》朝——その朝がおとずれる時が、ヨーロッパの知性のなかではルルスの三人の賢者が一緒になって向かった都市の門での別れの時と入り混じっている朝——を贈り与えることができるだろう。

原注

1　ここは、カルロ・ディアーノ〔一九〇二—七四年〕が読んでいるように〔Eraclito, *I frammenti e le testimonianze*, a cura di Carlo Diano e Giuseppe Serra (Milano: Mondadori, 1980), fr. 26〕、「パリントノス（palíntonos）」〔逆向きに引っ張り合う〕なのだろうか。それとも、ディールス＝クランツ編『ソクラテス以前哲学者断片集』第二二章

「ヘラクレイトス」B五一にあるように、「パリントロポス（palintropos）」〔逆向きに働き合う〕なのだろうか。調和＝ハルモニアは、対立する両極端（弓とか竪琴の弦のように）のあいだの緊張のことであるが、このことはそれが〈音楽的な〉特徴を有していることもまったく排除しない。その一方で、後述するように、パルメニデスの断片B六・九への参照が不可欠であるようにおもわれる。

2　だから、**目に顕わでない調和**のイコンはなんらかの構築されたもの、なんらかの調和的な構造ではありえないことになるだろう。そうではなくて、せいぜいのところ、プロティノスにおいて起きているように、純粋の音、たんなる声、黄金のたんなる輝き、むしろ、光の一瞬の閃きであるだろう（プロティノス『エンネアデス』一・六）。

3　パルメニデスのロゴスのこの固有に秘儀伝授的な次元をけっして忘れてはならない。Cf. Werner Jaeger, *La teologia dei primi pensatori greci*, traduzione di Ervino Pocar (Firenze: La Nuova Italia, 1961), pp. 147 seqq.〔ヴェルナー・イェーガー『ギリシャ哲学者の神学』神澤惣一郎訳、（早稲田大学出版部、一九六〇年）、一二一頁以下〕。

4　Emanuele Severino, *Destino della necessità* (Milano: Adelphi, 1980), capp. VIII e IX.

5　Simmaco et Ambrogio, *L'altare della vittoria*, a cura di Fabrizio Canfora, nota di Luciano Canfora (Palermo: Sellerio, 1991)〔クィントゥス・アウレリウス・シュムマクス（三四五ごろ―四〇二年）はローマの政治家。執政官を務めていた三九一年、貴族階級のほとんどがキリスト教に改宗しつつあったなかで、なんとかして古来のローマの宗教を保存しようとして、元老院会議場から「勝利の祭壇」を撤去するようにとの皇帝グラティアヌスの命令に抗議する代表団を派遣しようとするが不首尾に終わる。二年後、グラティアヌスの後を継いだウァレンティアヌス二世に宛てて至急便を発送して再建をアピールするが、アウグスティヌスを回心に導いたといわれるミラーノの司教アンブロジウスの論駁を受け、計画は中止へと追いやられている〕。

6　この意味では、アントニオ・ロズミーニ〔一七九七―一八五五年〕が『不信心の歴史についての断章』（一八三四年）において展開した批判が決定的である。Cf. Antonio Rosmini, *Frammenti di una storia della empietà e scritti vari*, a cura di Rinaldo Orecchia, in: *Opere edite e inedite*, vol. 49 (Padova: CEDAM, 1977).

7 Henri de Lubac, *L'alba incompiuta del Rinascimento. Pico della Mirandola*, traduzione di Giuseppe Colombo e Adriano dell'Asta (Milano: Jaca Book, 1977) は、しかしながら、ピーコの「哲学の平和」とクザーヌスの展望との違いを際立たせてはいない。

8 「慈悲」はわたしたちを見棄てるのだろうか。だが、「見棄てる」こと以外のどこに「慈悲」はあらねばならないというのだろうか。神々はわたしたちのもとから去ってしまったのだろうか。だが、それ以外のどのようなかたちで神々は神々として顕現しえたというのだろうか。ヘブライ語では、ひとが〈慈悲〉と呼んでいる語は（聖書解釈学者のハイーム・バハリエ〔一九四七年生〕が示唆しているように）母の子宮を指しているものから直接に派生する。子宮が〈善いもの〉であるのは、子を光のもとに放り出す〔出産する〕からであり、自分のなかから追い出すからである。**子の時代**は必然的に見棄てられるとともに見棄てる者たちからなる時代である。そして**子**がこの彼の置かれている状態のなかにあって彼を見棄ててきた〈慈悲〉との切り離しえないきずなを承認し、けっして一人ではない見棄てられるとともに見棄てる存在になるのは、必然的なことではなくて、たんに可能的なことであるにすぎないのである。

9 アクセンツァイト〔軸の時代〕後もなおも地中海世界が存在しうることを、蛮族の侵入とオクシデントの帝国の終焉ではなくて、イスラームの支配が確立されたことが証言しているのだろうか（cf. Henri Pirenne, *Maometto e Carlomagno*, traduzione di Mario Vinciguerra (Bari: Laterza, 1939)〔アンリ・ピレンヌ『ヨーロッパ世界の誕生――マホメットとシャルルマーニュ』増田四郎監修、中村宏・佐々木克巳訳（創文社、一九六〇年。講談社学術文庫、二〇二〇年）〕）。それとも、ヨーロッパの中心部は最終的に地中海地域から切り離されてしまったのだろうか。だが、その場合には、それはローマのいないヨーロッパ、いやそれどころか、三つのローマのいずれも存在しないヨーロッパだろう。それは純粋のオクシデントであるだろう。が、それはヨーロッパであるかぎりでみずからの没落を決断することもできるオクシデントではないのだ（「エピローグ」で展開する考察を見られたい）。

10 本章注8を参照。《わたしは一人ではないのですから》（「ヨハネによる福音書」八・一六）と、十字架の上で自分は見棄てられたと叫ぶのと同じ人物が断言している。

11　〈隣人〉とは、正確には、隣り合っているためにわたしがいっそうの正確さをもって区別することのできる者をいう。混同することもできなければ同化することもできない者のことなのだ。

12　エドモン・ジャベス〔一九一二―九一年〕は、彼の最後の〈小型判の書〉『歓待の書』（一九九一年）にいたるまで、その〈経過〉を提示しながら歩んできた。Cf. Edmond Jabès, *Le livre de l'hospitalité* (Paris: Gallimard, 1991); trad. it., *Il libro dell'ospitalità* (Milano: Raffaello Cortina, 1991)〔エドモン・ジャベス『歓待の書』鈴木創士訳（現代思潮新社、二〇〇四年）〕。

13　これらのモティーフについてはFernando Pessoa, *Faust*, a cura di Maria José de Lancastre, trascrizione del manoscritto originale di Teresa Sobral Cunha (Torino: Einaudi, 1989) を参照。

14　ホラーティウス『カルミナ』三・二七・七三―七六。

追補

＊1　ここでは、本書の刊行後「ヨーロッパあるいはキリスト教」というテーマをもっと広汎に展開しようとこころみたわたしの以下の論考を挙げておくにとどめる。"Filosofia e teologia," in: *La filosofia*, a cura di Paolo Rossi, vol. II (Torino: UTET, 1995); "Europa o Cristianità," in: AA. VV., *Dopo 2000 anni di Cristianesimo* (Milano: Mondadori, 2000).

エピローグ

わたしたちは三人の賢者と異教徒の《グルントシュティムング（Grundstimmung）〔根本気分〕》（気質、神的な痕跡）をひとつの名前でもって示唆することができるだろうか。できるとして、《フェアハルテンハイト（Verhaltenheit）》以外のどんな名前を見つけ出すことができるだろう。それはぐずぐずすること、とどまることを指している。とりわけ、他の方向に移動させようとする力に抗って一箇所にとどまること、ひいては抵抗すること、それも思考しつつ抵抗することを指している。だが、フェアハルテン（Verhalten）は態度、振る舞い——エートスのことでもある。そこで、三人の賢者と異教徒の場合には、フェアハルテンハイトは、たまたま反対しているとか、たんに抵抗しているのではなくて、みずからの根底そのものを構成していることになる。彼らはいつまでも執拗に探し求め問いつづけるよう指示されている。彼らはつねに同じことを問いながら歩んでいく。けっして停止することなく問うことこそが彼らの住まう場所（エートス）なのだ。

ハイデガーは《探し求めることのフェアハルテンハイト》という徴表のもとで《将に来たらんとする者たち（die Zukünftigen）》の特徴を言い表わしている（*Beiträge zur Philosophie*, pp. 395-398〔以下、本文中の（ ）内の頁数は同書のものを指す〕）。彼らは《少数の者たち》であり、《稀有なる者たち》である（p. 11）。そして彼らにとっては《探求することそれ自体が目的である》（p. 18）。また彼らには時が経過するたびごとにエントシャイドゥング（Entscheidung）が提起される。すなわち、**真理**の本質についての決定がなされる。彼らの現存在は全面的にこの問いに対応している。そして彼らは、無数の途絶えることなくやってくる《遅れた者たち（die Späteren）》の陣営、古くからの信仰、偶像、表象に根ざしたまま、いつまでもぐずぐずしている者たちの陣営とは正反対に、この決定に全面的に責任を負っている（p. 96）。探求の次元における思考しながらの逡巡はすべて将来の決定に差し向けられている。したがって、そこに住む場所をもっている者たちは到来する者たち（ad-venientes）（〈将に来たらんとする者たち〉）である。これにたいして、頑なに〈死せる神〉のもろもろの観念に閉じこもってしまっていると、思考は不可能になってしまう。

当然ながら、決断は心理的－実存的意味に解されてはならない（これはハイデガーの『存在と時間』において見られた、これはこれで十分に了解しうる誤解だった）。決断は**存在**自体に属している（p. 102）。もし**存在**が〈存在する〉のではなくて、つねに到来するのであり、到来するなかで、人間を〈自分のものにする〉のだとしたなら（これがエアアイグニス（Ereignis）〔性起《しょうき》〕の意味である）、現存在の側からの、そのような呼びかけに、問い求めつつ応答しようとする決断は、**存在**の真理そのものに属していることになる。だが、それは、根底においては、われらが賢者たちのエートスの場合にもそうではないのだろうか。まだ持っていないことではまったくないような探求（もしまだ持っていないことであるとしたなら、そのときには探求の実効性は獲得された成功によってのみ測定されうることになるだろう）、探求する者をその者自身のうちへ、みずからの現存在の本来的なあり方のうちへ、連れ戻す以外の何ものにも到達することのない探求のうちに断固としてとどまり続けること（p. 398）――このことは彼らが崇拝し希求する神の真理に属している。神は彼らのうちに、まさに彼らがその神の表象不可能性を証言する瞬間に、到来するのである。

それゆえ、彼らの落ち着きのなさは純真なものである（p. 400）。それは権力意志の揺らぎぶりとは別物である。権力意志のほうは、もろもろの新しい《内容》と新しい《体験》のあいだでつねに揺れ動いている（pp. 18-19）。そして神々を存在者の領域に探し求めて、そこに神々を固定し、これらの表象にみずからを縛りつける。これにたいして、われらが賢者たちの落ち着きのなさは、出会いと合図への開かれた期待である（p. 400）。〈自由に〉神々に到達する時が到来しうることへの期待なのだ。どのような根拠の上にも彼らは安住していることができない。というのも、彼らの神は〈存在している〉のではなくて、つねに到来するのだから。彼らの神は**つねに到来する者**（Semper Adveniens）である。到来する者たちというのが、彼らの神の必然的なイメージである。

都市の門に到達したところで彼らの対話は終わっている。が、もろもろの沈黙のうちでも最も深く沈黙しているもののなかで対話は続くだろう。都市は公共の場（Öffentlichkeit）であって、そこでは《少数の将に来たらんとする者たち（die wenige Zukünftigen）》は姿を顕わにすることがない。だが、われらが賢者たちは《工作機構（Machenschaft）》の王国、すなわち、作ることとの唯一の形式としてのテクネー〔技術〕と存在者の唯一の形式としての**作られたもの**の支配する領域（pp. 126-132）である都市を拒絶しない。それどころか、都市をめざす。そうでないとしたなら、いったいどこで彼らの探求は抵抗し思考する逡巡として出現するというのだろうか。また、つねに到来する者である神がもし都市の過去にすでに出現していたのだとしたなら、その神はつねに到来する者であると言えるのだろうか。彼らはたしかに異邦人ではあるだろうが、都市の中にいる。彼らの複雑で曖昧模糊として見分けがつかない都市にとって以外に未来（Zukunft）は存在しえない。そしてそれ以外のあらゆる未来は過去である。彼らのもの、**到来する者**の沈黙の証言者たちのものでないようなあらゆる未来は、実をいうと、すでに消尽され過去になってしまっているのである。

ハイデガーはその**到来する者**を《最後の神（der letzte Gott）》と呼んでいる（pp. 405 seqq.）。これはもうひとつ別の神ではないし、あるひとつの新しい表象が無数にある他の表象に付け加えられたものでもない。落ち着きのなさに応答し、思考することへの固執をみずからに服属させることによって、それを〈治療〉する能力のある〈完全無欠な宗教（perfecta religio）〉のもうひとつ別の観念ではないのだ。《最後の神》というのは、神が**最後のもの**であるということ、わたしたちから最も遠く離れているなかにあってわたしたちに最も近い存在であるということを意味する。《将に来たらんとする者たち》とは、なにか特定のプロジェクトの実現に向かって〈未来化（infuturare）〉する者たちのことではなくて、**最後のもの**すなわちエスカトン（éschaton）〔終末〕に対応する者たちのことである。神はあれやこれやのかたちで存在しているのではなく、あれやこれやのかたちで名指しされているのでもない。神は〈単純に〉**永遠の未来**である。すなわち、提示することも表象することも実体化することもできないエスカトン〔終末〕なのだ。これはわれらが賢者たちにとっても最後の決断ではないのだろうか。すなわち、神的なものの純粋に終末論的な光（栄光、ドクサ）を〈請け戻す〉ということではないのだろうか。

もしわれらが賢者たちが**つねに最後であるもの**に、あらゆる未来にたいしてそれよりもさらなる先にある**最後のもの**に視線を向け変えることができるなら、自分たちの探求の落ち着きのなさに配慮することができるなら、彼らは**共にある**存在であること、すなわち、〈一緒になって〉**到達しえないもの**に対面しているために互いに近しい存在であることができるようになるだろう。それ以外のどのような形式においても、彼らの対話は抗争および／もしくは調和であるだろう。互いに向き合うことによって、同時に**最後のもの**に向き合うなら、終末論的に互いを見つめ合いなおすなら、その場合にのみ、彼らは互いに相手を必要としていることを理解できるようになるだろう。そして彼らの対話も、これらの表象、これらの観念を〈最後のもの〉として押しつけようとする者、すなわち、国家崇拝者たち、文字の奴隷たち、《遅れた者たち》の〈悪しき〉落ち着きのなさに抵抗して、続行することができるようになるだろう。

だが、ここで問題が生じる。《将に来たらんとする者たち》は無から呼び起こされた幻像ではありえない。また彼らの抵抗は彼らを異邦人のようにみている〈大衆〉にたいしてのみ実効性をもつわけでもない。到来する者たちは彼らが通過するものからも都市からも抽象的に〈切り離された〉者たちではない。もしそうであったとしたなら、彼らはヒュブリスの、すなわち権力意志の、たんなる表現にすぎないことになってしまうだろう。彼らは依然として〈革新者〉ないし〈超克者〉であるにとどまるだろう。《言葉と性起》（p. 510）。言葉と性起とは互いに共属する関係にある。だが、それを〈発明された〉言葉として遇することはできない。それは人間のダーザイン（Da-sein）＝現存在の発する、フーマーヌスな「人間的な」言葉、《歴史（Geschichte）を基礎づける歴史的な語》（p. 510）としての言葉である。そしてこの言葉だけが**最後のもの**へと〈開く〉ことができるのである。だが、この言葉は元初からやってくる。そして膨大な血を流す古代の神々はだれもがそこに住んでいる。その元初の場所は巨大な森（ingens sylva）であって、それを〈開墾〉したいというのは狂気の沙汰にほかならず、**ロゴス**の夢のうちでも最も怪物的な夢であり、最も凍てついた怪物を産み出す夢である。その夢から、その夢のなかで、あらゆる開かれはやってくる。よこしまな労働（labor improbus）が、その夢のなかで、この光を開く。それゆえ、《探し求めることのフェアハルテンハイト》のうちにあってのの**到来する者**への愛は、よこしまな愛（improbus amor）なのである。

到来する者たちは、彼らがそこからやってくる言葉から出発して、その言葉のなかで前へ進むしかない。あらゆる〈到来すること（ad-venire）〉は〈由来（pro-venienza）〉を内に含んでいる。その〈由来〉はたんなる過去、取り除かれてしまった〈状態〉ではまったくない。そうではなくて、ひとつの携帯している過去である（シェリング。彼の名は『哲学への寄与』のなかで不断に登場するが、この基本的な点にかんしては忘れられてしまっている）。過去はエスカトン＝終末へと開かれた言葉のなかで存在している。開かれれば開かれるほど、そのぶんだけ多く基礎づけられる。だが、携帯する過去の上に〈とどまりつづける〉ということは**記憶しえないもの**（Immemorabile）の上に〈とどまりつづける〉ということである。というのも、**記憶しえないもの**（アーデーロン〔目に顕わでないもの〕）はあらゆる過去の根底であるからだ。ひいては、到来する者たちが表象しえない**最後のもの**のために存在しているように、この**最後のもの**は彼らにとっては**元初**（Inizio）そのものである。彼らが**将に来たらんとする者たち**（つねなる未来）であるのは、つねに由来する者たちであるかぎりにおいてのことである。**元初**の沈黙と**最後のもの**の沈黙に〈基礎を置いている〉言葉は、ここに存在していること（ダーザイン）とここに存在していない**存在**（ザイン）とのあいだにあっての、**ツヴィッシェン**（Zwischen）の、あいだにあることの、歴史－運命（storia-destino）である。

由来する者たちである以上、到来する者たちはこの歴史を忘れてはいない。この歴史は彼らの信仰と観念、彼らの表象と相互理解すべての歴史でもある。この歴史こそが彼らを**最後のもの**へと向かわせる。ここにわれらが賢者たちの会話の深い真理がある。彼らは彼らのさまざまな神学が繰り広げられる空間全体を余すところなく通過している。あるいは通過しようとしている。この空間から、そしてそれ以外のどの空間からでもなく、わたしたちにとって、**最後のもの**についての思考と、問い求めることの純粋の落ち着きのなさが解き放たれることができるようになるのだった。何ものかが成熟するためには、すなわち、果実をもたらしうるためには（p. 410）、それを大事に保護している者がいなくてはならない。新たな**元初**はタブラ・ラーサ（tabula rasa）〔何も書かれていない石板〕ではない。それは受け継がれてきた言葉のなかに保護され覆蔵されつつ〈成熟〉していくのである。

もしわたしたちがその新たな**元初**のなかに（《遅れた者たち》のように）いつまでもぐずぐずと居座っていることがないとしたなら、それはなんらかの革新熱のためではなく、つねに**元初**である**最後のもの**に視線を向き変えるというのが言葉の本質に属することだからである。だが、この言葉がそのような視線の向き変えを遂行するのは、その歴史のなかにおいてであり、そのもろもろの表象が真っ盛りのなかにおいてである。それを遂行することがすでに与えられているとしての話なのだ。ここから、言葉の歴史性とそれが**最後のもの**へと向かうことを同時に〈救済〉しようとするクザーヌスの推測のもつ重要性が明らかになる。

ルルスとクザーヌスの賢者たちと……ハイデガーの**将に来たらんとする者たち**。ひとつの深淵が両者を分け隔てている。ハイデガーの到来する者たちは、あらゆる〈既在のもの〉にたいして、とりわけキリスト教の神にたいして、まったく別の存在である（p. 403)。彼ら到来する者たちはほんとうに神なのだろうか。むしろ神であると信じているということではないのか。ここはこの決定的な問いに答える場所ではない[1]。確かなことは、ハイデガーの言葉はすべて、このノートでも証明してきたように、このヨーロッパもしくはキリスト教の〈時代〉の哲学と神学の言葉のなかで生い育ってきたということである。そこで、賢者たちも到来する者たちも全員がヨーロッパという空間、トポス・アトポス〈場所なき場所〉に属しているというのも、確かなことなのである。彼らが問うているのは最初からずっと彼らの名前である。そして、ただ探し求めることにのみ固執する者には、地上の住所は与えられようがないのである。

　そのときには、問う者は単純に異邦人であるとは言えない。というのも、彼の言葉は都市の言葉と〈曖昧模糊として見分けがつかない〉関係にあるからである。だが、それはたんなる公共の場（Öffentlichkeit）の言葉には属さない。というのも、彼は彼の言葉が予感（Ahnen）であることに気づいていて、その予感を守護するからである。それはなんとしても**最後のもの**を言い表わしたいという——みずから**永遠の未来**の沈黙の予感に変身したいという渇望であり、ノスタルジーにほかならないのだ。こうして賢者たちは彼らの伝統の言葉から現出し、やってくるのではあるが——そしてその言葉にたいして畏怖と敬虔の気持ちを抱いているのではあるが——、それには属さないのである（純粋の到来する者たちはどの存在者にも属さないのだ！）あるいは、それらの伝統の言葉のうちにまさしくエスカトン〔終末〕の合図を送りたいという執拗な渇望をつかみとっているからという理由でのみ、それに属しているのである。そしてあらゆる瞬間をそのような執拗な渇望の光に照らして考察する。まさしく瞬間（in-stante）としてである。

ヨーロッパの否定者であることからはほど遠く、ヨーロッパから逃亡したり、ヨーロッパとは別の場所を表象しようとしているのだと言い繕うことからはほど遠く、到来する者はヨーロッパの没落（occasus）に、つまりはオクシデンス（occidens）〔日の没する場所〕としてのヨーロッパに同行する。到来する者の時間はウンターガング（Untergang）〔没落〕の時間である。なぜなら、ウンター－ガング（Unter-gang）〔没－落、下方への－歩み〕とは、基本的に《**到来する者**の沈黙の成熟》（p. 397）に向かって歩みを進めていくことにほかならないからだ。《この没落は一番初めの**元初**である》（p. 397）。没落するとは、オクシデントのありとあらゆる表象に問いを発しながら進んでいくこと、そしてそれらの表象を根底にまで導いていって完遂させることにほかならない。オクシデントに同行すること、すなわち、オクシデントとともに没落すること以外に、問いに固執する方法は存在しない。《将に来たらんとする者たち（Zukünftigen）》の別名は《没－落しつつある者たち（Unter-gehenden）》である。彼らは何ものかが到来するためには没落が生じなければならないことを知っているのだ。没落とは成し遂げることを意味する。そしてオクシデントの日は成し遂げられてしまっているのだった。その成し遂げがどれほど長く持続しうるかはどうでもよい。必要で欠かせないのは、**最後のもの**に対応しながら抵抗する場所、《呼びかけの純粋な内面性》（p. 397）を忍耐強く保ちつづける場所のなかにいるかのようにして存在していることである。必要で欠かせないのは、いつまでもぐずぐずと手間取って、もろもろの観念や偶像をこしらえあげてはみずからの信仰や教会が生き延びるために闘い、表象に表象を積み重ねていくようなことをしないことである。

つねに問う者たちは、かくては没落しつつある者たちである。彼らが没落を支持するのは、彼らにとっては没落が目的ではなく、元初へと、すなわち、到来する者へと、最後のものとしての神へと、みずからを開く思考の行為が携帯する過去だからである。没落しつつある者たちだけが「未来」をもつ。そしてこれがニーチェが語っていた真の〈頽落《たいらく》〉である。すなわち、死後に生きる者たちの〈頽落〉であって、彼らが公共の場（Öffentlichkeit）から引退するのは、世界から逃亡したり、世界を〈超克〉するためではなく、反対に、エスカトン〔終末〕の尺度に従って、世界の最後の真理に従って、世界に参加するためなのだ。そしてこれがあらゆる言葉の秘匿された尺度であって、問う行為の不安定さに尺度を与えて、それを内容空疎なインフィルミタース（infirmitas）〔不決断ぶり〕と空しい成果しか得られないクーリオーシタース（curiositas）〔詮索好き〕から救済するのである。

ここでも決断は実存的－心理的なものを何ひとつもたない。ヨーロッパは没落が必要な土地である。それゆえ、この土地の哲学は没落を支持する。他のことが起きるように既在のものの没落に向けて決断するのである。ところで、いまやヨーロッパはまさにその決断の時を迎えている。わたしたちが元初に視線を向け変えることによって見つめなおす永遠の未来へと思考の行為がみずからを開くことができるように、神についてのもろもろの表象すべての没落に向けて決断する時を迎えている。だが、そのような決断は没落（occasus）の土地においてしか考えられない。ここにおいてのみ、問うことはその運命を達成することができていたのだった。ひいては、没落を拒否するヨーロッパはみずからの本質自体を拒否していることになるのだった。没落しながら**到来する者**へとみずからを開かず、あらゆる言語、そしてなによりもまず、みずからの言語を**到来する者**に呼び戻すことをしないヨーロッパは、自分自身を、みずからの語源を裏切っていることになる。生き延びながらみずからの運命を達成することに抵抗し、みずから**最後のもの**に向けて思考しないヨーロッパは、もはや未来（Zukunft）をもたない。

ヨーロッパが頽落するのは没落することによってではない。そうではなくて、頽落するのは没落を拒否するからであり、没落に固執する代わりに抵抗するからである。[2] 問うこと（inquisitio）に固執しているヨーロッパ、ひいてはすべての価値を問い質して犠牲として供するヨーロッパは、没落していくことをみずから欲せざるをえない。そして没落していく者としてのみ、到来する者となるだろう。あらゆる言葉とあらゆる推測が**共に**存在することができる場所である、**到来する者**へと開かれた場所となるだろう。この**共に**という言葉こそは、ヨーロッパの歴史がみずからを成就し、そのさまざまな〈新しい始まり〉すべてが終焉を迎えるにいたったときにヨーロッパの発することのできる、唯一可能な言葉である。だが、ヨーロッパの現存在は、まったくなんの制約も受けないまま自由に、それに対応しないでいるままにとどまっている。それは思いのまま自由に、没落しようとはしないでいる。すなわち、没落を支持せず、没落に参加せず、自分の価値のために、あるいはいまやすべての価値を自分の新しい価値として脱神聖化するために闘っており、自分のドグマと自分の推測を真理であるとみなし、それらを他人に押しつけることを自分の使命であるとみなしている。

みずからを忘却することによって、ヨーロッパは没落することが自分の任務であることを忘れ去っている。今日ほど、ヨーロッパがみずからのさまざまな表象を想い起こしたいとおもっているようにみえるときはない。今日ほど、保護と保存、トゥーテーラ（tutela）とピエタース（pietas）ということを口にしてきたことはない。そしてヨーロッパはみずからの本質を忘れ去ってしまっているのである。ヨーロッパは、あらゆる時代とあらゆる場所の記録を積み重ねている。そしてみずからの真理を忘れ去ってしまっているのである。ひいてはそれらの記録も、かくも痛ましくて博物館に陳列しておくのが似つかわしい代物になってしまう。そしてそれらの記録がいたるところに存在しているということは、ただただ不在と喪失のみを意味するにすぎなくなってしまっているのである。

おそらく、《将に来たらんとする者たち》は存在しているのだろう（少数者なのだろうか、多数者なのだろうか）。そして彼らはヨーロッパの自分自身にたいする反撃（Gegenschlag）の必要性、切実な要請に気づいているのだろう。だが、これほど必要でないものは何もない。また工作機構（Machenschaft）の支配するオクシデントにとって、これほど有益でなく、これほど〈生産的〉でないものは何もない。それどころか、むしろ、オクシデントにとってこの反撃は今日絶対の敵であること、さらには、了解すべき不可能なものであることをわたしたちは承認すべきなのだろう。だが、言説のなかで捕まえることの不可能なものこそは、《最も問うに値するもの（das Fragwürdigste）》、問う思考の、本来の、最も問うに値する〈対象〉なのだ。それは解決することによって〈贖われ〉たり、なんらかの救済（Er-lösung）を約束したりするのではなくて、現存在を元初の問題が立てられる〈場所〉、すべての神々の黙秘した尺度である最後の神が待っている〈場所〉に配置する問いなのである。[3]《わたしたちの時は没落の時代である》（p. 397）。だが、その時代に対応するすべを習得するのは困難を極める。問うための時間をもつということは、没落しつつある者になるための時間をもつということである。《これこそ大仕事、これこそ大難事 (hoc opus, hic labor est)》〔ウェルギリウス『アエネーイス』六・一二九〕。今日、ヨーロッパでは、すべてのドグマとすべての教会のもとで、没落への抵抗が支配している。もっと悪いことには、その責任者と称される者たちにたいする激しい憤懣、さらには諦めきった無気力状態が支配している（後者は前者の憤懣がいまや衰弱するにいたったこと以外の何ものでもない）。ヨーロッパはみずからの任務を遂行しおえることを欲していない。すなわち、自分自身であることを欲していない。みずからが没落しつつあるという合図を送っているものを信用しようとはしていないのである。ヨーロッパは没落を怖れており、それをただちに外から降りかかってきた運命と受けとめている。没落を外部の諸勢力のもたらした所産であるとみていて、自分自身が没落しつつある存在であることを欲そうとはしていない。しかしながら、これこそは時代がヨーロッパに下すよう強いている唯一の真正な決断なのだ。没落は自分から引き剥がされることを意味しているのではなくて、みずからの心の奥底そのものに視線を向け変え、そこで**最後のもの**の語る言葉に聴き従い、この**最後のもの**の尺度によって、すべての区別されたものたちが、完全に区別されているかぎりで、みずから推測しながら問い求めることの必要性を承認しあうということを意味している。これはヨーロッパの不可能事なのだろうか。けっして可能とは考えられていないことなのだろうか。それでも、この不可能事こそがヨーロッパの唯一の未来なのである。

＊以上はすべてハイデガーの没後に出版された大著『哲学への寄与（性起について）』〔Martin Heidegger, *Beiträge zur*

Philosophie (Vom Ereignis), in: *Gesamtausgabe*, Band 65 (Frankfurt am Main: Vittorio Klostermann, 1989); マルティン・ハイデッガー『哲学への寄与論稿――性起から〔性起について〕』大橋良介・秋富克哉・ハルトムート・ブフナー訳（創文社、二〇〇五年。東京大学出版会、二〇二一年）〕との現在進行中の〈討議〉＝アウスアインアンダーゼッツング（Auseinandersetzung）の一部である。

原注

1 わたしは、まもなくＵＴＥＴから出版されるパオロ・ロッシ編『哲学』に寄稿した「哲学と神学」と題する長い論考のなかで、この問題に〈応答〉しようとこころみた〔cf. Massimo Cacciari, "Filosofia e teologia," in: *La filosofia*, a cura di Paolo Rossi, vol. II (Torino: UTET, 1995)〕。

2 この没落の観念がオスヴァルト・シュペングラー〔一八八〇―一九三六年〕のそれと、さらにはあらゆる循環的決定論、あらゆる「宿命論」と全面的に対照をなすものであることは強調するまでもないだろう。

3 人間が神を待とうとしているというのは、神を呼び出そうとしているというのは、純然たるペラギウス主義、あるいは《最も深刻な神喪失状態（Gottlosigkeit）の最も罠にかかりやすい形式》（*Beiträge zur Philosophie*, p. 417）ではないのか。人間は問いながらみずからを開く。ひょっとして人間は、これが**到来する者**を待つことの進路であるということを知ることができているのではないだろうか。もし**到来する者**の到来の意味するところがわたしたちの待機の意味するところと符合するのだとしたなら、**到来する者**の予見不可能な自由はどうなってしまうのだろうか。

訳者解説　ヨーロッパとは何か――地理哲学的考察

マッシモ・カッチャーリは一九四四年六月五日ヴェネツィア生まれの哲学者にして政治活動家である。

一九六七年、カントの『判断力批判』にかんする論文を提出してパドヴァ大学哲学科を卒業するが、すでに同大学在学中からヴァルター・ベンヤミンに命名の起源をもつ『アンゲルス・ノウス（*Angelus Novus*）（新しい天使）』（一九六四―七一年）という文芸雑誌に美学や建築にかんする論考を発表している。さらにパドヴァ大学卒業後の一九六八年には、『労働者と資本』（一九六六年）においてマルクスの『資本論』の新たな読解をつうじて「労働の拒否」の理論的意義を明らかにしたことで知られる哲学者のマリオ・トロンティ（一九三一―二〇二三年）の影響下で、文芸批評家のアルベルト・アゾル・ローザ（一九三三―二〇二二年）および政治哲学者のアントニオ・ネグリ（一九三三―二〇二三年）とともに『コントロピアノ（*Contropiano*）（反計画）』という非正統派マルクス主義の雑誌を創刊し、「弁証法と伝統」、「否定の思考の起源について」、「資本主義の発展と闘争のサイクル――ポルト・マルゲラにおけるモンテカティーニ＝エディソン」などの論考を発表。そして一九六九年九月、同じくトロンティの影響下で「オペライズモ（operaismo）（労働者主義）」を掲げて一九六七年に結成された戦闘的な議会外左翼《ポテーレ・オペライオ（Potere Operaio）（労働者権力）》のヴェネツィア・セクション（Potere Operaio di Venezia）の結成に積極的にかかわり、政治活動家としての第一歩を踏み出している。時あたかも、イタリア全土で労働者と学生が連携して異議申し立て運動に起ちあがり、イタリア共産党も含む既成の政党システムを大きく揺さぶるにいたった《熱い秋》さなかのことであった。

しかし、一九六九年十二月十二日、ミラーノのフォンターナ広場で全国農業銀行が爆破され、十七人が死亡、八十六人が負傷するという事件が起こり、《鉛の季節》と呼ばれるテロの時代が始まるとともに、議会外左翼の活動家から転じてイタリア共産党に入党し、一九七六年から八三年まで同党の下院議員を務める。

その間、著作活動のほうも中断することなく進めていて、『メトロポリス――ゾンバルト、エンデル、シェフラー、ジンメルの大都市にかんする論考（*Metropolis. Saggi sulla grande città di Sombart, Endell, Scheffler e Simmel*）』（Roma: Officina, 1973）を皮切りに、『オイコス――ロースからヴィトゲンシュタインまで（*Oikos. Da Loos a Wittgenstein*）』（フランチェスコ・アメンドラージネとの共著。Roma: Officina, 1975）、『クリージス――ニーチェからヴィトゲンシュタインまでの否定の思考の危機にかんする論考（*Krisis. Saggio sulla crisi del pensiero negativo da Nietzsche a Wittgenstein*）』（Milano: Feltrinelli, 1976）、『否定の思考と合理化（*Pensiero negativo e razionalizzazione*）』（Venezia: Marsilio, 1977）、『弁証法と政治的なものの批判――ヘーゲルにかんする論考（*Dialettica e critica del politico. Saggio su Hegel*）』（Milano: Feltrinelli, 1978）、『シュタインホーフから――二十世紀前半期のウィーン展望（*Dallo Steinhof. Prospettive viennesi del primo Novecento*）』（Milano: Adelphi, 1980）、『アードルフ・ロースと彼の天使（*Adolf Loos e il suo angelo. "Das Andere" e altri scritti)*』（Milano: Electa, 1981）などを次々に世に問うている。そして一九八〇年からヴェネツィア建築大学で美学を講じはじめ、一九八五年、正教授に就任している。

＊

右に列挙した刊行書目からもうかがえるように、著作を世に問いはじめた一九七〇年代から八〇年代初頭にかけての時期におけるカッチャーリの関心は、ニーチェからヴィトゲンシュタインへと受け継がれていったと彼が見る「否定の思考」のもつ画期的意義を、近代の主導的理念といってもよいヘーゲル的＝マルクス主義的な弁証法的綜合の理念との対比のなかで明らかにすることに向けられていた。そして一九八〇年に刊行された『シュタインホーフから』では、この問題状況が〈オーストリアの終焉〉の危機意識が色濃く支配する転換期ウィーンの文化風土に照準を合わせて生き生きと描き出されている。

その『シュタインホーフから』においてとりわけ注目されるのは、同書で採用されている叙述様式である。そこでは、近代的な自我＝主体の死が宣告されたニーチェ以後の状況のなかにあって、そうした近代的な自我＝主体の死のあとにのみ生がおとずれる〈死後に生きる者たち〉（ニーチェ『悦ばしき知識』断章三六五）の演じる哀悼劇（Trauerspiel）が、著者の愛読するベンヤミンの『ドイツ哀悼劇の根源』（一九二八年）をも彷彿させつつ、スケッチ風に、あるいは著者が――著者と同じヴェネツィア生まれの音楽家ルイージ・ノーノ（一九二四―九〇年）の「作曲法（composizione）」を想起しながらであろう――二〇〇五年版への序言でもちいている表現に従うなら「リーダーツィクルス

（Liederzyklus）（連作歌曲）」風に綴られている。個々の現象を単一の原理に還元することなく、それらを個々別々のまま「組み立てる（com-porre）（一緒に据える）」ことで救出しようとする方法である。ちなみに、『シュタインホーフから』の一部は、同書のまえおきによると、ノーノが編集人を務める『ラボラトーリオ・ムジカ（*Laboratorio Musica*）（音楽工房）』（一九七九—八二年）に寄せられたものだという。カッチャーリはそのノーノのオペラ作品『プロメーテオ——耳を傾けることの悲劇（*Prometeo: tragedia dell'ascolto*）』（一九八四年）のために古今の詩やベンヤミンのテクスト「歴史の概念について」（一九四二年）などを編纂したリブレットを作成している。そしてノーノのほうもリーダーツィクルス『さすらう響き（*Risonanze erranti*）』（一九八六年）をカッチャーリに献じている。この点については、『シュタインホーフから』二〇〇五年版の拙訳『死後に生きる者たち——〈オーストリアの終焉〉前後のウィーン展望』（みすず書房、二〇一三年）に田中純が寄せた解説「哀悼劇の天使的音楽に寄せて」を参照されたい。またカッチャーリは、『シュタインホーフから』二〇〇五年版への序言では、《細部にこそ神ないしわたしたちを守護するダイモーンは隠れている》として、同書ではそうした「細部」としての多種多様な自我のあり方に着目したところからの叙述をこころみたと述べているが、田中も指摘するように、この述言がハンブルク生まれの美術史家アビ・ヴァールブルク（一八六六—一九二九年）のモットー《神は細部に宿る》を念頭に置いたものであることにも注意したい。

それといまひとつ逸することができないのは、マルクス主義建築史家マンフレード・タフーリ（一九三五—九四年）との交友関係である。

カッチャーリは大学卒業直後に出逢ったタフーリの『建築の理論と歴史（*Teorie e storia*

dell'architettura)』(Bari: Laterza, 1968)(マンフレッド・タフーリ『建築のテオリア――あるいは史的空間の回復』八束はじめ訳、朝日出版社、一九八五年)に深く共鳴するところがあったようで、アゾル・ローザらと『コントロピアノ』誌を起ちあげたさいにはさっそくタフーリにも寄稿を依頼している。そして一九六九年の年初に出た号には、依頼を受諾したタフーリの「建築イデオロギーの批判のために」と題する論考が掲載されている。現代建築の内部には、建築家に社会のエンジニアもしくはプランナーとしての役割をあてがうことによって資本主義の矛盾を解消しようとする「建築イデオロギー」とでも称しうるものが存在していること、この「建築イデオロギー」がとりわけ両大戦間期にほかでもない「計画」の概念の普及によって具体化されたテクノクラシーによる合理化の過程で中枢的な役割を演じたことを指摘するとともに、それに対抗するための方策を粗削りながらも提示した論考である。

カッチャーリ自身は、一九七〇年代に入ってからはしだいにマルクスから転じてハイデガー、ニーチェ、ベンヤミンにみずからの理論的指南役を求めるようになる。しかし、こと建築もしくは都市設計の方針にかんするかぎり、マルクス主義者タフーリとの対話を中断することなく続けていたようである。このことは、一九七六年にタフーリとフランチェスコ・ダル・コー(一九四五年生)の共著『現代建築(*Architettura contemporanea*)』(マンフレッド・タフーリ+フランチェスコ・ダル・コ『近代建築』全二巻、片木篤訳、本の友社、二〇〇二―〇三年)がミラーノのエレクタ社から出たさい、カッチャーリが「エウパリノスあるいは建築(Eupalinos o l'architettura)」と題する書評を『ヌオーヴァ・コッレンテ(*Nuova Corrente*)(新潮流)』誌第七六/七七号(一九七八年)に寄せていることからも裏づけられる。

ちなみに、「エウパリノスあるいは建築」というカッチャーリの書評のタイトルは、ポール・ヴァレリー（一八七一―一九四五年）が一九二一年に発表した、古代ギリシアの建築家メガラのエウパリノスの比類なき建築技法をめぐってソクラテスと愛弟子のパイドロスが冥界で交わす対話篇「エウパリノスあるいは建築家（Eupalinos ou l'Architecte）」に因んで付けられたものである。このヴァレリーの対話篇をカッチャーリはハイデガーが一九五一年におこなった現代建築の精華というべきメトロポリスに住まうことの（不）可能性をめぐる二つの講演――「建てる　住まう　考える（Bauen Wohnen Denken）」とヘルダーリンの詩「快い青のなかで…（In lieblicher Bläue ...）」（一八〇七年ごろ制作か）の一節の読解をこころみた「…人間は詩的に住まう…（... dichterisch wohnet der Mensch ...）」――に接近させる。そしてこれらのテクストの読解をつうじて《住む場所をもたないことがメトロポリスにおける生活の本質的な特徴である》ことを確認する。そのうえで、現代の都市計画者たちは住まいの場所としてのメトロポリスを取り戻そうとして、メトロポリスにおいて機能しているさまざまに異なる言語の調和を図ろうとしているが、タフーリとダル・コーの『現代建築』にうかがえるような批判的研究はそうした「調和」の言説への不協和で差異化的な対抗言説を提供していると評価するのだった。

＊

カッチャーリは、下院議員の任期が終わった一九八三年、イタリア共産党を脱退。その後しばらく、一九八一年に創刊された二つの政治哲学の雑誌『チェンタウロ（*il Centauro*）（ケンタウロス）』（年三回の刊行、一九八六年終刊）と『ラボラトーリオ・ポリティコ（*Laboratorio politico*）（政治の実験室）』（隔月刊、一九八三年終刊）に編集委員としてかかわりながら、『法律のイコン（*Icone della legge*）』（Milano: Adelphi, 1985）、『必要なる天使（*L'Angelo necessario*）』（Milano: Adelphi, 1986）、『〈元初〉について（*Dell'Inizio*）』（Milano: Adelphi, 1990）などを引き続き刊行。これらの著作では考察の重心が現代文化においてもなお生きつづけている神学の伝統と哲学との交差に移行しているのが目を惹く。『必要なる天使』は、二〇〇二年、柱本元彦による日本語訳が岡田温司の解説「カッチャーリとモダニズムの「天使」たち」を付して人文書院から出ている。

それでもなお政治的実践活動への想いは断ち切れなかったとみえて、一九九三年、ヴェネツィア市長選挙に立候補して当選、二〇〇〇年までヴェネツィア市長を務める。在任中は、ロマーノ・プローディ（一九三九年生）の主導する民主主義連合《オリーヴの木（Ulivo）》を支持する一方で、政治活動に入った当初から連邦主義のうちにイタリアの進歩主義者たちのために回復すべき伝統をみていたこともあって、同じく連邦主義を党是とするウンベルト・ボッシ（一九四一年生）の《北部同盟（Lega Nord）》との連携を模索している。ただし、《北部同盟》が移民排斥政策を採用するようになってからは連携を断念し、右傾化を強める《北部同盟》と正面から対峙するにいたる。

そもそもカッチャーリが生まれ育ったヴェネツィアは「島々からなる都市」であって、それらの島々をラグーナ（潟）が分かつと同時にひとつのシステムに結びつけ、友と敵が自由に交易し交流しあう異文化のハイブリッドな出逢いの場となっていた。そしてカッチャーリの連邦主義の根幹には、このような「島々からなる都市」としてのヴェネツィア特有の地政学的な位置についての自覚があった。ひいては、カッチャーリの連邦主義は自分たちと出自や文化を異にする外国人にも歓待的な態度をとろうとする開かれた連邦主義であった。これにたいして、ボッシの率いる《北部同盟》の連邦主義の場合には、イタリアの中央政府が「進んだ」北部と「遅れた」南部との経済格差を是正するとの口実のもとで北部の経済成長を阻害する財政政策を実行していると受けとめたところから打ち出されており、カッチャーリの連邦主義とはおのずと成立の経緯と性質を異にしていたのだった。

*

このたびここに訳出した『ヨーロッパの地理哲学(*Geofilosofia dell'Europa*)』(Milano: Adelphi, 1994)と、これと対をなす『アルキペラゴス(*L'Arcipelago*)(多島海)』(Milano: Adelphi, 1997)(米山優訳で月曜社から近刊予定)の二著は、いずれも著者のヴェネツィア市長在任中、冷戦の終結とともにヨーロッパの統合と拡大に向けての動きが一挙に高まりを見せる一方、イタリア国内では政党システムの再編の動きが進行し、連邦主義的な《北部同盟》のほか、ネオ・ファシスト政党の《イタリア社会運動(Movimento Sociale Italiano)》から中道右派保守政党へと転身した《国民同盟(Alleanza Nazionale)》やメディア支配をつうじての脱政党政治化をめざすシルヴィオ・ベルルスコーニ(一九三六―二〇二三年)の《フォルツァ・イタリア(Forza Italia)》などが擡頭するなかで執筆されたものである。そしていまも述べたように、カッチャーリ自身、かねてよりイタリア憲法体制の連邦主義的改革をめざすプロジェクトの設計者の一人であって、ヴェネツィア市長選への立候補自体もこのことが主要な動機をなしていた。ひいてはカッチャーリのヴェネツィア市長在任中に執筆された『ヨーロッパの地理哲学』と『アルキペラゴス』の二著でも、ほかでもなく「ヨーロッパとは何か」という、ヨーロッパのアイデンティティそのものにかかわる問いが、問いのなかの問いとして、探求の全体を終始賦活し領導している。

ただ、これらの二著では、この問いを直接に正面切って時務的なコンテクストと関連づけることはなされていない。探求はあくまで、ヨーロッパが、自身が「他者」と定義する者たちとみずからを区別することをつうじてヨーロッパとして同定するにいたった経緯について、古典古代のテクストを——それらのテクストに準拠しつつ、中世から近代、そしてさらには現代において提出されてきたさまざまなヨーロッパ像とも突き合わせながら——丹念に読み解くというかたちでなされている。それはニーチェが『道徳の系譜』(一八八七年)で定義した意味においての系譜学的な探求であると言ってよいだろう。

うち、『ヨーロッパの地理哲学』では、まず本と同じタイトルをもつ第Ⅰ章において、カッチャーリの探求は、魂の本性をめぐるプラトンの対話篇『パイドロス』でソクラテスが愛弟子のパイドロスに語ってみせている、馭者が手綱をとる善悪二頭の馬の譬《たと》え話に準拠して、人間を知への愛(ピロソピア=哲学)へと養育するパイデイアはアゴーンであること、すなわち魂の合成された構造のうちにあっての二つの相対立する力のあいだの闘技であること、しかしまたそのアゴーン=闘技は本性からしてハルモニア=調和へと向かおうとするものであることを確認することから開始される。そしてこのことを確認したうえで、闘技においてはもろもろの区別されたものが区別されたものとしてわたしたちの視界に立ち現われるとするとともに、それらが調和へ導かれるにあたっては、その途上に待ち構えているこのうえなく危険に満ちた大洋（オケアノス）を旅することが要求される、とカッチャーリは言う。

それにしても、その旅は具体的にはどのような旅であるのか。カッチャーリが解説しているところによると、それはアナムネーシスの旅、過去を想起する旅である。現在わたしたちの目の前に存在している数多的なものをただ確認し分析するだけでは不十分であって、それらがなぜ存在するのか、その存在理由を探求する必要がある。そしてその存在理由を探求するということは取りも直さず、それらの過去を想起するということにほかならない。このようにカッチャーリは受けとめるのである。

とともに、カッチャーリは、カール・ヤスパースが『歴史の起源と目標』（一九四九年）で「アクセンツァイト（Achsenzeit）」＝「軸の時代」と呼んでいる決定的な時代が古代ギリシアにおいては紀元前五四七年秋にアケメネス朝ペルシアの大王キュロス二世が小アジア西部のリュディア王国を征服し、次いでカリア、リュキア、イオニアのギリシア人ポリスといったエーゲ海沿岸地方を恭順させたときにおとずれたこと、そのときになってはじめて、ギリシア人は「われらが海」エーゲ海の向こう側に自分たちと区別された一個の強大な「他者」が厳然と存在しているのに気づき、その「他者」との対比のなかで自分たちがどのような存在であるかを認識するようになったことを、ヘロドトスの『歴史』やアイスキュロスの悲劇『ペルシア人たち』などをつうじて確認する。

次いで第Ⅱ章「戦争と海」では、まずもって、プラトンが『ポリテイア』において構築作業に取り組んでいる〈哲学者王〉のかかえる問題が検討に付される。そしてプラトンの〈哲学者王〉にとっては、そもそもポリス誕生の起源をなしていたポレモス＝外敵との戦争もさることながら、スタシス＝内乱が解き放つヒュブリス＝傲慢こそがポリスの平和を脅かすものであったことが、トゥキュディデスの『歴史』に記述されているアテナイの使節団のメロス人への演説を引き合いに出しつつ明らかにされる。

そのうえで、カッチャーリは、アテナイを多数者の支配する民主政体へと導いていった歴史的理由を問うて、その主要な理由のひとつに、タラッソクラティア、すなわち、海の支配という要請があったことを、ペロポンネソス戦争（前四三一―前四〇四年）への従軍体験をもとにその記録を書きつづったトゥキュディデスの『歴史』以外にも、それに少しばかり先立って（前四三〇年以降？）書かれたと推定される偽クセノポンの『アテナイ人の国制』をも参考にしながら明らかにしようとする。「われらが海」エーゲ海もしくは地中海での海上交易を生業《なりわい》としていたアテナイでは、船を操舵する民衆の存在を欠かすことができない。ひいてはタラッソクラティアと民主政体とのあいだには切っても切れない必然的な関係が存在するというのである。

続いてカッチャーリは、イオニア＝アテナイに発するタラッソクラティアへの傾向――権力の所在の陸から海への移転の傾向――は、その後の世界史の展開に照らして振り返ってみると、ヨーロッパの地誌そのもののうちにア・プリオーリに書きこまれていたようにみえると言う。カッチャーリによると、生は海の制覇の拡大に向かって突き進んでいきながらも、神聖ローマ皇帝カール五世の場合のように、進出の範囲が「内海」たる地中海の枠内にとどまっていたときには、なおも海が固定した陸地的な境界をもっていることをわきまえていた。ところが、イギリスがスペインの無敵艦隊を打ち破るとともに場面は一変し、あらゆる海を若くて力強い無敵の船長や海賊たちが駆けめぐり、あらゆる境界をひと跳びで乗り越えてしまう。だが、その島国イギリス出身の船長や海賊自体も、ヨーロッパの枠を突き抜けて新しい〈島〉アメリカに渡りつき、いっさいの既得物を危険にさらしても未来のくわだてに賭けようとした「永遠の革新者たち」の目には、いまだに陸地的原理の虜になっているように映る。こうして彼らアメリカに渡った「永遠の革新者たち」は、海の制覇というヨーロッパの運命を大西洋の向こうに移動させるのだった。《これはまことに壮大なトランスラーティオー・インペリイ〔支配権の移転〕であって、いっさいが権力と海、海と戦争の関係にかかっている》(八五頁)とカッチャーリは述べる。そしてこの事態を十九世紀のヘーゲルは『歴史哲学講義』でそれがなおも生成途上の状態にあるなかで捕まえていたとしたうえで、その事態のうちにわたしたちは〈海〉の原理をその最大限開かれた状態のもとで見いだすことになると言う。《彼らの海は文字どおりいたるところに拡がっている。視線と願望が外部に向けられてもいれば、こう言ってよければ自分自身のうちに向けなおされてもいる。それはいつの場合にもつねに海である。境界のない無限の水の平原が**島**を包みこんでいる。そして無限の陸の大洋が**島**の内部を構成している。だから、彼らの海には境界がない。そしてその海を制覇し支配することが唯一考えうる支配となる。ヘーゲルをとりわけ魅了しているのは、この〈内部の〉**大洋**である。…陸地もまた彼らにとっては開かれた自由な海のようなものであって、それの上では規範も法律も権利も慣習も通用しない。そこにあるのは、ペルシア人の古いヒュブリスを補完し、それに対立する、もうひとつのヒュブリスにほかならない》(八五―八六頁)云々。

こう述べたうえで、「しかしまた」と言葉を接いで、彼ら「永遠の革新者たち」が標的にしていた

〈大地〉の変身が完了するのは〈大地〉が空によって支配されるようになるときでしかない、とカッチャーリは言う。《タラッソクラティアのヒュブリスは空気からなるほんとうに無限の水を征服するなかで完遂される》（八八頁）というのである。そして続けては、ヨーロッパはもろもろの価値が衰退し、根元から引っこ抜かれてしまった世界であるが、それだけではなく、それはオクシデントそのもの、「日の没する場所」そのものであると宣告する。いわく、《ヨーロッパは、陸から海への、海から空への道程の最後においては、もろもろの価値を乗り越えていくものとしてではなく、それらの価値の〈たんなる〉脱神聖化の、ひいてはそれらの価値を乗り越えていくという主張そのものの脱神聖化‐脱神秘化として姿を現わす。もろもろの価値のオクシデント＝落日は、乗り越えようとする意志の衰退と一致する。そして古い都市を棄ててその都市の塔がどれほど高いかを見ようとする旅人は、まさしく、つぎのこと、すなわち、地平線上に没していくもの、そして自分がそこから永久にいとまを告げたものの高さしか見ることはないのである》（九五頁）。

第Ⅲ章「英雄たち」では、カッチャーリは《戦争の運命を相手にしたプラトンのノエーシス＝知性の接近戦についての最も高度な証言のひとつ》（一二六頁）としてシモーヌ・ヴェイユが『カイエ』で書きつづっている考察を取りあげ、そこで鍵をなしている「脱創造（décréation）」という概念にはらまれる矛盾を彼女の戯曲『救われたヴェネツィア』（一九四〇年）の主人公ジャフィエの振る舞いを例にとりながら批判的検討に付している。

さらには、『救われたヴェネツィア』とほぼ同時期に執筆された論考「『イーリアス』、力の詩篇」を取りあげ、ヴェイユの『イーリアス』読解の不徹底さを指摘する。カッチャーリによると、『イーリアス』に描かれる英雄たちの決闘においては、勝者も敗者も、神の不在のもと、厳格な必然性が支配するなかで、純粋の対立物として直接無媒介に対決しあう。そこでは、敵ほどわたしにとって疎遠なものはない。が、敵以上にわたしを近くから直接に見返しているものもない。両者を絶対的に切り離す同じ力が両者のあいだに絶対的に調和をもたらす。だが、そのときには、魂のなかにあって、魂の分離しがたいかたちで区別された二つの力のあいだで闘われる戦争こそは、ヴェイユが切望している平和の似姿であることになる。まさしく力の詩篇としての『イーリアス』のうちにヴェイユは戦争のまがいようもなく神的な痕跡を見つけ出すことができたはずなのだった。ところがヴェイユはこの英雄たちの決闘のもつ意味を無視してしまって、ただ戦争の外にのみ平和を見ているというのである。

第Ⅳ章「歓迎されざる客」では、カッチャーリはカール・シュミットの『ヨーロッパ公法という国際法における大地のノモス』（一九五〇年）を取りあげ、それを冥界の王ハデスと寝床を共にするエウロペ（エウリピデス『ヘカベ』四八三）の悲劇にかんする一篇の大いなる物語、それも、このうえなく強烈な情念に駆られて証言しながらも、同じくこのうえなく明澄で冷静なまなざしを維持するすべをわきまえている、トゥキュディデス的意味における一人のヒストル、すなわち目撃したり見聞したことの記録者によって語られた物語であると受けとめたところから考察を開始している。

そして『大地のノモス』では㈠まずもって〈オルドヌング（Ordnung）（秩序づけ）〉と〈オルトゥング（Ortung）（場所確定）〉の関係という基本用語の定義がなされたのち、秩序もなければ限定がほどこされることもない複合体にほかならないユース・ゲンティウム（ius gentium）（万民法）のもろもろの残滓、そして現行のいわゆる国際法の矛盾していて内容空疎で束の間のものでしかない諸条約の氾濫にいたるまでの、現代の「グローバルな時代」におけるそれらの危機が分析されていること、㈡〈ノモス〉の原義は牧羊地を分配する（ネーメイン）ことであり、ラント＝ナーメ（Land-nahme）〈陸地取得〉の結果であったので、〈秩序〉と〈場所〉の関係の変容は戦争の形態と意味にかんする変容と絡みあったものであらざるをえず、〈ノモス〉の場合と同様、戦争も最後には根を奪い去られてしまうとされていること、㈢近代に登場した国家は、世俗化の第一作用因であり、古代の〈ノモス〉の、しかしそれ以上に中世のキリスト教共同体の〈ノモス〉の清算者であって、それが正当化されるのは内戦を中和化して対外戦争を合理化する能力にもとづいてのことであること、ひいては、戦争は確固不動の、最終的にはつねに宗教となって現われる理念同士の抗争から、合理的な権力目標を達成するための権力同士の、互いに相手を「正しい敵」であると認めあう主権国家同士の闘争へと置換されるべきはずのものであったとされていること、㈣しかしまたこれらの境界は現代の全体動員・総動員体制によって覆されるにいたったとの診断がくだされていることをカッチャーリは確認する。

そのうえで、〈ノモス〉と〈場所〉の関係はシュミットが主張しているよりもはるかに問題含みであることをそもそもの起源から顕わにしているとして、カッチャーリ独自の読みを提示する。そこではまず㈠古代ギリシアの賢者たちのあいだでは、ポリスの法律はあくまでも〈神的なノモス〉の似像であると認識されていたこと、ひいては〈ノモス〉の根が引っこ抜かれるという事態は基本的にその神的な根が見失われるということを意味していたのであって、これに続いて、つぎにはその地上的な根が見失われるという事態がおとずれること、㈡この事の次第を完遂するのがヘレニズムであって、そこではポリスの限定された場所にオイクーメネー（全地、世界）の普遍的な空間が、ポリスの時間にコスモポリティズムのグローバルな時間が対置されるにいたったことが指摘される。次いでは㈢へレニズム時代に完成の域にまで推し進められた〈ノモス〉のエントオルトゥング＝場所離脱の動きは、諸国民のあらゆる地域的な特性、あらゆる特殊的な伝統、あらゆる時間的な制限を超えたところで、帝国の単一の時空間に妥当することをめざしてなされたコスモポリタンなローマ法の編纂作業と軌を一にしていることが確認されたのち、㈣キリスト教ヨーロッパの時代はそのローマ法の観念自体が危機を迎えるにいたった時点から始まるとの見解が提出される。そして最後に㈤近代になって、その中世のキリスト教共同体の〈ノモス〉の清算者として登場した、平和をもはや防衛するだけでなく新たに創造する人工的な神としての国家について、その画期性とともに、当の神が致命的な病をわずらっていることが、この件にかんしてはおおむねシュミットの診断に準拠しながら指摘されている。

第V章「不在の祖国」では、カッチャーリはあらためて古代から中世における平和をめぐるテクストに立ち戻る。

そこではまずもって、ソクラテス以前の古代ギリシアの哲学者たちのうち、ヘラクレイトスやパルメニデスにおいては、平和とは調和のことであるとされたうえで、その調和は一から存在者を差異化して数多性を生じさせてはつねに新たにその差異化された存在者の数多性を一に解消していく、争いの女神エリスの働きをつうじてのみもたらされるとされていたこと、この点で、同じく平和とは調和のことであるとしながらも、調和を無限定なものと限定するものとの合成からなるものとしてのコスモスの調和ととらえるピュタゴラス派やピロラオス、さらにはプラトンとのあいだに、一致点とともに相違点がみられることが確認される。

次いでは、その後に成立したヨーロッパ世界も、戦争の目的因である平和自体をつねに区別されたものの究極の根源的な和合として、ひいては争いの最終的な所産として考えてきただけではなく、こうして達成される調和のさまざまな形式をそれら自体においてアゴーン的で二面的な苦難に満ちた移行の形式としてもとらえてきたとしたうえで、そうしたヨーロッパにおける平和思想が逢着することとなったアポリアの典型例として、クザーヌスの『信仰の平和について』（一四五三年）からピーコ・デッラ・ミランドラにいたる人文主義的伝統のなかで培われた寛容の観念が批判的検討に付される。

と同時に、区別が暴力的な対立となって顕現し、それにたいしては同じく暴力的な調和しか効力がないようにみえるとき、そのときにこそ、ヨーロッパはおそらく従来にも増して強く、あらゆる調和と寛容の観念を超えて、「ヨーロッパの他者」の真理を区別されたものの超克しがたい構成要素として思考しようとこころみてもきたことにカッチャーリは読者の注意をうながす。そして〈調和〉と〈争い〉からなる支配的なヨーロッパと分かちがたく絡まり合いながらも、それとは異質の、「ヨーロッパの他者」の声と共鳴しあったヨーロッパが中世にはたしかに存在していたことを、ライムンドゥス・ルルスの『異教徒と三人の賢者についての書』（一二七四―七六年）とほかでもないクザーヌスの『信仰の平和について』を例に挙げながら明らかにしようとする。そして検証の結果、どのような暴力のうちにも、どのような調和の意志のうちにも、ヨーロッパは滞留することをせず、みずからのダイモーン（守護神）にいつも「どこに行くべきか」と問うてきたこと、ひいてはヨーロッパの知性はいつの場合にもあるひとつの不在の祖国についてのもろもろの推測だったことをあらためて確認する。

そのうえで、カッチャーリは、ヨーロッパの知性が世界を独り占めしているようにみえながらも、どのようなプロジェクトも世界を「形あるものに」保持しておくことができないでいる今、侵犯すべきさらなる境界がもう存在しておらず、ひいてはあらゆる確かな境界が崩壊してしまって、それとともにあらゆる領域的一体性も崩れ去ってしまっている今、ついに争いを構成している諸要素は〈到達しえないもの〉を飽くことなく求めて味わう共苦を本来の絶対的な区別のもとにあって再発見できるのかもしれないとの希望的観測を口にする。とともに、この新しい始まりのためには、ヨーロッパの反撃がヨーロッパ自身の没落を意味するものでなければならないと断言する。《オクシデントがほんとうにその歴史を完遂するのは〔その名の示すとおり〕みずからの落日を課題として立てるときである。かくてヨーロッパはその歴史の落日をみずから欲しなければならない》(二三二頁)というのである。

「エピローグ」では、カッチャーリは、ルルスの三人の賢者と異教徒の対話の示唆するところを受けて、彼らの根本気分とハイデガーの没後に公刊された『哲学への寄与(性起について)』に登場する《将に来たらんとする者たち》のそれとの比較対照をこころみる。そして考察の全体をつぎのような言葉で締めくくっている。

《今日、ヨーロッパでは、すべてのドグマとすべての教会のもとで、没落への抵抗が支配している。もっと悪いことには、その責任者と称される者たちにたいする激しい憤懣、さらには諦めきった無気力状態が支配している(後者は前者の憤懣がいまや衰弱するにいたったこと以外の何ものでもない)。ヨーロッパはみずからの任務を遂行しおえることを欲していない。すなわち、自分自身であることを欲していない。みずからが没落しつつあるという合図を送っているものを信用しようとはしていないのである。ヨーロッパは没落を怖れており、それをただちに外から降りかかってきた運命と受けとめている。没落を外部の諸勢力のもたらした所産であるとみていて、自分自身が没落しつつある存在であることを欲そうとはしていない。しかしながら、これこそは時代がヨーロッパに下すよう強いている唯一の真正な決断なのだ。没落は自分から引き剝がされることを意味しているのではなくて、みずからの心の奥底そのものに視線を向け変え、そこで最後のものの語る言葉に聴き従い、この最後のものの尺度によって、すべての区別されたものたちが、完全に区別されているかぎりで、みずから推測しながら問い求めることの必要性を承認しあうということを意味している。これはヨーロッパの不可能事なのだろうか。けっして可能とは考えられていないことなのだろうか。それでも、この不可能事こそがヨーロッパの唯一の未来なのである》(二五一頁)。

＊

つぎに『アルキペラゴス』。――同書については『越境広場』第七号(二〇二〇年六月)に寄せた拙文「海と島々――カッチャーリの『多島海』を読む」で第一章「多島海」の概要を紹介したが、あらためて見ておくと、二十世紀イタリアを代表する詩人の一人、エウジェーニオ・モンターレ(一八九六―一九八一年)は、初期詩篇『烏賊の骨』(一九二五年)に収録されている詩「地中海」で、海を《広大にして変幻自在／そして同時に不動の存在》と規定している。カッチャーリは『アルキペラゴス』

第一章の冒頭でこのモンターレの一句を引いたうえで、海のことを古代ギリシア人は通常「タラッサ（thálassa）」と呼んでいたことに注意をうながす。それは母なる存在であって、その膝の上で人々は生い育ち、その行路に沿って旅して回っては、知識を獲得し、戦い、商いをしていたのだった。ただし、それは古代ローマ人が「われらが海」と呼んでいた地中海のことであって、漠然と海一般を指していたわけではなかった。

一方、沖合に果てしなく広がる海、つまりは外洋のことを、ギリシア人は「ペラゴス（pélagos）」と呼んでいた。海が砂漠と同様、四方八方からわたしたちを取り囲んでいて、わたしたちを守ると同時に脅かすとき、海は「ペラゴス」という名を受け取ることとなるのだった。しかし、もしわたしたちが海を道であると想像することができるなら、そしてわたしたちの目が茫洋として得体の知れない「ペラゴス」のうちにも道が見いだせることを突きとめるなら、そのときには「ポントス（póntos）」が海に本来最もふさわしい名前となる。海もひとつの架け橋なのであって、架け橋が人のたどる小径のうちで最も危険でありながら欠くことのできないものであるように、海も最も危険でありながら必要不可欠な架け橋なのだった（ここでカッチャーリは「海」を指すギリシア語の“póntos”を「橋」を意味するラテン語の“pons”と掛け合わせている）。

しかも、カッチャーリによると、このように多様な顔つきをした地中海はけっして「不毛の海」ではない。というのも、何よりもまず、そこには数多くの島々が点在しているからである。海からは生命もオリーヴも生まれないが、島々が生まれる。そして卓越した意味での海、ギリシア人が「アルキ－ペラゴス（archi-pélagos）」と呼んでいた海の真実は、海がそこに住まう多数の島々のあいだの関係と対話と対決の場となるとき、そのときはじめてみずからを顕わにすることになるだろうというのである。それらの島々は、すべてが海によって分け隔てられるとともに、すべてが海によって絡み合わさっている。すべてが海によって養われるとともに、すべてが海によって脅かされている。これが海と島々の関係についてのカッチャーリの見立てである。

ヘーゲルは『法の哲学』（一八二一年）の第二四七節で《家族生活の原理としては、大地という固定した基礎および地盤が条件であるように、産業にとっては、外からこれを活気づける自然的要素は海である》と述べている。このヘーゲルのいう「大地という固定した基礎および地盤」から自由になって、ヘルダーリンは一八〇一年春ごろの作と推測される詩「多島海＝エーゲ海」で彼の愛するエーゲ海の島々へと跳びこんでいった。そして、それらエーゲ海の島々のあいだでもまさに最も美しい島として、ここにアテナイを名乗る都市＝ポリスが興ったことに読者の想起をうながしたうえで、ヘルダーリンは問うていた。そのアテナイではじめて《民衆の声が怒濤のごとく／広場《アゴラ》から響き渡り、喜びの市門を抜けて／あまたの小路が祝福された港へと下りていったのではなかったか》、そしてそこから《地の幸を均等に配り、遠くと近くを一つにする》商人がはるかキュプロスへ、さらにフェニキアの都市テュロスへ、黒海東端のコルキスと蒼古のエジプトへと船出していったのではなかったか、と。この一節を解説して、カッチャーリは《海のざわめきが多島海の都市にはもともと内在している。海はそれらの都市の岸辺で停止することなく、広場の民衆の声の中で反響している》と述べている。そしてヘルダーリンも歌いつづけるのだった、《母なる大地と波浪の神を讃えて／街は今花咲き匂う》と。

ただ、それも今は昔。母なる大地と波浪の海を讃えつつ花咲き匂うエーゲ海の都市は、いまや、ヘルダーリンにとっても、あくまで幻視の対象でしかないのだった。

シャルル・ボードレールは『悪の華』第二版（一八六一年）の一四「人間と海」で歌っている。《人間よ、きみの深淵の底を測った者はだれもいない。／海よ、だれもきみが深奥に蔵している富を知らない、／さほどにきみらは秘密を守るに汲々としている！／それでも数えきれぬ幾世紀このかた、／きみらは憐れみも悔いもなく闘いつづけている、／さほどにきみらは殺戮と死を愛しているのだ、／おお永遠の闘士たちよ、おお情け容赦なき兄弟たちよ！》と。エーゲ海の航海者たちは、海が人間同様守るのに汲々としている自らの深淵の秘密をなんとかして聞き出そうとして、ヘルダーリンが幻視しつつ讃えた「波浪の神」の怒りに挑もうとするのである。だが、カッチャーリによると、これこそはエーゲ海の航海者たちのヒュブリス＝傲慢さにほかならないのだった。

このエーゲ海の航海者たちのヒュブリスにかんしては、カッチャーリは、いまも見たように、『ヨーロッパの地理哲学』の第II章「戦争と海」でも、偽クセノポンの『アテナイ人の国制』とトゥキュディデスの『歴史』の分析をとおして、その実相の解明に努めていた。そして、エーゲ海の航海者たちのヒュブリスが、いかにアテナイの民主政治と構成上密接に結びついているかについても、すでに明らかにしていた。このことを『アルキペラゴス』でもあらためて確認したうえで、カッチャーリは言う。民主政治とはパッレーシア、すなわち、すべてを包み隠さず発言する自由な言説によって成り立つ政治のことを意味する、と。ヘルダーリンがアテナイの広場《アゴラ》から響きわたるのを聞いた、市門を通り抜けて港へと降りていき、そこから海へ出帆していく民衆《デーモス》の声がそれである。

ところで、エーゲ海の島々およびそこに創建された都市すべてに共通のデルポイの神殿の正面には「汝自身を知れ」という文字が刻まれている。自身を知ることこそは、区別された島々が完全に区別されたものとして再生するために必要不可欠な条件である。わたしたち自身の深部に沈潜していって、そこで固有の名前を発見し、それを光のもとにもたらすこと、これがエーゲ海の島々に託された共通のロゴスへの旅にほかならない。しかし、同時に、あらゆるわたしたちの形態、あらゆるわたしたちの名前の上には〈限定されないもの〉の圧倒的な力がつねにのしかかっている。そしてそのときには、四方八方からわたしたちを包み込んでしまう〈限定されないもの〉を前にして、わたしたちの形態を決定しようとしてなされる行為の負う恐るべき責任に気づかないでいることはできなくなる。自己を知りたいと願うことがどれほどのヒュブリスであるかに気づかないではいられなくなる。このことにカッチャーリは読者の注意をうながす。

そのうえでカッチャーリは問いかける。デルポイの神殿の正面には、「汝自身を知れ」と並んで、「何ごとにも行き過ぎることのないように」と刻まれているが、人々が渇望する〈善〉そのもの、〈不在の祖国〉そのものも、「行き過ぎ」ではないのか、と。

さらには続けてこうも問いかける。区別が最高潮に達したとき、そこには関係が現出するが、そこには同時に「共同体」も見いだすこととなるのだろうか、と。カッチャーリによると、もしそれ自体「行き過ぎたもの」である〈善〉が目標＝終点であるとするなら、それはたしかにオイコスの共同体、カール・シュミットの言うような「大地のノモス」の共同体ではありえないはずなのだった。

それでは、互いに行き先を違えつつたえず航海しつづけている島々からなる共同体といったようなものは考えることができるのだろうか。この問いかけにたいして、そのような「共同体」を考えることはできるが、ただし、それはあくまでそれぞれの島が旅するなかで見聞してきた多種多様な形態と言葉をみずからのうちに見いだすときである、とカッチャーリはジョヴァンニ・ジェンティーレ（一八七五―一九四四年）が『社会の起源と構造』（一九四五年没後出版）の第四章「超越論的社会あるいは〈人間の内なる〉社会」で論じている〈自我〉にとって必要不可欠な「ソキウス（socius 同盟者）」としての他者」の問題を参照しながら答える。そして言うのだった。そのときには、個としての自我がそれ自体多様な存在であるという意識によって統御されていないあらゆる旅は、ヒュブリスであると映るだろう、と。卓越した意味においてのわたしたちのソキウスは、他者である。わたしたちを驚かせたり誘惑したり捕獲したり引き裂いたりする他者なのだ。だが、その他者とわたしたちはともあれ取り消し不能な仕方で共住している。この内なる多島海のイメージが地中海的なものにほかならないというわけである。

ここで最後に問題になるのは、「ホスティス」＝旅して回る外国人と「ホスペス」＝それを客として歓待する主人の関係である。カッチャーリによると、「ホスティス」には、もともと敵という意味合いはなく、歓待もなんら同化を意味するものではなかったが、言語そのものが仰天すべき変成を遂げることが教えているように、ホスティスが敵に変容することはありえないと保証するものは何もないのだった。そして、そのような危険からヨーロッパはみずから消え失せることによってのみ脱却することができるとカッチャーリはみる。そのうえで問うのである。だが、ホスティスとホスペスの関係がすでにカール・シュミットのいう友と敵の一次元的な関係に、さらに悪いことには、普遍的な同位相化と無区別性に圧倒されてしまっていたとしたならどうか、と。さらには、もっとラディカルにこうも問う。そもそもアルキペラゴスは存在したのか、と。

カッチャーリの理解するところでは、アルキペラゴスという理念は起源への回帰の理念ではなく、むしろ「新しい始まり」の理念である。そして「新しい始まり」という理念は、そこに潜在している現実的な可能性が顕現するというかたちをとってしか成立をみることはありえない。どのような〈到来するもの〉も不意に到来することはありえないのであって、過去からの到来としてしか、過去に芽生えはじめていた可能性が現実化したものとしてしか、到来することはありえないのである。

したがって、ここでもふたたび問わなければならない、とカッチャーリは言う。ヨーロッパはアルキペラゴスであるのか、逆に、ヨーロッパとはアルキペラゴスの不可能性の謂《い》いではないのか、と。カッチャーリのみるところ、この問いこそはヨーロッパの現在の経験の意味を構成しているのだった。

それでもなお現代イタリアを代表する詩人の一人であるウンベルト・サバ（一八八三—一九五七年）は『地中海』（一九四六年）のなかで《今は失われた古き海よ、それでも欲しているのだ、／きみから生まれた詩歌女神《ムーサ》は、ぼくが／きみについて、門にいたるまでの暗闇とともに、言葉を発するのを》と歌っている。このことに読者の想起をうながして、カッチャーリは『アルキペラゴス』第一章の議論を閉じている。

そして第二章「女たち」、第三章「難破とユートピアについて」、第四章「王たち」、そしてニーチェのいう「ホモ・デモクラティクス」と「末人」の跋扈するヨーロッパの末期的状況についてペシミスティックな診断を下した第五章「下方へ」と続いたのち、同じくニーチェの『ツァラトゥストラはこう語った』に登場する「超人」の意味するところについて論じた最終第六章「異邦人としての神」では《語られるすべての物語を際立たせ編み合わせてきた流れとエネルギーのすべてが、それらを受け入れる海へと流れこみ、海のなかへと沈んでいくとき、そしてそこで相互の歓待の新たな尺度を見いだすとき――そのときには「超人」という用語によって思考が始まる新たな元初が生じるだろう》と宣言されている。ちなみに、「異邦人としての神」という章題は、「マタイによる福音書」二五・三五でのイエスの言葉――《わたしは異邦人である、そのわたしをあなたがたは受け入れてくれた》――から採られている。

＊

カッチャーリは二〇〇〇年にヴェネツィア市長を退任するが、二〇〇五年にふたたびヴェネツィア市長選挙に立候補し、苦戦を強いられながらも当選。そして二〇一〇年までの在任中、二〇〇七年まで中道左派勢力の《ラ・マルゲリータ（La Margherita）》に加盟したのち、二〇〇七年から二〇〇九年まで《オリーヴの木》から発展した《民主党（Partito Democratico）》に加盟するものの、ほどなくして同党の方針に失望。ヴェネツィア市長退任後の二〇一〇年七月、何人かの同志とともに、《北部同盟》によって実現がめざされているものとは異なる北部のための新しい政治を提唱して「北へ　ヨーロッパに最も近いイタリア」という声明を発表し、同年十月に誕生した政党《北へ（Verso Nord）》に参加している。

その一方で、教育活動にも熱心で、一九九八年から二〇〇四年までルガーノの建築アカデミーの哲学部長。また二〇〇二年、ミラーノのサン・ラッファエーレ生命健康大学（一九九六年創立）に哲学部を創設し、二〇〇五年まで学部長を務めた。そして二〇一二年、同大学から名誉教授号を授与されて、現在にいたる。

『ヨーロッパの地理哲学』と『アルキペラゴス』後に出版された主要な著作に以下のものがある。


『最後のものについて（*Della cosa ultima*）』（Milano: Adelphi, 2004）。

『三つのイコン（*Tre icone*）』（Milano: Adelphi, 2007）。

『ハムレット的（*Hamletica*）』（Milano: Adelphi, 2009）。

『他者の苦痛——エウリピデス『ヘカベ』および『ヨブ記』の読解（*Il dolore dell'altro. Una lettura dell'Ecuba di Euripide e del libro di Giobbe*）』（Caserta: Saletta dell'Uva, 2010）。

『二重の肖像——ダンテとジョットにおける聖フランチェスコ（*Doppio ritratto. San Francesco in Dante e Giotto*）』（Milano: Adelphi, 2012）。

『抑止する力——政治神学論（*Il potere che frena. Saggio di teologia politica*）』（Milano: Adelphi, 2013）（『抑止する力——政治神学論』上村忠男訳、月曜社、二〇一六年）。

『哲学の迷宮（*Labirinto filosofico*）』（Milano: Adelphi, 2014）。

『楽園と難破——ムージルの『特性のない男』にかんする論考（*Paradiso e naufragio. Saggio sull'« Uomo senza qualità » di Musil*）』（Torino: Einaudi, 2022）。

そのほか、アメリカ合州国で編まれた二編の論集『建築とニヒリズム――近代建築の哲学について（*Architecture and Nihilism: On the Philosophy of Modern Architecture*）』（Introduction by Patrizia Lombardo, Translated by Stephen Sartarelli, New Haven and London: Yale University Press, 1993）と『ヨーロッパと帝国――グローバリゼーションの政治的諸形態について（*Europe and Empire: On the Political Forms of Globalization*）』（Edited by Alessandro Carrera, Translated by Massimo Verdicchio, New York: Fordham University Press, 2016）も参考になる。

訳者あとがき

マッシモ・カッチャーリという人物にわたしが関心をもつようになったのは、たしか一九九八年の春だったとおもう。『批評空間』誌を柄谷行人さんと共同で主宰していた浅田彰さんから、同誌に『シュタインホーフから』の翻訳を掲載したいのだが、どなたか適当な訳者を紹介してもらえないか、と依頼されたのがきっかけだった。

依頼を受けたわたしは東京外国語大学でのわたしの教え子でウンベルト・エーコの『ヨーロッパ文化における完全言語の探求』（一九九三年／邦訳『完全言語の探求』平凡社、一九九五年）の共訳者であった廣石正和さんを紹介した。そして『批評空間』誌第Ⅱ期第一八号（一九九八年七月）から第二五号（二〇〇〇年四月）にかけて「世紀転換期のウィーン」というタイトルで連載された廣石訳を毎号愉しみに読ませてもらったのだが、読ませてもらっているうちに、それまでは名前しか知らずにいたマッシモ・カッチャーリという、わたしと同世代のイタリア人思想家への興味がいや増していったのだった。

こうしてカッチャーリの主要な著作を逐一読み始めていたところ、二〇〇二年春のことである。当のカッチャーリ本人が東京大学教養学部創立五十周年記念国際学術企画の一環として同学部のＤＥＳＫ（ドイツ・ヨーロッパ研究室）に招かれて来日し、三月二十七日に一橋記念講堂で講演をおこなった。講演の題目は「群島としてのヨーロッパ」。カッチャーリが一九九九年にイタリアの『ミクロメガ』誌第四号に発表した論考「ヨーロッパを考える」を読み上げたものだった。講演会にはわたしも樺山紘一さんと高橋哲哉さんとともにコメンテーターとして招かれ、いくつかコメントした。そしてそれを敷衍した一文「新たな始まりとしての《群島＝ヨーロッパ》」を『図書新聞』二〇〇二年五月四日号に寄せた（『超越と横断——言説のヘテロトピアへ』未來社、二〇〇二年に収録）。

そのカッチャーリのヨーロッパ論が体系的に展開されているのが、今回ここに翻訳した『ヨーロッパの地理哲学』（一九九四年）である。わたしの提案を受け入れて出版を実現してくださった講談社の互盛央さんと編集の実務を担当してくださった岡林彩子さんに感謝する。同書と対をなす『アルキペラゴス』（一九九七年）のほうは米山優さんによる日本語訳が『多島海』というタイトルで月曜社から出ることになっている。

なお、カッチャーリについては、彼の来日直後の二〇〇二年四月、『必要なる天使』（一九八六年）の柱本元彦による邦訳が岡田温司の解説「カッチャーリとモダニズムの「天使」たち」を付して人文書院から出版されている。岡田温司は『イタリア現代思想への招待』（講談社、二〇〇八年）でもカッチャーリに「「帝国」と「ヨーロッパ」をめぐって——カッチャーリとその思想」と題する一章を割いている。

またわたし自身も二〇〇四年の年初のことである。三浦雅士さんが編集人を務める『大航海』誌編集部の小柳学さんから四月に刊行予定の同誌第五〇号の特集《カフカと現代思想》にイタリア思想界におけるカフカの受けとめ方について書いてもらえないかとの依頼を受けた。そこで「法の〈開いている門〉の前で」という一文を草し、そのなかでカフカの小説『訴訟』に出てくる寓話「法の前に」についてジョルジョ・アガンベンが『ホモ・サケル――主権的権力と剝き出しの生』(一九九五年)で与えている解釈と並んで、カッチャーリが『法のイコン』(一九八五年)で与えていた解釈を取りあげた。

続いて二〇一三年には『シュタインホーフから』の全訳を『死後に生きる者たち――〈オーストリアの終焉〉前後のウィーン展望』と改題してみすず書房から出版した。当初は廣石正和さんに『批評空間』誌上で開始しながら途中で打ち切りになってしまった翻訳の作業を最後までやり通してもらうつもりだった。ところが、その後かなりの年月が経過したこともあったのだろう、廣石さんからは「これ以上仕事を続けるのは荷が重すぎるので、できれば辞退させてもらいたい」との返答があった。この返答には正直なところ困惑させられたが、無理強いするわけにもいかず、結局わたしのほうで引き継ぐことになった次第である。全訳を出すにあたっては、田中純さんに「哀悼劇の天使的音楽に寄せて」と題する解説を書いていただいた。

さらに二〇一六年には『抑止する力――政治神学論』(二〇一三年)の翻訳を月曜社から出版した。これには「カテコーン再考」と題する訳者解題を添えた。

また二〇二〇年には沖縄で出ている来たるべき言葉のための巡航誌『越境広場』第七号に「海と島々――カッチャーリの『多島海』を読む」と題する一文を寄せた。

最後に一言。カッチャーリは“geo-filosofia”(第二版以降は“geofilosofia”)という語の出自については言及していない。が、カッチャーリの『ヨーロッパの地理哲学』の三年前に世に問われたジル・ドゥルーズ+フェリックス・ガタリの『哲学とは何か』(一九九一年)には、《哲学とは、歴史がブローデルの観点からすれば géo-histoire〔地理－歴史〕であるのとまったく同様に、ひとつの géo-philosophie〔地理－哲学〕》であるという述言がみえる（財津理訳、河出書房新社、一九九七年では、それぞれ「歴史－地理学」、「哲学－地理学」となっている）。そしてロドルフ・ガシェは『地理哲学――ドゥルーズ&ガタリ『哲学とは何か』について』（二〇一四年／大久保歩訳、月曜社、二〇二一年）のなかで、「地理哲学」という観念はニーチェにまで遡らなければならないとしても、用語自体はドゥルーズとガタリの造語であるとしている。しかし、用語にかんしても、管見のかぎりではあるが、すでにドイツの文化史家オイゲン・ディーゼルが『ドイツ的転回――ある民族の像』（一九二九年）において "Geophilosophie" という語を使っている。想起してしかるべきだっただろう。

二〇二四年秋

上村忠男

［ヤ］

［ラ］

［マ］

［ナ］

［ハ］

［タ］

人名・作品名索引

・本文および訳者解説に登場する主な人名・作品名を掲げる。実在の人物のほか、神話や伝説に登場する人名・神名、文学作品などの登場人物も対象とした。作品名は著者名の下位項目として配列し、著者が不明の書名は、書名を人名と同様に配列した。
・原注の書誌情報に関しては欧文・邦訳ともに対象としなかった。また、カッチャーリの名と著作は対象としなかった。

［ア］

マッシモ・カッチャーリ (Massimo Cacciari)

一九四四年生まれ。哲学者・政治活動家。パドヴァ大学在学中から、執筆活動を開始。政治活動家としては下院議員を務め、二度にわたりヴェネツィア市長を務めた。ヴェネツィア建築大学で教え、現在はサン・ラッファエーレ生命健康大学名誉教授。

主な著書に、『メトロポリス』（一九七三年）、『否定の思考と合理化』（一九七七年）、『必要なる天使』（一九八六年）、『アルキペラゴス』（一九九七年）、『最後のものについて』（二〇〇四年）、『哲学の迷宮』（二〇一四年）、『楽園と難破』（二〇二二年）ほか多数。

上村忠男（うえむら・ただお）

一九四一年生まれ。東京大学大学院社会学研究科修士課程修了。東京外国語大学名誉教授。専門は、学問論・思想史。

主な著書に、『歴史的理性の批判のために』（岩波書店）、『グラムシ　獄舎の思想』（青土社）、『ヴィーコ論集成』（みすず書房）、『アガンベン　《ホモ・サケル》の思想』（講談社選書メチエ）ほか多数。

主な訳書に、カルロ・ギンズブルグ『ミクロストリアと世界史』（みすず書房）、ジョルジョ・アガンベン『アウシュヴィッツの残りのもの』（共訳、月曜社）、『実在とは何か』（講談社選書メチエ）、ジャンバッティスタ・ヴィーコ『新しい学』（中公文庫）、アントニオ・グラムシ『革命論集』（講談社学術文庫）、ヘイドン・ホワイト『実用的な過去』（岩波書店）ほか多数。

カッチャーリの訳書として、『死後に生きる者たち』（みすず書房）、『抑止する力』（月曜社）がある。

ヨーロッパの地理哲学《ちりてつがく》

二〇二五年 一月一四日 第一刷発行

著 者 マッシモ・カッチャーリ

訳 者 上村忠男《うえむらただお》

発行者 篠木和久

発行所 株式会社 講談社
東京都文京区音羽二丁目一二―二一 〒一一二―八〇〇一
電話 (編集) 〇三―五三九五―三五一二
(販売) 〇三―五三九五―五八一七
(業務) 〇三―五三九五―三六一五

KODANSHA

装幀者 奥定泰之

本文データ制作 講談社デジタル製作

本文印刷 株式会社新藤慶昌堂

カバー・表紙印刷 半七写真印刷工業 株式会社

製本所 大口製本印刷 株式会社

ISBN978-4-06-538160-1 Printed in Japan N.D.C.137 293p 19cm

講談社選書メチエの再出発に際して

講談社選書メチエの創刊は冷戦終結後まもない一九九四年のことである。長く続いた東西対立の終わりはついに世界に平和をもたらすかに思われたが、その期待はすぐに裏切られた。超大国による新たな戦争、吹き荒れる民族主義の嵐……世界は向かうべき道を見失った。そのような時代の中で、書物のもたらす知識が一人一人の指針となることを願って、本選書は刊行された。

それから二五年、世界はさらに大きく変わった。特に知識をめぐる環境は世界史的な変化をこうむったとすら言える。インターネットによる情報化革命は、知識の徹底的な民主化を推し進めた。誰もがどこでも自由に知識を入手でき、自由に知識を発信できる。それは、冷戦終結後に抱いた期待を裏切られた私たちのもとに差した一条の光明でもあった。

その光明は今も消え去ってはいない。しかし、私たちは同時に、知識の民主化が知識の失墜をも生み出すという逆説を生きている。堅く揺るぎない知識も消費されるだけの不確かな情報に埋もれることを余儀なくされ、不確かな情報が人々の憎悪をかき立てる時代が今、訪れている。

この不確かな時代、不確かさが憎悪を生み出す時代にあって必要なのは、一人一人が堅く揺るぎない知識を得、生きていくための道標を得ることである。

フランス語の「メチエ」という言葉は、人が生きていくために必要とする職、経験によって身につけられる技術を意味する。選書メチエは、読者が磨き上げられた経験のもとに紡ぎ出される思索に触れ、生きるための技術と知識を手に入れる機会を提供することを目指している。万人にそのような機会が提供されたとき初めて、知識は真に民主化され、憎悪を乗り越える平和への道が拓けると私たちは固く信ずる。

この宣言をもって、講談社選書メチエ再出発の辞とするものである。

二〇一九年二月　　野間省伸